国家出版基金项目
NATIONAL PUBLICATION FOUNDATION
“十三五”国家重点图书
出 版 规 划 项 目

中国濒危语言志
少数民族语言系列

总主编　曹志耘
主　编　孙宏开　黄　行　李大勤

甘肃东乡唐汪话

〔法〕徐丹　冉启斌　著

创于1897
商務印書館
The Commercial Press

图书在版编目（CIP）数据

甘肃东乡唐汪话/〔法〕徐丹，冉启斌著.—北京：商务印书馆，2019
（中国濒危语言志）
ISBN 978-7-100-17726-9

Ⅰ.①甘…　Ⅱ.①徐…　②冉…　Ⅲ.①西北方言—方言研究—东乡族自治县　Ⅳ.①H172.2

中国版本图书馆CIP数据核字（2019）第167401号

甘肃东乡唐汪话

〔法〕徐丹　冉启斌　著

出版发行：商务印书馆
地　　址：北京王府井大街36号
邮政编码：100710

印　　刷：北京雅昌艺术印刷有限公司

开　　本：787×1092　1/16　　印　　张：18
版　　次：2019年6月第1版　　印　　次：2019年6月北京第1次印刷
书　　号：ISBN 978-7-100-17726-9

定　　价：120.00元

东乡县唐汪镇地形地貌　东乡县唐汪镇 /2018.4.2/ 范培珅 摄

唐汪民居风俗　东乡县唐汪镇 /2016.9.4/ 冉启斌 摄

汪家大寺入口　东乡县唐汪镇 /2016.9.4/ 冉启斌 摄

调查工作现场　东乡县唐汪镇 /2016.9.4/ 冉启斌 摄

语法标注缩略语对照表

缩略语	英语	汉义
1SG	1st person singular	第一人称单数
2SG	2nd person singular	第二人称单数
3SG	3rd person singular	第三人称单数
ABL	ablative	从格
ACC	accusative	宾格
CAUS	causative	致使
CL	classifier	量词
COM	comitative	伴随格
COMP	comparative	比较格
CONV	converb	副动词
DAT	dative marker	与格
DEM	demonstrative pronoun	指示代词
DUR	durative aspect	持续体
GEN	genitive	领属格
INST	instrumental marker	工具格
INTER	interjection	感叹词
NEG	negative	否定
PART	clause/sentence final particle	语气词
PL	plural marker	复数标记
POST	postposition	后置词
PRE	preposition	前置词
PRF	perfective aspect marker	完成体标记
PROG	progressive aspect	进行体
QUES	question（marker）	疑问（标记）
RES	resultative complement	结果补语
SG	singular	单数
TOP	topic marker	话题标记

序

我的老家在浙江金华。我在老家生活的年代是20世纪六七十年代。那时候人们白天黑夜地干，酷暑寒冬地干，但就是吃不饱饭。山上光秃秃的，地上光秃秃的，简直成了不毛之地。如今40年过去了，回到家乡，只见茂林修竹，清流激湍，芳草鲜美，落英缤纷，俨然人间仙境。进山的小路早已被草木掩没，没有刀斧开路，则寸步难行。

在我家附近的塔石乡，有一个叫“大坑”的畲族村子，坐落在一条山沟里，有50多人。畲族相传发源于广东潮州凤凰山，明代以来逐渐北迁，从广东到福建，从福建到浙江、江西、安徽等地。数百年来，畲族尽管不断迁徙，散落中国东南各地，然而始终保持着他们共同的语言——畲话。1981年，我在山东大学上学期间，曾经一个人跑到大坑去，拿着日本人编制的调查表记录他们的畲话。当时村里男女老少，基本上人人会讲畲话。但时至今日，很多人已不会讲或讲不好畲话了，25岁以下无一人会讲。照此发展下去，估计几十年后，大坑人沿袭千年之久的母语将彻底消亡。

自然环境的破坏可以修复，但语言的消亡无法挽回，不可再生。

根据联合国教科文组织的《世界濒危语言地图》(2018)，在世界现存的约6700种语言中，有40%的语言濒临灭绝，平均每两个星期就有一种语言消亡。中国有130多种语言，其中有68种使用人口在万人以下，有48种使用人口在5000人以下，有25种使用人口不足1000人，有的语言只剩下十几个人甚至几个人会说了。汉语方言尽管使用人数众多，但许多小方言、方言岛也在迅速衰亡。即使是那些还在使用的大方言，其语言结构和表达功能也已大大萎缩，或多或少都变成“残缺”的语言了。

冥冥之中，我们成了见证历史的人。

然而，作为语言学工作者，绝不应该坐观潮起潮落。事实上，联合国教科文组织早在1993年就确定当年为“抢救濒危语言年”，同时启动“世界濒危语言计划”，连续发布“世界濒危语言地图”(联合国已确定2019年为“国际本土语言年”)。二十多年来，国际上先后成立了上百个抢救濒危语言的机构和基金会，各种规模和形式的濒危语言抢救保护项目在世界各地以及网络上展开。我国学者在20世纪90年代已开始关注濒危语言问题，自21世纪初以来，开展了多项濒危语言、方言调查研究课题，出版了一系列重要成果，例如孙宏开先生主持的“中国新发现语言研究丛书”、张振兴先生等主持的“中国濒危语言方言研究丛书”、鲍厚星先生主持的“濒危汉语方言研究丛书”（湖南卷）等。为了全面、及时抢救保存中国语言方言资源，教育部、国家语委于2015年启动了规模宏大的“中国语言资源保护工程”。在语保工程里，专门设立了濒危语言方言调查项目，迄今已调查76个濒危语言点和60个濒危汉语方言点。对于濒危语言方言点，除了一般调查点的基本调查内容以外，还要求对该语言或方言进行全面系统的调查，并编写濒危语言志书稿。随着工程的实施，语保工作者奔赴全国各地，帕米尔高原、喜马拉雅山区、藏彝走廊、滇缅边境、黑龙江畔、海南丛林都留下了他们的足迹和身影。一批批鲜活的田野调查语料、音视频数据和口头文化资源汇聚到中国语言资源库，一些从未被记录过的语言、方言在即将消亡前留下了它们的声音。

为了更好地利用这些珍贵的语言文化遗产，在教育部语言文字信息管理司的领导下，商务印书馆和中国语言资源保护研究中心组织申报了国家出版基金项目“中国濒危语言志”，并有幸获得批准。该项目计划在两年内按统一规格、以EP同步方式编写出版30卷志书，其中少数民族语言20卷，汉语方言10卷。自项目启动以来，语信司领导高度重视，亲自指导志书的编写出版工作，各位主编、执行编委以及北京语言大学、中国传媒大学的工作人员认真负责，严格把关，付出了大量心血，商务印书馆则配备了精兵强将以确保出版水准。这套丛书可以说是政府、学术界和出版社三方紧密合作的结果。在投入这么多资源、付出这么大努力之后，我们有理由期待一套传世精品的出现。

当然，艰辛和困难一言难尽，不足和遗憾也在所难免。让我们感到欣慰的是，在这些语言、方言即将隐入历史深处的时候，我们赶到了它们身边，倾听它们的声音，记录它们的风采。尽管我们无力回天，但已经尽了最大的努力，让时间去检验吧。

曹志耘

2018年10月

于浙江师范大学

目录

第一章 导论

第一节

调查点概况

一　地理位置和历史沿革

唐汪镇，又称唐汪川，简称唐汪，位于甘肃省临夏回族自治州东乡族自治县内，约东经103°31′、北纬34°47′。唐汪川东西长10公里，南北宽8公里，总面积46平方公里。元末时期，一位姓唐的将军举家迁居唐汪川，唐姓逐渐成为唐汪川的大姓，此处地名也变成了“唐家川”。明朝洪武年间，汪姓人家从陇西迁来定居，人数逐渐增多。乾隆四十六年（1781年）后，唐家川改名为“唐汪川”。

唐汪川所处地区在东乡县内。东乡县以山地为主，一般海拔都在1754米左右。东乡县和临洮县分界线的上半段与洮河基本重合。仅一河之隔，两岸的语言面貌就有很大的不同。

作为行政单位唐汪曾几度易名。民国时设唐汪乡，属临夏县。1958年，撤区并乡后设唐汪乡，为县直属乡。1988年，唐汪有12个大队，9个自然村，现有12个行政村，分别为塔石沟、白咀（过去写成“白嘴”）、照壁山（过去写成“赵壁山”）、河沿、胡浪、唐家、汪家、上城门、下城门、舀水、张家和马巷。

二　人口构成

唐汪川的主体姓氏是唐姓和汪姓。除了唐、汪两大姓氏外，唐汪川还有张、杨、赵、马等姓氏，但这几个姓并不占多数。袁义达、邱家儒（2007：95）指出，从全国的姓氏和人口分布来看，唐姓人口是中国第二十五位大姓，“在全国的分布目前主要集中于湖南、四川二省，其次分布于安徽、重庆、广西、江苏、贵州、云南”。两位作者还指出，汪姓人口占中国第56位，安徽、湖北集中了42%的汪姓人口，“其次分布于浙江、四川、江苏、江西、云南、湖南”，“全国形成以安徽为中心沿长江向四周逐步递减的汪姓分布特征”（211）。如此看来，唐、汪两姓的发源地是长江流域，进入西北黄河流域的是少数[①]。东乡族自治县内的唐汪川，北部集中的回民居住区习惯上称为上川，南边尽头的三个汉民自然村习惯上称为下川。上川在宗教信仰、文化习俗上基本和东乡民族融合了，下川则保持了自己一定的特性。由于受到社会、文化、宗教等方面因素的影响，上下川的语言演变也不平衡，其中上川的语言演变更大，下川语言的演变就相对小一些。

根据有关文献，唐汪川的唐姓人的祖先大概于14—15世纪之间就来到了唐汪，一部分唐姓后裔大约在15世纪后改信了伊斯兰教。汪姓约于17世纪（或略早一些）陆续来到此地。汪姓人多次说自己是从山西大柳树巷来的（也有说是从四川柳树庄来的），张姓人也这么说，只不过，张姓把大柳树巷说成是陕西的（见《张家村志》，9页）。徐黎丽（2010：2）也谈道：“作为民族研究的一分子，我们经常在西北汉族中听到他们这样说自己的来源：‘听祖上说，我们是从山西大槐树下迁来的’，但山西大槐树究竟在哪里却无从旁证。”我们在唐汪调查时也听到不少传说，许多传说都能找到一些根据，但“大柳树巷”却无从寻找。

2010年唐汪总人口数为15 093人。从民族成分上看，唐汪居民中人口最多的是东乡族，为6823人（占总人口比例为45.2%）；其次是汉族，为6328人（占总人口比例为41.92%）；回族为1935人（占总人口比例为12.8%）。其中东乡族和回族合计8758人（占总人口比例为58.03%）。

表1-1 唐汪居民民族成分构成（2010年）

	2010年人口	百分比（%）
总人口	15 093	100
东乡族人口	6823	45.21
汉族人口	6328	41.93
回族人口	1935	12.82
其他民族	7	0.046

① 根据同一书的作者，张、杨、赵、马在全国的姓氏排位依次是三、六、八、十四位。

第二节

唐汪话的系属

有的学者认为，唐汪话是甘肃省临夏回族自治州东乡族自治县唐汪川的回族、东乡族、汉族等约15 000多人使用的语言。唐汪话是由汉语和东乡语经过一定时间的接触而形成的混合语。其词汇系统主要来自汉语，其数、格、体、态等语法范畴则主要是受东乡语的影响而产生的[①]。但是，对唐汪话作为混合语的混合程度，以及唐汪话的具体特征等很多方面，学术界还存在不同意见。阿·伊布拉黑麦（1985）首次对唐汪话的语音、词汇、语法等进行了介绍。孙宏开等先生编辑的《中国的语言》（2007）收录了阿·伊布拉黑麦（1985）的文章，把唐汪话作为“混合语”的代表之一。徐丹（2014，2017）则认为，唐汪话作为混合语，其混合的程度不太高。当然，要讨论混合程度的高低，首先应该明确混合语的标准。为此，徐丹（2017）用基本词汇借贷[②]和语法形式借贷两个标准进行量化和测试，结果表明唐汪话的混合程度比四川雅江的倒话和青海同仁的五屯话低。

对唐汪话的一些具体语言特征学界也有不同看法。例如，唐汪话是否具有声调就存在很多争议。阿·伊布拉黑麦（1985）认为唐汪话有4个声调；《中国语言地图集》（2012版）也认为唐汪话有声调；徐丹（2014）认为，下川三合汉民等居住地有2个声调，上川回民话单字基本无声调，只有重音调；莫超、张建军（2015）认为唐汪话有3个声调。

我们认为，唐汪话的以下两个方面是值得特别注意的。第一，唐汪话内部存在很大的差异，说该语言的人有上川与下川，回民、东乡族与汉民，不同的性别、年龄、文化程度等（参见徐丹2014，以及本书第二章）方面的差异，相应地，所使用的唐汪话也都有所不同。第二，唐汪话仍然处在明显的变化之中，甚至某些方面正在经历比较剧烈的变化。例

① 可参考《中国语言地图集》（2012版）对唐汪话的描述。

② 语言接触中发生的borrowing，我们称为“借贷”。

如，唐汪话的声调就正处于从有声调向无声调过渡的阶段（参见本书第二章）。

唐汪川的人口以唐姓和汪姓为主，其他姓氏人口比例很低，所以一说“唐汪人”或“唐汪话”，基本都是以这两个家族为主。他们喜欢称自己是“唐汪人”。马兆熙（1999：51）指出，唐汪回民“时而称自己为东乡族，时而称自己为回族”，外出时称自己为“唐汪人”。这种对“唐汪人”的认同心理对唐汪话的发展极为重要。

唐汪的历史告诉我们，东乡族和唐汪回民由于宗教信仰相同，长期和睦相处，东乡语的句法已为回民所接受。而唐汪汉民由于和回民长期互相认同，尊重对方的宗教选择，也接受回民的特殊句法成分。唐汪的东乡族人、汉民和回民共同形成了一种既不完全同于汉人，又不完全同于东乡人的“唐汪人”的身份认同。马兆熙（1999：52）的社会调查指出，唐汪人“族源相同，其族源皆为汉族。而且各姓回、汉、东乡族皆同宗同祖，同姓间无论汉、回、东乡族，皆互称‘本家’……其民族心态是‘重家族、轻民族’”[①]。这种特殊的宗族观念，也反映在他们的通用语“唐汪话”上。唐汪话作为一种母语，正在唐汪人族群中延续传承着。唐汪回民对他们的宗教信仰感到自豪，而唐汪汉民对唐汪回民所信奉的伊斯兰教也非常尊重，他们共同把唐汪回民说的唐汪话视为“标准”的唐汪话。这种心理至关重要，它解释了为何唐汪回民话的地位在当地颇为显赫[②]。唐汪人回汉互相尊重，汉人也有意习得对方的语言以保持和睦关系。唐汪话不是东乡人转用汉语形成的语言，而是转信伊斯兰教的汉人接受并模仿伊斯兰教民族的语言表达方式而形成的一种“通用语”。这在语言接触里是常能遇到的现象：某一语言社团有意模仿另一语言社团的用语和句法结构以至形成新的句法结构，从而使新形成的某种语言与其模仿对象产生更多的共同点。这种做法一是为了保持和睦关系，二是为了认同其同祖、同宗的关系。笔者在唐汪三合调查时，请一位当地汉民给唐汪一位回民讲故事。这位汉民多次选用回民用词讲故事（详见徐丹2014：306）。这种现象也可以用Thomason（2001）的“协商”（negotiation）[③]这种接触引发语言演变的机制加以解释。当然，这里的“协商”本来指的是交流双方无意识的行为。我们想指出的是，本来说汉语的人群，不但迁就与自己说话有所不同的人（转信伊斯兰教的人），而且尊重和模仿这些人的说话方式。可以设想，这些由汉民改信伊斯兰教的唐汪回民，或受东乡族影响的回民又把这一模式用到和东乡族的交流上，即唐汪的回民和跟东乡族交往密切的回民有意习得东乡族的某些用词和句法形式。这样，三个群体——汉民、回民/受东乡族影响的回民、东乡族人，两个环节——汉民靠拢回民和受东乡族影响的回民，后者又靠拢东乡族人，从而使得东乡语的句法形式得以扩散开来。

---

① 唐汪人口构成主要是汉民，唐姓祖先有很明显的蒙古族成分。文少卿、姚宏兵2015年对唐汪人所做的基因调查证实了这一点，说唐汪话受到东乡语的影响，主要是唐汪话受到周边东乡语的影响。

② 在田野调查时，笔者常听到唐汪汉民自谦地说自己的唐汪话没有上川回民的标准。

③ 作者一共谈了七种机制：语码转换，语码交替，被动熟悉，协商，第二语言习得策略，双语者的第一语言习得，有意的决定。

第三节

唐汪话的濒危状况

在唐汪人中，不同民族之间的关系非常好，这和他们风雨同舟的历史、经历有关。他们互相尊重，各有信仰，并有共祖共宗的认同感。这种特殊的环境使得他们的语言保存良好，而且年轻一代也乐于使用。这点与笔者在其他地区调查语言时遇到的情况形成鲜明对照。不少地方语言濒危，一个原因是经济落后，人们希望走出大山，到城市闯荡，改变自己的生活。二是因为年轻人已经不愿意讲当地话了，他们希望更快地融入到大城市中。这是这些地区语言濒危的根本原因。在唐汪，我们没有这种感觉。很多年轻人，包括有文化、上过大学的唐汪人，他们不但说唐汪话，而且在发微信、短信时借助汉字来“写”唐汪话。尽管有时他们选用的字不一致，但这并不影响他们之间的交流。不过，不懂唐汪话的人，看了也不懂。其中部分原因在于他们并不是凭借声调来选字的。徐丹（2014：116）指出，单字调在唐汪年轻一代中已经消失了。这点和刘俐李（2009）对陕西支东干语的观察是一致的：年轻人的声调已开始模糊。可以说，年轻人讲不讲自己的地方话，是预测一个语言会不会濒危的最好试金石。语言濒危的地区都是年轻一代拒绝讲自己的语言的地区，而有文化的年轻人是一个族群的未来，如果他们能够努力传承一种语言，这个语言就不会消失。

2003年联合国教科文组织召开了专题讨论会，讨论世界语言活力及与语言濒危、语言消失相关的问题。大会为世界语言的活力定出了判断标准，涉及如下六个方面：[①]

（一）语言代际的传承；

（二）语言使用者的绝对人数；

（三）语言使用人口占总人口的比例；

① 译文参考联合国教科文组织濒危语言问题特别专家组《语言活力与语言濒危》，范俊军等译（2006）。

（四）语言使用域的走向；

（五）对新语域和媒体的反应；

（六）语言教育材料与读写材料。

唐汪话确实是作为当地人群的母语而存在的，但说唐汪话的人数在总人口中的比例，以及在学校或媒体的使用方面均不占优势。尤其是在学校，如果师生都讲普通话，势必会对唐汪话的使用产生影响。在近几十年里，由于唐汪人对自己“唐汪人”身份的认同感，唐汪话还保存得相对较好。但由于讲唐汪话的人数有限，加之近年来高速公路的开通、旅游业发展等因素的影响，唐汪话开始走向濒危。

唐汪话没有自己的文字。有一定文化程度的唐汪人，在需要书写唐汪话时，往往借助汉字。我们知道，唐汪话中的汉语词直接使用汉字来书写是没有太大的问题的，问题在于，该语言中来自东乡语的语法形态等就得用音近的汉字来表示。这虽然对记录唐汪话起到了一定的作用，但缺乏规范的书写系统是唐汪话面临濒危状况的重要因素。

第四节

研究概况及调查说明

一　研究概况

阿·伊布拉黑麦（1985）是第一位探讨唐汪话的学者。近十年来，唐汪话才得到国内外学者较多的注意。中国社会科学院的孙宏开教授于2008年就鼓励徐丹做唐汪话研究。法国东亚语言所的贝罗贝（Peyraube）也看到了唐汪话的特殊价值，积极主张研究唐汪话。他发表的一些论著，不但论及唐汪话，还综合研究了甘肃、青海地区多种语言的情况（2009，2015，2017）。法国东亚语言所的罗端（Redouane Djamouri）几次到唐汪做田野调查，发表了几篇有关唐汪话的文章（2013,2015）。莫超、张建军（2015）、阿·伊布拉黑麦（2017）等对唐汪话也进行过专题研究。本书的作者之一徐丹也多次到唐汪做语言调查，发表过一些文章。她在2014年民族出版社出版的《唐汪话研究》一书，对唐汪话展开了较为全面、系统的描写分析。该书指出，回民话和汉民话之间存在如下一些区别：由于宗教活动，回民话的词汇里吸收了阿拉伯语、波斯语和突厥语族语言的部分词汇，但数目有限；回民话里开始出现东乡语里的一些词缀（详见第五章），但是汉民话还没有完全吸收这些词缀（徐丹 2014：234）；回汉语句的词序以OV为主，但是回民里受教育程度高的人，也常用VO语序。具体情况请参见本书语法部分的例句。

尽管如此，唐汪话还有许多地方值得做进一步的调查研究。这一次我们一行几个人（徐丹、冉启斌、周晨磊、孙凯）利用中国语言资源保护工程提供的机会再次对唐汪话展开了系统的调查，发现了一些新的值得做进一步分析探讨的现象。本书的部分内容就是建立在此后的多次调查的基础之上。

二 调查说明

我们对唐汪话的调查早在十年前就开始了。本书作者之一徐丹，先后于2008年9月、2009年4月、2010年6月、2011年7月前往唐汪调查当地语言，著有《唐汪话研究》（民族出版社 2014）一书，发表有《唐汪话的格标记》（《中国语文》2011年第2期）、《唐汪话的语序》（《方言》2013年第3期）、Tangwang Initials（Cao *et al.*（eds.）*Languages in Contact in Northwestern China*. Paris: Monograph series of the EHESS-CRLAO（2017））等文章。基于徐丹所做的调查，我们对唐汪话的语音、词汇、句法以及唐汪话的接触与混合性质等基本状况在这次语保工程调查前就已经有了比较多的了解。

有了前期的调查作为基础，本次调查耗费的时间相对较少。2016年9月3—6日，徐丹、冉启斌、孙凯三人前往唐汪。此行除调查唐汪语言状况外，主要目的还在于寻找适合中国语言资源保护工程所要求的唐汪话发音人。项目组经过多方寻找，并在得到语保工程摄录团队的确认后，最终确定临夏东乡族自治县黑石山小学教师、唐汪人汪文虎老师为本次调查的主要发音人；临夏东乡族自治县黑石山小学教师、唐汪人汪华老师为本次调查的协助发音人。

项目组于2016年9月7—18日在南开大学电视台进行唐汪话语保工程的摄录工作。摄录期间，我们对唐汪话的有关情况做了进一步的调查，并在语保工程要求之外录制了120余分钟的歌谣、故事、对话等语料。摄录期间参加调查工作的项目组人员有徐丹、冉启斌和周晨磊等。

发音人简况：

1. 汪文虎

男，东乡族，1958年10月出生，甘肃省东乡族自治县唐汪镇下城门村人，高中文化，现任东乡县黑石山小学美术教师。其父母均为唐汪川本地人，一直在家务农；配偶为东乡族，也在家务农。汪文虎的父母、配偶以及他本人都没有出过远门。他本人会说本地汉语方言、东乡语、唐汪话，能听懂普通话，会使用汉语言文字书写简单书信或文章，不会说规范标准的普通话。

2. 汪华

男，东乡族，1984年6月出生，甘肃省东乡族自治县唐汪镇下城门村人，东乡族自治县达板镇黑石山小学数学教师，甘肃民族师范高等专科学校毕业，普通话二级乙等水平。其父母和配偶均为本地东乡族，都没有长期离开过本地。

第二章 语音

徐丹《唐汪话研究》（2014）对唐汪话的辅音、元音和声调系统进行了详细的调查说明，并对有的内容进行了声学分析。本书描述唐汪话的辅音系统、元音系统以及声调状况基本参照徐丹（2014），并在此基础上重点介绍本次调查的结果。

第一节

元音

一　元音音位与韵母

唐汪话的基本元音（单元音）有10个，分别是a、ɛ、ə、e、ɔ、i、u、y、ʅ、ʅ。

从韵母的角度看，唐汪话共有31个韵母，其中单元音韵母（基本元音）10个（即上文所列），复元音韵母10个，鼻化韵母11个。列表如下：

表2-1　唐汪话的韵母

	ʅ	ʅ	a	ɛ	ə		e	ɔ	əu	ɛ̃	ə̃	ɑ̃
i			ia	iɛ				iɔ	iəu	iɛ̃	ĩ	iɑ̃
u			ua	uɛ	uə	uɪ				uɛ̃	ũ	uɑ̃
y				yɛ						yɛ̃	ỹ	

对上述韵母说明如下：

1. 10个单元音都可以单独做韵母。ɛ多来自中古音中的开口呼，e多来自中古音中的合口呼。ə在唐汪话中是一个独立的音位，对应普通话中的ɤ。ʅ、ʅ是i的条件变体，ʅ只出现在ts、tsh、s之后，ʅ只出现在tʂ、tʂh、ʂ、ʐ之后，其余情况都使用i，按照汉语方言的一般处理方法分立为3个音位。i往往实现为自由变体ɪ。u和ɯ构成一对自由变体，u是基本音位，ɯ是其变体，它们之间无区别意义，如“媳妇”读为ɕifu或是ɕɪfɯ都不影响理解。

2. ɛ前有介音i、y时，一般是iɛ、yɛ，有的人发音略高一些，会变成ie、ye；ɛ还可与u组合，构成uɛ。ɪ是i的自由变体，在uɪ里，ɪ更能反映真实的读音，故不再记ui；ɔ对应普通话中的au，可与i组合构成iɔ；əu对应普通话中的ou，其中的ə拉得比较长，u念得很短，实际是个圆唇性质的韵尾w，为了使语音系统更简洁，记为u；iəu是唐汪话中唯一的一个三合元音，只在辅音l、n、ɕ、tɕ、tɕh后出现。

3. 唐汪话中的鼻化元音比较丰富，除了前半高元音e和后半低圆唇元音ɔ之外，其余6个元音均可发生鼻化。唐汪话中鼻韵尾消失导致前后鼻音不分，如“民”和“明”在唐汪话中都读为mĩ。在某些词中，ũ听起来更像ɔ̃，如“田埂”的实际读音为kɛlɔ̃，但情况极少，故不将ɔ̃单列。

二　韵母举例

唐汪话韵母例字如下：

ɿ　tsɿ　紫
ʅ　tʂhʅ　吃
a　ma　马
ɛ　tʂhɛ　柴
ə　ʂə　蛇
e　ve　喂
ɔ　thɔ　桃
əu　xəu　吼
ɛ̃　ʂɛ̃　山
ə̃　fə̃　风
ɑ̃　khɑ̃　炕
i　pi　被
ia　ɕia　虾
iɛ　kiɛ　个
iɔ　tɕhiɔ　跳
iəu　niəu　牛
iɛ̃　tɕhiɛ̃　舔
ĩ　ɕĩ　信
iɑ̃　tɕhiɑ̃　藏
u　thu　土
ua　xua　花
uɛ　khuɛ　快
uə　kuə　锅
uɪ　ʂuɪ　水
uɛ̃　tʂhuɛ̃　穿
ũ　tũ　蹲
uɑ̃　ʂuɑ̃　霜
y　ɕy　絮
yɛ　tɕyɛ　脚
yɛ̃　jyɛ̃　远
ỹ　tɕỹ　俊

三　唐汪话韵母与普通话韵母的对应关系

唐汪话韵母与普通话韵母可以列为如表2–2所示：

表2–2　唐汪话韵母与普通话韵母对照

唐汪话韵母	普通话韵母
i	i
ɿ	ɿ

续表

唐汪话韵母	普通话韵母
ʅ	ʅ
a	a
ɛ	ai
ə	ə，o
e	əi
ɔ	au
u	u
y	y
əu	əu
ɛ̃	an
ə̃	ən
ɑ̃	aŋ
ia	ia
iɛ	ie
iɔ	iau
iəu	iəu
iɛ̃	iɛn
ĩ	in，iŋ
iɑ̃	iɑŋ
ua	ua
uɛ	uai
uə	uo
uɪ	uəi
uɛ̃	uan
ũ	uŋ
uɑ̃	uɑŋ
yɛ	ye
yɛ̃	yɛn
ỹ	yn

第二节

辅音

一　辅音音位与声母

唐汪话有23个辅音，如下：

p	ph	m		f	v
t	th	n	l		
ts	tsh			s	
tʂ	tʂh			ʂ	ʐ
tɕ	tɕh			ɕ	j
k	kh			x	

对上述辅音的说明如下：

1. 由于唐汪话的词汇主要来自当地汉语方言（阿·伊布拉黑麦 1985；徐丹 2014），且其辅音均不出现在音节首以外的其他位置上，因此唐汪话的23个辅音在一定程度上也可以认为是唐汪话的声母。事实上，阿·伊布拉黑麦（1985）也是按声母、韵母、声调三分的方式处理唐汪话辅音的。

2. p是双唇清塞音，遇齐齿呼时后面的元音带有明显的摩擦，如“笔”的实际读音近似[pʅ]。ph是送气的双唇清塞音，擦音色彩更强，遇洪音时会变成pχ，如“跑”的实际读音为pχɔ；遇细音时，擦音色彩最明显，如“皮”实际读音近似[phʅ]。m是双唇鼻音，不出现在韵尾。f是唇齿擦音，v是唇齿浊擦音，摩擦不是很重。v和ʋ构成一对自由变体，v是基本音位，ʋ是其变体，即二者之间不构成最小对立，无区别特征。例如，唐汪话中的“五”读为vu或ʋu都不影响理解。

3. t、th遇到细音时，上川回民的唐汪话会出现两种情况。一种是把塞音变为舌面塞擦音，即腭化，如“弟弟”的实际读音为tɕitɕi；另一种是把塞音变为舌尖塞擦音，如“听”的实际读音为tshĩ。t遇洪音时与普通话发音接近，送气音th可能会变tχ，如“推”的实际读音为tχuɪ；也可能保持不变，如“汤”的实际读音为thɑ̃。n是舌尖鼻音，遇洪音仍读n；但遇细音会变为ȵ，如“男”实际读音为nɛ̃，“牛”实际读音为ȵiəu。n不出现在韵尾，实际是把前面的元音同化为鼻化元音，如ĩ对应普通话中的in和iŋ，n和ŋ合并，前后鼻音不分。l是舌尖边音，唐汪话中有时ȵ和l不分，如“脸”的实际读音为ȵiɛ̃。

4. ts、tsh是舌尖前塞擦音，s是舌尖前擦音。个别字词中，塞擦音会发生腭化，如“藏”在唐汪话中读为tɕhiɑ̃。

5. 语流中的音节ʂʅ，其中的声母ʂ往往比较长，而后面的元音ʅ比较短（这在北京话等其他方言也有类似表现）。值得注意的是，大部分方言发tʂh的词，唐汪话中读ʂ，反之亦然。例如，“尝”的读音为ʂɑ̃，“鼠”的读音为tʂhu。[①]

6. 中古“心母”字在高元音前原来读为s，现多读为ɕ，与普通话之间的差异逐渐缩小。j和ʑ构成一对条件变体，j是基本音位，在前高元音i、y前变为ʑ。

7. kh发音中会变为kχ，如“苦”实际读音为kχu。x和χ构成一对自由变体，x是基本音位，χ是其变体；χ经常出现在送气塞音之后，如“塌”的实际读音为tχa。中古匣母二等字在普通话中常读为腭化音，在唐汪话中未发生腭化，如“咸”的读音为xɛ̃。

另外，唐汪话在借词里偶尔出现z这个音位。这个音不出现在唐汪话的固有词中，因此前面音系里没有列出。

二　声母举例

唐汪话有24个声母，包括上面列的23个辅音，另外加1个零声母。声母例字如下：

p	pĩ	冰
ph	pha	趴
m	me	煤
f	fu	搀

① 冉启斌（2002，2005，2008）专门讨论过声母演变中的例外现象，其中冉启斌（2005：127—130）讨论了擦音与送气塞擦音的密切关系。冉启斌（2008）举出四川话中擦音、送气塞擦音的“对换”例字，指出共时平面处于强势的是擦音，读擦音的字更多；处于弱势的是送气塞擦音，读送气塞擦音的字更少，这导致的结果是在历时演变中该读擦音而实际读送气塞擦音的字多；而该读送气塞擦音而实际读擦音的字少。冉启斌（2002，2008）指出这种异常变化具有客观的听觉心理基础。唐汪话中声母“换位”现象的实际数量我们没有完全统计，但是这种现象显然与汉语方言中存在的擦音、送气塞擦音“对换”现象有关。

v	vu	雾
t	ta	打
th	thɛ̃	炭
n	nuə	鹅
l	luɪ	雷
ts	tsɔ	枣
tsh	tshɔ	草
s	suɛ̃	蒜
tʂ	tʂu	朱
tʂh	tʂhuɑ̃	床
ʂ	ʂɛ	晒
ʐ	ʐəu	揉
tɕ	tɕiɛ̃	夹
tɕh	tɕhy	虫
ɕ	ɕyɛ	雪
j	jɛ̃	烟
k	kɑ̃	虹
kh	khuɪ	柜
x	xuə	火
∅	ɛtɛ	现在

三　唐汪话声母与普通话声母的对应关系

如表2-3所示：

表2-3　唐汪话声母与普通话声母的对应关系

唐汪话声母	普通话声母
p	p
ph	ph
m	m
f	f
v	以u开头的零声母

续 表

唐汪话声母	普通话声母
t	t
th	th
n	n
l	l
ts	ts
tsh	tsh
s	s
tʂ	tʂ
tʂh	tʂh
ʂ	ʂ
ʐ	ʐ
tɕ	tɕ，t后接i
tɕh	tɕh，th后接i
ɕ	ɕ
j	韵母i、y前的声母
k	k
kh	kh
x	x

第三节

唐汪话的声调问题

一　唐汪话声调问题的分歧意见

自陈元龙（1985）首次介绍唐汪话以来，唐汪话以其兼具汉语、东乡语的特征而被当作“混合语”的代表之一（孙宏开、胡增益、黄行 2007）。不过，近年来一些观点认为唐汪话的混合程度并不高，例如徐丹（2014：51；142）指出唐汪话“不能算作彻底的混合语”，“混合程度还不够混合语的标准（即词汇、句法彻底相混，如倒话）”；莫超、张建军（2015：141）将唐汪话看作是“汉语底层加上跟东乡语部分接触变异而形成的，‘混合’程度相对较低的‘混合语’”。

西北汉语方言虽然声调数目大多偏少（往往只有2—3个），但是声调的特征仍然是显著的；而东乡语则是一种没有声调的阿尔泰语系蒙古语族语言（马国良、刘照雄 1986）。作为混合语的唐汪话有声调还是没有声调？其具体状况又是怎样的？这方面目前存在着几种不同的意见。

陈元龙（1985）将唐汪话描写为具有4个声调（不包括轻声），具体是：

阴平24　　阳平554（记作53）　　上声224　　去声31

同时他在音系说明里写道：“唐汪话的阴平调与上声调24很相似，当地人对这一差别已经不很敏感，但细加审辨，还是可以听出两者有细微差别。相当于普通话阴平的字唐汪话中有一部分读作阳平554调。唐汪话的声调有演变为三个调类的趋势，即阴平字分别归到上声和阳平两类。”

陈元龙的意思是，唐汪话目前虽然仍有4个声调，但由于阴平与上声相似，且阴平有一部分读作阳平，所以唐汪话整个有变化为阳平、上声、去声3个声调的趋势。

徐丹（2014）认为唐汪话的声调实际上有两种类型。一种类型是下川三合汉民居住地区及上川张家村汉民等使用的唐汪汉民话，这种类型有2个声调（也有人还保持3个声调）；另一种类型是上川回民使用的唐汪回民话，这种类型单字已经失去声调，必要时靠高低音/轻重音辨别意义。徐丹（2014）主要介绍的是唐汪回民话的情况，即唐汪回民话“单字基本无声调”，只有重音调。徐丹指出，这种重音调“基本只有两个模式，即中高平降和中低升降，调值约是442和242”[①]。同时，她也指出，从不同年龄群发音人来看，“唐汪上川的回民汉语正在失去声调（指单字调）”（2014：103），“唐汪话的声调系统仍在变动、调节之中”（2014：149）。

另外要指出的是，对于唐汪汉民话，徐丹（2014：138）认为基本上是2个声调，即平上声（24）和去声（51）。

徐丹（2014）的结论是经过多次对多名发音人的调查、初步的声学分析以及听辨实验得出的。[②]

莫超、张建军（2015）主要从语法特点谈唐汪话的性质，认为“唐汪话的语音系统与周边的临夏话基本一致”。他们认为唐汪话有3个声调，分别是平声、上声和去声。由于该文主要是谈唐汪话的语法特点，因此文章中没有给出三个声调的实际调值。按张建军（2009：1—14），临夏老城区话的3个声调是：平声13，上声55（实际调值为44），去声31。由此不难看出，莫超、张建军（2015）认为的唐汪话3个声调的调值可以参照临夏老城区话的声调调值。

为便于观察，我们将陈元龙（1985），徐丹（2014），莫超、张建军（2015）关于唐汪话声调的不同意见制作了如下对照图：

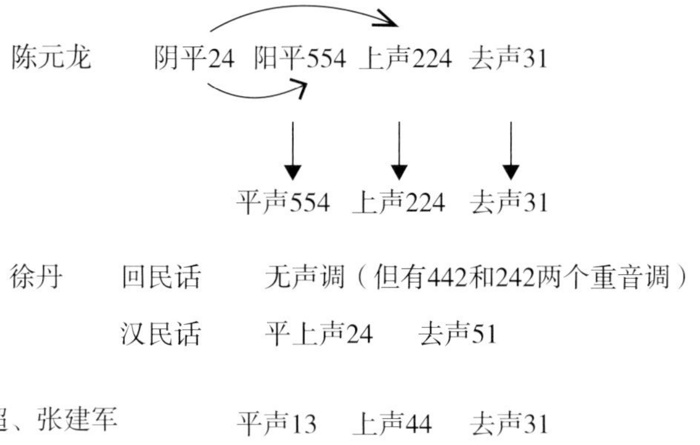

图 2-1　唐汪话声调不同意见的对照图（图中的调值均为实际调值）

① 由于西北方言单字发音往往带有一个附加性的下降尾音，所以徐丹（2014：99）将442看作高调HH，242看作低升调LH。徐丹（2014：110—113）还指出了非常重要的一点，她认为中高平降和中低升降两个重音调的分布是有倾向性的，即：“送气塞音、塞擦音及擦音趋于用高调44（2），而非送气音，流音、鼻音趋于用低升调24（2）。”她认为“这种区分是生理和音理上的自然区分，而非区别性特征的区分”。这些问题后文还要讨论。

② 徐丹（2014：103—110）通过录音文件的基频曲线显示陈元龙的声调与4名讲唐汪回民话的年轻大学生发音人、1名唐汪回民教员的声调是不同的，区别主要是：4名学生、1名回民教员的阴、阳、上、去4类字的基频曲线差不多，基本上都是半高平，表明唐汪回民话基本上是没有声调的；而陈元龙的发音基本上是4个声调，调值和陈元龙（1985）所记录的差别不大。

我们结合图2-1观察不同文献关于唐汪话声调意见的异同。陈元龙（1985）列出的有4个声调，他同时说唐汪话有变为3个调类的趋势，图2-1中使用箭头来表示这种趋势。从变化后的情形来看，陈元龙的调类和莫超、张建军的调类是一致的，均为平声、上声、去声。不同的是调值，其中平声差异最大，陈元龙基本记录为一个高降调，莫超、张建军记录为低升调，二者正好相反。上声也存在差异，陈元龙记录为中升调，莫超、张建军记录为平调。去声二者完全相同，都是一个降调，调值31。徐丹认为唐汪话单字基本没有声调，只有两个生理和音理上自然区分的重音调442和242。徐丹（2014：99）将这两个调视为高调和低升调，高调或许可以对应于莫超、张建军的上声（44）；低升调或许可以对应于陈元龙的上声（224）或莫超、张建军的平声（13）。但这样一来几种文献之间调类、调值之间的关系就比较混乱和错综复杂。不管怎样，徐丹的看法与另外两种文献的差异都是最大的。

下文我们的考察将主要结合不同文献对唐汪话声调的不同观点进行。

二　唐汪话声调的声学实验考察

本节主要使用声学实验的方法，从两个角度考察唐汪话“单字调”的实际声学表现。单字的发音语料均来自语保工程“唐汪话”项目的3000词。发音人汪文虎（详细信息参见第一章第五节），代表有一定文化程度的老一代唐汪回民话发音。唐汪话3000词中单音节的词（字）共有654个，本节对唐汪话声调的声学考察均以这654个单字为范围（具体情况详后）。

第一个角度是从阴平、阳平、上声、去声的角度观察唐汪话声调的声学表现。这样做的原因有两个：第一，使用这种方法可以观察唐汪话声调与普通话4个声调的对应情况；第二，陈元龙（1985）给出的唐汪话4个声调正好是阴平、阳平、上声、去声，这种方法可以验证陈元龙的调值描写以及对声调的说明情况。

我们按照普通话阴平、阳平、上声、去声4个调类，从3000词中各选取了30个单字作为声学分析的语料，共有120个例字。对120个例字进行声调标注，使用Praat脚本提取音高数据（基频值。每个单字提取30个音高点）。将音高基频值转换为半音数据（$St=\log_2(x/fref)*12$。参考频率为该发音人所有音高数据的平均值），求得阴平、阳平、上声、去声4类例字的平均半音值。使用Excel作图画出4类声调的音高曲线。

唐汪话阴平、阳平、上声、去声4类例字的音高曲线如下（图2-2左）；同时另附普通话4个单字调的音高曲线供参考（图2-2右）：

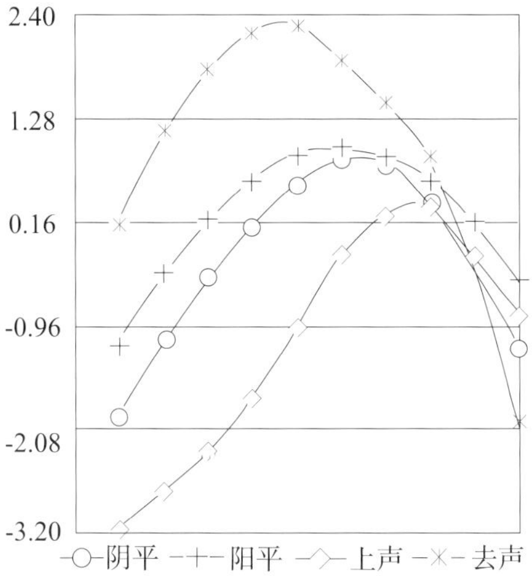

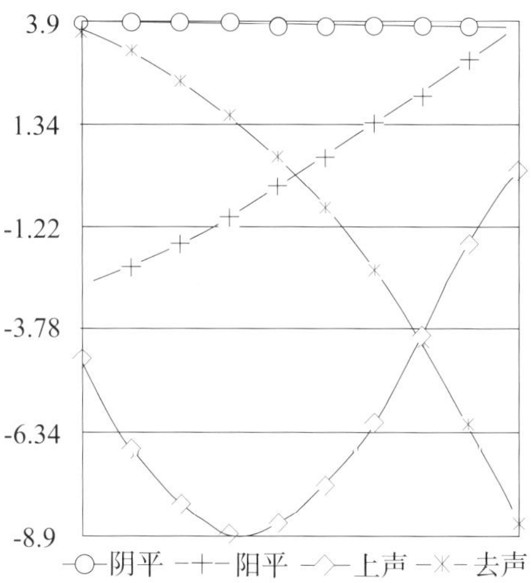

图 2-2　唐汪话与北京话的阴平、阳平、上声、去声音高曲线
（左为唐汪话；右为普通话。纵轴单位：St）

首先看调域。图2-2显示，唐汪话的调域从–3.20到2.40，调域只有5.60个半音。普通话的调域从–8.90到3.90，达12.80个半音。熊子瑜、李爱军（2008）的研究显示普通话声调音域平均也为12.8个半音，台湾国语则只有7.6个半音，台湾闽南方言只有6.9个半音。唐汪话的调域是很窄的，徐丹已经看到："唐汪回民话最高的音高比普通话低。"（2014：101）最高音高比普通话低表明整个调域会变窄。

已有很多研究指出西北汉语方言的调域往往偏窄（张燕来 2003），冉启斌等（2013）在对二声调方言甘肃兰州红古话的研究中也看到4名发音人中有3人调域很窄。西北汉语方言往往声调数目偏少，因此谈论西北汉语声调调域偏窄的问题有可能涉及声调清单大小与调域宽窄之间的关系问题。冉启斌（2016）在考察了汉语方言极大声调清单和极小声调清单后的结论是，"调域宽窄可能与各语言（方言）的特点有关，也可能表现在调域的变动性、而不仅是调域宽窄上"，具体来说，"极小声调清单的调域可以较窄，也可以较宽；但极大声调清单的调域只能较宽，不能较窄"。可见，西北汉语方言的调域可以较窄，也可以较宽。本书发音人的调域是比较窄的。

从声学角度观察西北汉语的单字调不能不涉及另一个问题，即音高曲线后部的下降尾音。图2-2显示，唐汪话的音高曲线中后部都呈下降趋势（可以和普通话的音高曲线相对比）；冉启斌、田弘瑶佳、祁褎然（2013）在研究红古话的声调时提出了"单字调的额外成分"问题，红古话声调中都可以看到"带有西北方言特色的附加性下降尾音"；徐丹（2014：99）指出："尾音不起决定作用，只是起收尾作用"；因此，在观察唐汪话的音高曲线时中后部的下降部分只起参考作用。

再来观察唐汪的音高曲线。从图2-2可以看到，其实4条声调曲线都呈上升走势，其中去声的分布位置最高，阳平其次，阴平再次，上声的音高曲线最低。图上也比较清楚地显示，阴平和阳平的音高曲线分布非常接近，反映出二者的差别是非常小的。

陈元龙（1985：34）曾指出：“唐汪话的阴平调24与上声调224很相似，当地人对这一差别已经不很敏感，但细加审辨，还是可以听出两者有细微差别。”所谓阴平调与上声调很相似但有细微差别，这一点在图2.8中体现不出来。事实上阴平调与上声调的差别还是比较大的，真正接近的是阴平调与阳平调。

陈元龙（1985）也指出唐汪话有变为平声（554）、上声（224）、去声（31）3个声调的趋势。从图2-2来看唐汪话似乎确实可以归为平声、上声、去声3个声调，但是这与陈元龙的论述有两点重要的不同。第一，调类的归并很不相同，陈元龙认为阴平与上声相似，且有一部分阴平字读作阳平，但图2-2显示的是阴平和上声并不相似，而是和阳平相似；第二，即使将图2-13中唐汪话的4条音高曲线合并为3个声调，调值也是平声24、上声13、去声35，而不是平声554、上声224、去声31。

莫超、张建军（2015）给出的调类也为平声、上声和去声，但是调值也和图2-2的音高曲线存在不同程度的差异。他们认为，平声为低升调13，音高曲线近似于中升调24，二者还算接近；上声为高平调44，音高曲线为低升调13；去声为低降调31，音高曲线为高升调35。总体来看，莫超、张建军给出的声调情况除平声外，上声和去声无论在调型还是调值上与图2-2的音高曲线相差都非常大。

那么从图2-2的唐汪话音高曲线来看是否就意味着唐汪话是平声、上声、去声3个声调呢？情况并没有如此简单。首先，图2-2的音高曲线是人为按照阴平、阳平、上声、去声4个调类进行例字归类形成的，音高曲线本身显示不了例字的实际归属情况。第二，更重要的是，如果一种语言或方言的调类并不是按阴平、阳平、上声、去声区分的，图2-2做出的音高曲线就不是该语言或方言调类的实际音高曲线。实际上，任意将一些例字放在一起都可以做出一定形式的音高曲线来，显而易见，这些音高曲线并不能代表该语言或方言的调类。

鉴于这种情况，我们使用了另一种方法来对唐汪话的声调情况进行声学分析，即前文所说的从第二个角度分析唐汪话声调的声学表现。语保项目唐汪话3000词中的单字共有654个，我们逐一听辨了这654个单字的声调发音，看到很多字的声调类别不像北京话那样界限清晰。北京话的一个字是高平或是高升、低降升、高降，每个字能比较清楚地归到相应的声调类别里去。唐汪话并不是这样，有的字音高变化还比较一致，有的字音高变化就缺乏一致性。例如很多字的音高有时高一点，有时低一点；调型上有的拱度多一点，有的拱度少一点。这造成唐汪话的整个音高变化状态比较混乱，很难确定唐汪话一定有哪几个调类。在这样的情况下，我们仍然按照大致近似的原则对唐汪话的单字进行了归类。654个单字根据听音结果大致可以归纳为5种音高变化类型。这5种类型是：

（1）第一种类型听起来整个音高比较高，音节开始处略微带有上升趋势，末尾带有西北汉语方言普遍的自然降势，调值近似于342；

（2）第二种类型听起来近似于普通话的去声，但是起点没有普通话的高，高降的趋势也没有那么明显，调值近似于42；

（3）第三种类型听起来近似于普通话的阳平，但是起点和终点都不如普通话那么高，音节末尾受到西北汉语方言的影响也略微带有降势，调值近似于24；

（4）第四种类型听起来近似于一个平调，音高上不高也不低，这种类型的音高受到西北方言的影响起始部分也略有升势，结尾部分略有降势，调值用两个数字的五度值不能准确描写①，只能写为33；

（5）第五种类型听起来明显是受到了普通话上声的影响，整个音高呈低降升的曲折调形式，观察读这种类型音高的例字也看到大多数是普通话的上声字。这种类型字的结尾也由于受到西北汉语方言的影响略微带有降势。调值可以写为214。

按照上述5种音高变化的类型，我们将654个单字归入到相应的类型中去，经过标注后提取音高数据，转换为半音并使用SPSS19.0作图，得到5类音高变化的音高曲线如下（图2–3）：

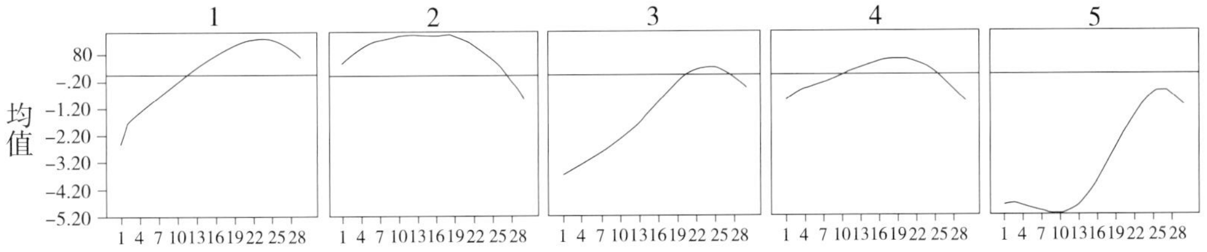

图 2–3　唐汪话 5 类音高变化的音高曲线

（平均音高：186.83Hz。纵轴单位：St）

图2–3显示的音高曲线与我们的听音结果基本接近，有的存在细微的不同。下面逐一做出说明。（1）第一种音高变化类型调值近似于342，其音高曲线呈现为整体为向上拱的曲折形式，但是后部的下降幅度非常小，不如听感上那么明显；（2）第二种音高变化类型调值近似于42，不过在音高曲线上看来后部下降的幅度比较小；（3）第三种音高变化类型调值近似于24，除了末尾的自然降势之外，该音高曲线是和听感非常接近的。（4）第四种音高变化类型近似于一个平调，我们在上文指出该种类型准确的标调是$^{2}33^{2}$，该类型的音高曲线也体现为整体向上拱的曲折形式，这是由前部的自然上升、后部的自然下降造成的；（5）第五种音高变化类型调值近似于214，其音高曲线前部下降的幅度较小。仔细听这一类

① 如果实在要描写，可以增加数字的位数，并增加上标，可以描写为“$^{2}33^{2}$”。

字，音节前部在折度上确实不如普通话214那么明显。

上文看到五种类型的音高曲线与听音结果存在细节上的差异。造成这种差异的主要原因在于上文说过的唐汪话的整个音高变化状态比较混乱，很多音之间有的高一点，有的低一点，相互之间的界限并不那么清晰。之所以做出5条音高曲线是将所有例字强行分为5类的结果，这样就使得有些音高曲线与听感之间产生了较小的出入。

另外我们统计了654个单字中5种音高变化类型各自的字数，并计算了各自所占的百分比，结果如下表（表2-4）：

表2-4　唐汪话5种音高类型字数与百分比

类型／调值	字数	百分比
1/342	257	39.3%
2/42	124	19.0%
3/24	121	18.5%
4/33	116	17.7%
5/214	36	5.5%

上表显示，第一种类型的音高变化类型字数最多（257字），占总字数的近40%（39.3%）；第二、三、四种类型的音高变化字数比较接近（124字、121字、116字），所占比例都接近于20%（19.0%，18.5%，17.7%）；第五种类型的音高变化是最少的，64字中只有36字，所占比例只有5.5%。从统计数字来看，唐汪话最经常出现的音高变化类型是音节前部带有微升、音节后部带有自然降势的曲折调，调值接近于342。除这种类型外，降调（42）、升调（24）和带有首升尾降的平调（33）在唐汪话中也比较常见，三者出现的经常程度相差无几。由于发音的自然原因，降调42中的调值实际比升调24的调值略微要高。第五种音高变化类型（214）显然是受到了普通话上声发音的影响：首先，该调值不像其他几类音高变化那样常见，表明该调值应该不是唐汪话本来存在的调值；其次，发音人汪文虎为小学教师，受普通话影响的可能性也比较大；第三，我们观察该种类型的例字只有拴、端、弓、夸、奸等5个字是平声，其余31字均为碗、绑、擀、舀、脸等上声字。显然，第五种类型的音高变化是发音人在发音时受到了普通话的干扰。另外，近年来也确有研究指出普通话对唐汪话的影响越来越大。①

① 例如阿・伊布拉黑麦・陈元龙（2017）指出："以上世纪七八十年代改革开放为分水岭，东乡语对唐汪话的影响已经越来越小，普通话对唐汪话的影响日益加深"，他认为"这种影响是全面、深刻、强烈、持续的，是一个大的、不会逆转的趋势。"

综合上面的声学考察情况，以及通过我们对唐汪话的调查了解，唐汪话的声调面貌有几点应该是可以肯定的：第一，唐汪话的整个声调状况肯定是处在变动之中的，这种变动很可能是从有声调朝着没有声调的方向演化；第二，唐汪话的声调也肯定存在着差异，不同的发音人在声调的数目、声调的音高表现、对声调音高的辨别能力等等方面都存在不同。第三，本节我们分析的是小学教师汪文虎老师声调的声学表现。他的发音表现反映了唐汪话整体声调状况的一个侧面，代表着有一定文化程度的老一代回民的唐汪话发音。

第四节

音节

唐汪话中的词汇主要来自汉语的西北方言，其音节结构与汉语西北方言很相似，也适用于用声母–韵母的分析法分析其音节结构。来自其他语言的词语，其音节组构方式也超不过汉语词汇的音节结构，因此唐汪话的音节结构可以按照声母、韵母的方式处理。按照我们对唐汪话声母、韵母系统的分析，唐汪话中没有鼻韵尾韵母，当然更没有入声的塞音韵尾，只有-u、w、i、ɪ等几个元音或近音韵尾。在声母部分，我们用j表示部分零声母的音；在音节结构里则将j归入元音。这样，以C表示辅音，V表示元音，唐汪话就只有以下6种音节结构：

1. V	二[ɛ]
2. VV	牙[ia]
3. VVV	有[iəu]
4. CV	爸[pa]
5. CVV	说[ʂuə]
6. CVVV	牛[niəu]

汉语普通话的音节结构有10种，主要多出的部分在于鼻音韵尾韵母。与普通话相比，唐汪话的音节结构显然要简单不少。整个西北汉语方言的音节结构通常都比较简单，唐汪话的音节结构也不例外。将上述音节结构抽象出来，可以将唐汪话的音节结构表示为：(C)(V)V(V)。

上式中括号里的辅音或元音表示可以不存在，因此唐汪话和普通话一样，主要元音是不可或缺的，其他成分可以不存在。值得说明的是，唐汪话虽然允许只有主要元音的音节存在，但其实在实际的音节结构中只有主要元音的音节并不多，因为在普通话中零声母的开口音节在唐汪话中都带有n-声母。总而言之，唐汪话的音节结构比较简单，韵尾只有元音韵尾，鼻音韵尾已经转化为主要元音的鼻化特征，且三合元音也极少，只有一个。

第五节

语音变化

徐丹（2014）指出，唐汪话已经失去单字调，唐汪话的双音节字调适宜用“声调重音”的模式进行分析。她认为，唐汪话是以重音居后为优势的语言，其双音节词音高的基本模式是22–442或24–42，第一个音节的调通常较短。由于普通话中“单音字词（N/V）+子”“名词重叠（N+N）”的词都是典型后字读轻声的词，那么这些词在唐汪话中是否也是后重呢？徐丹（2014）详细描写了“N+子”“N+N”以及其他不同声调组合的双音节词，结果看到总体都以后重占绝对优势。本节主要利用语保工程唐汪话的语音材料，对唐汪话双音节连读中的音高与时长进行声学考察。为与徐丹（2014）的结果进行对照，我们也按照“N+子”“N+N”、其他普通双音节词等三类情况分别进行介绍。

我们从语保工程唐汪话的语音材料中随机选取“单音字词（N）+子”50个，在Praat中进行标注，使用脚本提取前、后音节的音高数据和时长数据，以供作图。对提取到的音高数据，以发音人的平均音高为参考音高转换为半音，然后进行制图。

图2-4显示的是“子”尾双音节的音高曲线与时长情况。从图上可以看到，“子”尾双音节前字的音高曲线呈先升高后降低的趋势，后字的音高曲线也呈现先升高后降低的趋势，但是后字的整个音高变化范围比前字要大得多。两个音节的整个调域为1.51–（–2.89）=4.40个半音。

值得说明的是，前文我们分析单音节声调曾指出，西北汉语方言声调的一个显著特点是带有附加性的自然下降趋势。从图2-4唐汪话“N+子”的音高来看，双音节中每个字也仍然有附加性的下降趋势。考虑到这种因素，图2-1中的音高曲线，其调值可以认为是23–342，宽泛地看也可以认为就是22–442或24–42。

考察唐汪话双音节的韵律表现还有一个重要的问题，即重音问题。通常认为，重音在声学上的主要表现是时长变长，这在汉语中尤其如此（林茂灿、颜景助1980，林焘1983）。

从图2-4的时长数据上看，“子”尾双音节后字比前字长13ms（252–239）；从比例上看，前字的长度是后字长度的94.8%（239/252），后字比前字长5.4%。应该说“子”尾双音节的后字虽然比前字长，但是这种长度还并不十分显著。实际上，唐汪话“子”尾双音节的后重表现并不仅仅体现在时长上，而更多地体现在音高模式上。林茂灿、颜景助、孙国华（1984），仲晓波、郑波、杨玉芳（2002）也还看到重音的主要声学表现还在于更完整的音高模式，即重音所在音节其音高模式实现得更饱满充分。从这个角度来看，图2-4的音高曲线清楚地显示，后字的音高升得更高，也降得更低，即整个调域在很大程度上扩大了。调域扩大也是重音非常重要的声学表现，因此“子”尾双音节具有清楚的后重表现。

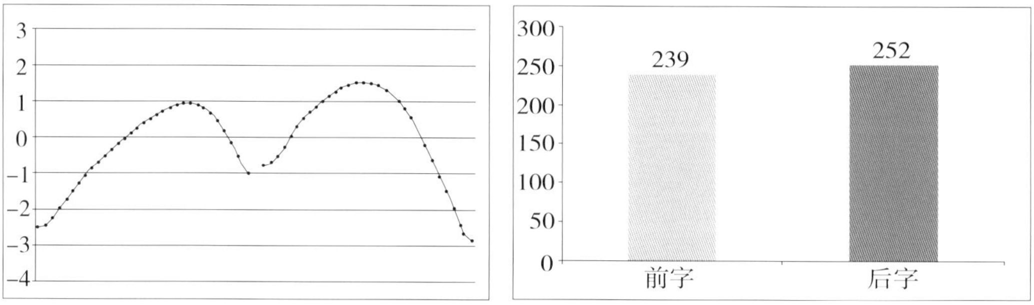

图2-4　“子”尾双音节音高曲线（左）与时长（右）

唐汪话“N+N”重叠式双音节语料仍是从语保工程唐汪话语音材料中随机选取的50个词。图2-5显示的是重叠式双音节音高曲线与时长情况。从整个图来看，重叠式双音节的音高曲线与时长，和上面分析的“子”尾双音节音高曲线与时长总体表现一致。不过，从具体的数值来看二者还是略有差异。重叠式双音节的整个调域为1.57–（–2.89）=4.46个半音，调域的范围大小比“子”尾双音节稍大（4.40），两者音高的最大值和最小值各不相同。从重音的角度来看，重叠式双音节仍是第二个音节的音高曲线更加饱满完整，显示其后重的特征清晰。从时长的角度来看，后字比前字长34ms（250–216），前字的长度是后字长度的86.4%，后字比前字要长15.7%。这种时长对比的差异度比“子”尾双音节更加突出，显示了更加明显的后重表现。

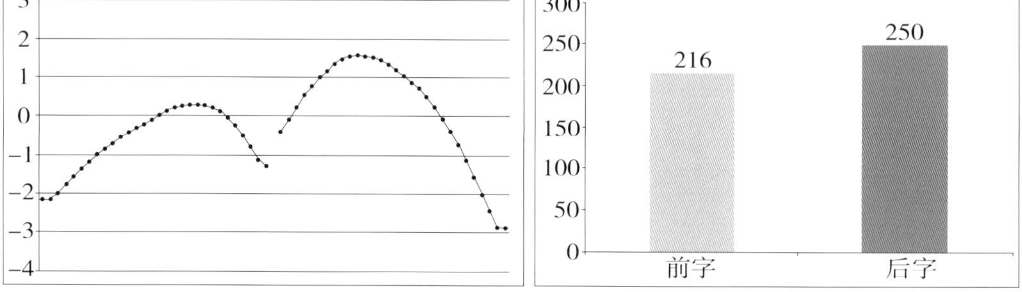

图2-5　重叠式双音节音高曲线（左）与时长（右）

唐汪话普通双音节语料仍是从语保工程唐汪话语音材料中随机选取的50个词。图2–6显示的是普通双音节音高曲线与时长情况。从整个图来看，重叠式双音节的音高曲线与时长，和上面分析的“子”尾及重叠式双音节音高曲线与时长总体表现一致。从具体的数值来看普通双音节与前面二者略有差异。普通双音节的整个调域为2.24 –（–3.46）= 5.70个半音，这一调域比“子”尾及重叠式双音节都大，已经达到并略有超过单字调的调域（5.6个半音）。由于图2–3显示的声调调域比较宽，调值可以认为是24–452，宽泛地看，我们认为也可以看作是22–442或24–42。

从重音的角度来看，普通双音节仍是第二个音节的音高曲线更加饱满完整，显示其后重的特征清晰。从时长的角度来看，后字比前字长36ms（260–224），前字的长度是后字长度的86.2%，后字比前字要长16.1%。这种时长对比的差异度比“子”尾双音节突出，与重叠式双音节相差无几，清楚地显示出了后重的表现。

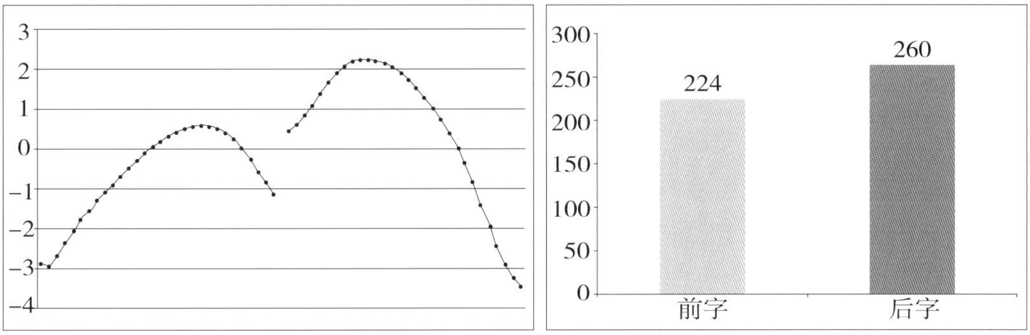

图2–6 普通双音节音高曲线（左）与时长（右）

通过上文对“子”尾双音节、重叠式双音节和普通双音节音高曲线及时长的分析，我们可以看到，三种双音节的声调及重音表现其实没有实质性差异。它们的声调模式完全相同（虽然具体数值略有差异），都可以看作是24–42或22–442；从重音角度来看，双音节的时长基本上都是后字更长，从调型上看则均为后字调型实现得更加完整饱满，前字的发音较短显示出突出的后重特征。从这个角度来说，徐丹（2014）提出的“双音词的调可以按照声调重音模式分析”是合适的。

第二章 词汇

第一节

一般特点概述

1. 唐汪话的词汇基本上是汉语词汇

按照国际通行的斯瓦迪士（Swadesh）的基本词词表，唐汪话的100基本词、200基本词均来自汉语。事实上，唐汪话只有很少一部分外来词，这些外来词主要是从东乡语借入的。除了东乡语，唐汪话还从阿拉伯语、波斯语和突厥语族语言借入了少量词汇。东乡语借词涉及各个方面，而阿拉伯语和波斯语借词很明显与宗教词汇有关。在徐丹（2014）统计的2964个词里，借自东乡语的词汇达到0.37%，阿拉伯、波斯及突厥语族语言词达到0.77%。这表明，在近3000个常用词汇里，汉语词的比例仍然接近99%。可见，外来语的词汇对唐汪话的影响不很明显。在实际使用中，东乡语的借词应该比这个数目大。我们这里是以第一手材料为准，没有包括阿·伊布拉黑麦（2017）的最新统计。在徐丹（2017）的统计里，外来词的比例约在2%左右。

2. 唐汪话里的基本词汇和北方方言、江淮一带方言相同相近

张成材（1992：75）指出，青海汉语某些词汇与安徽相同，如“热头（日头）、外奶奶（外祖母）、舒坦（舒服）”等；发音方法与安徽方言也有共同之处，比如，安徽方言读“比”“皮”“米”时韵母带摩擦，唐汪话读这几个字时也带摩擦音，并且摩擦音很重。至于“舒坦”一词，情况也是这样：据《普通话基础方言基本词汇集》，38个方言点可以用“舒坦”表达“舒服”，其中26个方言点“舒服”和“舒坦”都可以用，分布面积很广。“外奶奶”这个词除了见于西北银川、兰州、西宁、敦煌、哈密、乌鲁木齐等地外，在合肥、南通、徐州也有使用。也就是说，这个词的分布见于甘肃、青海、新疆、安徽和江苏等地。

在词汇上，唐汪话明显与北方其他方言有千丝万缕的联系，这一现象十分常见。唐汪话里有些常用词汇和兰州方言相同。例如：“难心”（困难）、“□（zao）”（高兴，兴奋）、“古

今”（故事）、“连手”（朋友），“□（nan）”（偷看），“待……”（刚，才）、“干散”（能干，精明）、“抬”（用嘴叼东西）、“挖抓”（用手拨弄、倒腾）、“划着”（划算）。

东乡语和唐汪话里有一个词是sɿtɕhiapshi（吝啬），很可能是东乡人从汉语借去的词，而不是东乡语里的词汇。兰州话形容人吝啬说“卡皮鬼”（张文轩、莫超 2009）。东乡语里的sɿtɕhiapshi可能是“死卡皮”的转音。如果真是这样，那么唐汪话里的“死卡皮”应是汉语词，而不是从东乡语借来的词。上面这些词如“古今”“连手”“干散”等不但在兰州方言里用，在西北方言里都比较常见。有些词跟19世纪末从甘肃、陕西移居哈萨克斯坦、吉尔吉斯斯坦和乌兹别克斯坦的东干人所使用的词完全相同，如“古今”（故事）、“连手”（朋友）“腔子”（胸膛）、“沟子”（臀）、“将”（刚才）、“有钱汉”（富翁）、“瓜子”（傻子）、“孽障”（可怜）、“星宿”、“浪”（游玩）、“巴巴”（叔叔）。唐汪话里有的动词用法比较特别，在徐丹2010年录制的唐淑华的故事里，有一个用法是“活人”。请看她的原句：

中是，丈人家一挂活人吃哈给料。

（就这样，老丈人很体面地招待了大家一顿饭。）

在唐汪话里，“活人”的意思是“活得风光，有面子”，也可以说“人活哈料”“活人料”。“活人”在东干语里是“生活”，海峰（2003：289）举的例子是：

你看的，人家咋么价活人呢。

如果仔细挖掘，还会找到更多的例子。我们这里只是想说明，唐汪话里的汉语词汇，很明显带有北方话尤其是西北方言的痕迹，还有一些四川方言的痕迹，如唐汪话把“冰雹”叫作“冰弹子”，现在四川成都话也这么说。唐汪话中南方方言的印记就少些。

3. 从词汇来看，唐汪人的汉人祖辈来源应该是多元的而不是单一的，且以北方人为主

我们在不同的文章（Xu and Wen 2017；徐丹 2018）里已经说过，汉人里分布极广的O单倍群，在唐家占23%，在汪家占近80%。在O单倍群的分支里，唐姓的O2a1a-M88在南方汉人里常见，在唐汪两个家族中占8%的比例；而在甘肃、四川常见的O3a1c-002611在两姓家族中约占38%。根据Wang Chuanchao 等（2013）的研究，单倍群O3a1c-002611在新石器晚期（约13 000年前）就开始由南向北扩散。现在这个单倍群在四川汉人里占了14.6%，在甘肃汉人里占到11.3%。唐姓和汪姓是在近代（元明期间）移民到唐汪的。他们的词汇也反映出西北方言的特征，并夹杂四川方言。

第二节

构词法

唐汪话在构词方面和西北方言比较一致。带“子”词缀的名词很丰富，重叠也是一种常见的构成名词的手段。唐汪话里的动补结构不如普通话丰富，故常听到用连动句式代替动补结构的说法。由于受到东乡语的影响，唐汪话里有的语法词或词缀比较特殊，这些语法词或词缀跟甘肃、青海一带的汉语方言（如河州话、青海话）相当一致。唐汪话吸收了东乡语的某些语法成分，有时语音及语法均接近，有时只是借用了语法，但语音形式毫无关联。下面我们分别予以介绍。

一　名词＋子

唐汪话双音节构词常见的形式是“名＋子”。一般来说，普通话用后缀“-子”的词，唐汪话一定也可以用，普通话里不用“-子”的地方，唐汪话里有时也用“-子”。唐汪话带“-子”的词甚至可能是三音节的。例如：

普通话	唐汪话	普通话	唐汪话	普通话	唐汪话
疤	疤子	饼	饼子	鼻涕	鼻子
蛋壳	蛋皮子	刀把儿	刀把子	底儿	底子
粉条	粉条子	肝	肝子	碱	碱面子
奶	奶子	辣椒	辣子	邻居	隔壁子
泡沫	泡沫子	锁	锁子	桶	桶子
烟叶	烟叶子	眼镜	眼镜子	妹妹	妹子

上表中带“-子”的词带有很明显的西北方言特点，如“辣子”“妹子”“隔壁子”“碱面子”“粉条子”等。“辣子”在甘肃使用得非常普遍。在甘肃42个调查点里，31个地方都

用这个词（《甘肃方言概况》1960）。有几个地方，“辣子”“辣椒”并用。“隔壁子”在太原、西安、成都也用（陈章太、李行健主编 1996）。唐汪话里的“奶子”相当于奶汁或牛奶的统称，“鼻子”既指鼻子，又指鼻涕。这种用法在北方方言其他次方言中也用，如“鼻子”表示鼻涕的用法在河北方言（李行健主编 1995）、南京方言（刘丹青 1995）、乌鲁木齐方言（周磊 1995）都有。根据《普通话基础方言基本词汇集》（陈章太、李行健主编 1996），“鼻子”也当“鼻涕”讲的方言有36个（共有93个调查点），分布非常广泛。“奶子”在乌鲁木齐方言、北京方言（陈刚 1985）也是既指乳房，又指牛奶。

二　名词重叠

唐汪话里比较有意思的是名词重叠，其形式异常丰富。普通话里可以重叠的名词，唐汪话一般都可以重叠，普通话里不重叠的词，唐汪话也重叠，而且重叠的形式比“-子”尾形式更常用。请对比下面的例子：

普通话	唐汪话	普通话	唐汪话	普通话	唐汪话	普通话	唐汪话
瓶子	瓶瓶	刷子	刷刷	勺子	勺勺	钩子	钩钩
绳子	绳绳	链子	链链	罩子	罩罩	锤子	锤锤
爪子	爪爪	扣子	扣扣	袋子	袋袋	墩子	墩墩
旗子	旗旗	盒子	匣匣	裂缝	缝缝	口子	口口
穗儿	穗穗	毛儿	毛毛	盒子	盒盒	木槌	槌槌
棒子	棒棒	馒头	馍馍	一堆	堆堆	洞	洞洞
带子	带带	槽	槽槽	柴禾	杆杆	褶子	褶褶
孔儿	孔孔/眼眼	嘴子/嘴儿	嘴嘴	叉子	叉叉	背心	夹夹
帽顶儿	帽子顶顶	树梢	树尖尖/树梢梢	框子	框框	污斑	tsɔ^{22} tsɔ^{44}
环	环环	茎，秧	秧秧	盖子	盖盖	网	网网
鼻梁	鼻子梁梁	坑	坑坑	台子	台台	胡同	巷巷
渠	渠渠	木板	（木头）板板	棚子	棚棚	汤/汁儿	汤汤
铁锹	锹锹	罐子	罐罐	渣子	渣渣	锅巴	剐剐
谜语	谜谜						

上述例子中，北方话一般都用“-子”尾，如“瓶子”“刷子”“勺子”“钩子”等等，有的可以单说，如“洞”“缝”“坑”“渠”“网”“环”“茎”等。另一种常见的形式是加“儿”尾。如“勺儿、扣儿、口儿、毛儿、盒儿”等等。唐汪话没有“-儿”尾韵，所以不用这种构词方式。也就是说，唐汪话里许多词不用单音节，如不单说“顶”“洞”“眼”等。北方话重叠名词有时可以指“小”，或是对儿童的一种亲切用语，如“勺勺”“刷刷”“凳凳”

等；但在唐汪话里，这种重叠纯粹属于构词形式，其功能是标记该词的名词性。北方话里名词重叠一般指小称，但唐汪话里的名词重叠没有这层含义，如上面例子里的“洞洞”“坑坑”“台台”“巷巷”“渠渠”“棚棚”等都是指大的东西。由于声调趋于消失，重叠名词也可能是一种比较理想和经济的方法，用以区别不同的词类，即名词可以重叠，动词则不能。这点与普通话很不一样。

唐汪话重叠名词不限于上述形式。村民还用“AA＋子”，或“ABB”的形式。如：“楔楔子”“沫沫子”。这种重叠形式，其他方言也见得到，如乌鲁木齐方言的“勺勺子”“刀刀子”“豆豆子”。唐汪话的“ABB”的形式如“树枝枝”“树墩墩”“树林林”“花边边”（花边）“山梁梁”“山沟沟”“山坡坡”“菜园园”“深沟沟”（深渊）等。

另外，唐汪话的副词可以重叠成四字组如“白白洒洒”（犹豫不决）、“左里右里”（犹豫不决）等。形容词重叠的形式一般都是“ABB＋的”，如“脆生生的”“白呱呱的”“肉烘烘的”（胖）“肥墩墩的”“黑乌乌的”“红啾啾的”“宽展展的”“膻腥腥的”“晴朗朗的”，或“AA＋的”，如“纯纯的”“静静的”（寂静）“凉凉的”（凉快）“亮亮的”（明亮）。在“AA＋的”这种重叠的形式中，第二个音节拖得很长，这点与河州一带完全一致。

唐汪话重叠名词，不重叠动词。普通话的“你念念”“我看看”这类表达方式，唐汪话要用“V＋（一）下”或“V＋挂”的形式，如“你念（一）哈（下）”，这里的“一”可以省略，或“我看挂”等形式。在唐汪话里常找不到与普通话对应的双音节词。普通话里并列的双音节动词，在唐汪话里只能用短语或句子表达。比如“破坏”，唐汪话说“坏哈给”。

另外，唐汪话基本不用北方方言里的词缀“-儿”造词。河州话大部分地区也是这种情况。但在文化水平较高的唐汪人中，他们开始发普通话的音，如他们说“木耳”“维吾尔”时，“耳”“尔”可以儿化。“木耳”一词的“耳”不念ɛ，念ɚ。河州话积石山点也是如此，但河州话循化点不变。这很可能是发音人受到了普通话的影响。

第三节

词汇的构成

我们已经清楚了唐汪人的来源和构成，知道唐汪群体以汉人为主，这就意味着，唐汪话词汇的基础就是汉语。东乡民族和唐汪回民的长期接触，加之唐汪回民和汉民长期以来的密切交往，使得他们的语言也逐渐在发生转变。不过，需要注意的是，唐汪汉民和东乡人的语言接触是通过回民实现的，即唐汪话的词汇不是直接从东乡语借来的。今天的唐汪回民话词汇里已夹杂了外来语，村民把这些词汇看作唐汪话自然的一部分。在这一节，我们拟从四个方面谈唐汪的词汇来源。一是从东乡语的借入词汇谈，即从晚期东乡人形成时转用蒙古语的角度谈；同时介绍东乡人早期的深层词汇如突厥、阿拉伯语及波斯语的词汇。二是谈谈藏语借词。三是从汉语比较有特色的词汇的角度来谈。四是介绍通用于蒙古诸语言的一个词缀。下面讨论过程中所使用的词汇材料除了来自过去几年的调查结果及书面材料外，还加进去了2016年进行语保项目时的录音材料。录音人是汪文虎。由于这次录音人的文化水平较高，一些词汇明显和普通话一样。为有所区别，我们在适当地方做了标注。

一　从东乡语借入的常用词汇及其底层词汇

现代东乡语属于蒙古语族，是13世纪大批中亚人群和当地少数蒙古人以及汉人融合而发展出来的一种蒙古语的变体。换句话说，东乡族是13世纪以后融合形成的民族，东乡语也是新产生的蒙古语族中的一种语言。东乡语中进入唐汪的词汇均属日常生活用语。表1中的词基于徐丹（2014）的著作，并补充了部分2016年录音里的词汇。完整的唐汪话词汇表，请详见第三章的分类词表。从近期调查的结果看，东乡语进入唐汪话的词汇不少[①]，但对唐汪话的基本词汇影响不大。

表3-1　唐汪话中的东乡语词举例

普通话	唐汪话	来源
汉民	nã ka	2009年，唐·依不拉里黑讲述的故事，东乡语naŋɢa（汉民）（马国忠、陈元龙 2001）。
孤儿	və liɛ tʂhə̃	2016年田野调查，东乡语oliətʂin（孤儿）（马国忠、陈元龙 2001）。
极其	ave	东乡语bawi（特别，格外）（马国忠、陈元龙 2001）。
特别，极其	tɕhi nĩ	2010年，唐淑华讲述的故事，东乡语tɕhinin。
主要	tʂuə pa	2016年，汪文虎讲述的故事，东乡语dʐoba。
都	mɛ̃	东乡语maŋ。
都，每	tɕiɛ̃	2016年，汪文虎讲述的故事，东乡语dʑiən。
可怜	ʋupalɪ	2016年田野调查，东乡语ubali（马国忠、陈元龙 2001）[②]。
立即	ətə/atə	2016年田野调查，东乡语ədə（现在）（马国忠、陈元龙 2001）。
悄悄地	tʂuãmumu tɕi	2016年，汪文虎讲述的故事，东乡语dʐomu giə。
含含糊糊	muətɕiɔ thuəluə	2009年，唐·依不拉里黑讲述的故事，东乡语luəɚthuəmuə[③]。
虐待	tsa ja	2016年，汪文虎讲述的故事，东乡语dzajala（虐待，欺压）。
为难人，折磨	tsa mə	2010年，唐米乃讲述的故事，东乡语dzamolo（为难人、虐待）。
窍门，办法	χa ʂu	2009年，唐·依不拉里黑讲述的故事，东乡语χaʂu（门路）。
青蛙	lɛpaxa	2016年田野调查，东乡语baʁɑ，撒拉语paʁɑ，见钟进文（1997）。土族语sbãːwɑɢ，达斡尔语bɑɢɑ，见孙竹（1990）。
信奉[④]	tʂua lɛ̃	汉语＋东乡语dʐualaŋ giə（寻求信仰的依托）（马国忠、陈元龙 2001）。

① 阿·伊布拉黑麦（2017）指出："笔者发表在《民族语文》1985年第6期的《甘肃境内唐汪话记略》一文在介绍这部分东乡语借词时认为数量很少，大概只有几十个，但我们这些年记录的结果却远远大于这个数，有近二百个，但这肯定不是全部。"

② 唐汪话也说ȵiɛ tʂã，来自中古汉语的"孽障"。土族用neːdʐaŋ udʑe，东部裕固用neːdzaŋ，保安语用naŋdʑɛ（见孙竹等 1990）。

③ 根据阿·伊布拉黑麦（2017）。

④ 2016年汪文虎说"信仰"。这显然是汉语词汇。

续表

普通话	唐汪话	来源
教主	lã tɕia	东乡语lãtɕia（马雨琪提供）。
朋友	tosɿtani	2010年，唐致珍的故事，东乡语tosɿtã。
斜眼的	ɕiepatʂhəu	汉语 + 东乡语'ɕiebala（斜）（马国忠、陈元龙 2001）。
瞪大眼睛（看）	xɔ̃ tʂə（khɛ̃）	2016年，汪文虎的故事，东乡语χɯndʑi（瞪，直视）。
小舌	thɑ̃kalı	2010年田野调查，汪梅英提供。2016年汪文虎说“尕舌头”。
喉咙	klɚ ka	2010年田野调查，汪梅英提供①。也说sɑ̃tsɿ，2016年汪文虎说sutsɿ“嗉子”。
口袋	tʂhəu tʂhəu	2016年田野调查，东乡语tʂəutʂəu（袋，兜）（马国忠、陈元龙 2001）。
疙瘩，团状	kukuta	2010年，唐米乃的故事，“炒面咕咕哒”。

表3-1里第一列是普通话，第二列是唐汪话的音标转写，第三列指出材料来源。例子主要来自几次田野调查，尤其是从唐汪人的故事里摘选出来的。过去和近期得到的语料都标了出来，如果只在过去的语料里见过，则标过去的日期，如果过去出现、近期也出现的例子，就标近期的时间。没有标注的表示常见的情况。每个语言都有外来词，唐汪话也不例外。马国忠、陈元龙（2001）编写的《东乡语汉语词典》和孙竹（1990）主编的《蒙古语族语言词典》可互为补充进行参考。

表中唐汪话和东乡语的语音对应是毋庸置疑的。“可怜”这个词，唐汪话有两种说法：一个是ʋupali，是从东乡语ubali 借入的；一个是ȵiɛ tʂɑ̃，与土族语的neːdʐɑŋ和保安语的nɑŋdʑɛ同源。甘肃地区许多地方都用“孽障”表示“可怜”。甘肃师大中文系方言调查室1960年编撰的《甘肃方言概况》里有42个调查点，有17个点都用“孽障”这个词表示“可怜”，其中包括兰州②、临夏和东乡。海峰（2003：140）指出，“孽障”这个词在《金瓶梅》里已经出现，本为“业障”（孽障）。青海汉语也用这个词表示“可怜”（见于《西宁方言词典》1994：128页）。ətə/atə（立即、现在）是从东乡语ədə 来的，很显然与今天的蒙古语ənədər（今天）和ɔdɔ（现在）有语源上的联系。

thɑ̃ kali（小舌）这个词来自东乡语。东乡语里的这个词的词源来自蒙古语族的语言。直至今天，蒙古语族诸语还用发音相近的词表示“小舌”。请看从孙竹（1990）主编的《蒙

① klɚ^{55}ka^{42}来源不明。难道与突厥语族西部裕固语的qutɢə“喉咙”有关吗？暂时存疑。

② 在张文轩、莫超（2009）编纂的《兰州方言词典》里，这个词收为“惜孽障”，“孽”发音为lie。

古语族语言词典》里抄录下来的词：

东部裕固语	土族语	东乡语	保安语
mɑ̃ː kəlen	ɢos kəle	qoʂɯ kiəliən	χoŋ kakaŋ

蒙古语里十几个旗都是xʉːxəŋ xəl（正蓝旗）、kyːken kel（都兰）等一类的音，总体相当一致。唐汪话里的kali显然与蒙古语族里的xəl、kel、kiəliən相关。而xəl、kəl-是从蒙古语里的“语言、舌头”来的。唐汪话这个词里前部分的语素thɑ̃从何而来尚不清楚，有可能与东乡语里的taŋləi（腭）有关。thɑ̃kali（小舌）有可能是一个新组合的词，即thɑ̃+kali（腭+舌）。

东乡语的底层是阿拉伯语、波斯语和突厥语族语言。《东乡族自治县概况》（1986：19）的作者已经提出过这个观点。他们认为，东乡语中有一部分阿拉伯语、波斯语和突厥语族语言的词汇可以看作语言的底层，即色目人的固有词汇。秦永章（2005：109）也持这种观点。我们也曾经发表文章（徐丹、文少卿、谢小冬 2012）指出，东乡语中的阿拉伯语、波斯语和突厥语族语言词汇不是东乡语从这些语言借来的词，而是东乡人的底层词汇。东乡人的核心人群来自中亚。为了生存的需要，他们后来彻底改学了蒙古语。他们祖先群体所使用的词汇并没有完全消失，还保留在他们的语言中。这部分早期的词汇由于伊斯兰教的发展而没有消失，其中一部分属于基础词汇，但大部分是宗教词汇。

表3-2　东乡语中的底层词汇

普通话	唐汪话	来源
和睦	ʋojɛ	内蒙古正蓝旗ej，阿拉善eje，见孙竹（1990）。
妈妈	ana	2016年田野调查，突厥语族语言ana（妈妈），见马国忠、陈元龙（2001）。
坟，陵墓	mẽtsa	2016年田野调查，波斯语maidza（坟墓），见马国忠、陈元龙（2001）。
真主	xuta	波斯语χuda（胡大，伊斯兰教信奉的唯一主宰），见马国忠、陈元龙（2001）。
天空	asmaŋɹ	2016年田野调查，波斯语asimaŋ（天），见马国忠、陈元龙（2001）。
魔怪	ʑipulɪsɿ	2016年田野调查，阿拉伯语ibi'lisi（《古兰经》中记载的恶魔），见马国忠、陈元龙（2001）。
念珠	tχə si	阿拉伯语təsi'biha（赞珠，念珠），见马国忠、陈元龙（2001）。
祈祷①	tuva，ʂuə tuva	阿拉伯语duwa（杜哇，祈祷词），见马国忠、陈元龙（2001）。

① 2016年汪文虎用汉语词“祈祷”。

续表

普通话	唐汪话	来源
世界	tuja	2016年田野调查，阿拉伯语duja（人间，今世），见马国忠、陈元龙（2001）。
遗体[①]	mɛtshi	阿拉伯语maitɕhi（亡人，遗体），见马国忠、陈元龙（2001）。
灾害，灾难	pɛlia	2016年田野调查，阿拉伯语bəlia（灾难，灾祸），见马国忠、陈元龙（2001）。
狡猾[②]，智慧	akɪɛlɪ	阿拉伯语ɑɢɯli（智慧，才能），见马国忠、陈元龙（2001）。
可怜	ʋupali	阿拉伯语“可怜，贫困”，见Wang（2001）。
学生[③]	mɛ̃la	阿拉伯语“经学院学生”，见Wang（2001）。
伊斯兰	jislɛ̃	阿拉伯语“回教，清真教”，见Wang（2001）。
阿訇	axũ	阿拉伯语“教师，师傅，掌教”，见Wang（2001）。
拱北	kũpe	阿拉伯语“圣墓，圆顶建筑”，见Wang（2001）。
主麻	tʂuma	阿拉伯语“聚礼，主麻日，星期五礼拜”，见Wang（2001）。
多斯达尼	tuəstanɨ	东乡语tosʅtã（教友），来源不明。
口唤	khəuxuɛ̃	阿拉伯语“允许”，见刘俐李（1989）。
伊玛目	jimamu	阿拉伯语“掌教、领拜人”，见Wang（2001），更常用的是“阿訇”。
朗加	lang tɕia	发音人马雨琪提供。东乡语lãtɕia（教主），来源不明。
色俩目	səliamu	阿拉伯语“你好”。

在表3-2中，阿拉伯语词比波斯语、突厥语族语言都多。这是因为东乡语中的宗教词汇和抽象词汇多来自阿拉伯语。如果以徐丹（2014）书后附的词表为准，比例只有1.24%。汉语的词汇基础不会因此而受影响。东乡语的词汇虽然对唐汪话的词汇影响不大，但东乡语的语法结构对唐汪话影响很大。我们将在第五章做介绍和分析。反之，汉语词汇对东乡语的冲击很大，汉语词汇的借入达到了近35%，底层遗存的阿拉伯语占3.8%，波斯语占0.95%，突厥语族语言占0.79%。藏语借词只占0.11%。

二 从藏语借入的词汇

藏语对东乡语在词汇方面的影响不大。在马国忠、陈元龙（2001）编纂的字典中，共有13个藏语词，8个是地名。两个是“喇嘛，喇嘛教”的音译词。“狼”有两个读法，

① 2016年汪文虎用汉语词“亡人”。

② 2016年汪文虎用汉语词“奸”。

③ 2016年汪文虎用汉语词“学生”。

dʐaŋɢəi 或dʐ̩iraŋɢəi，最后一个goruman（钱）不通用。所以，藏语词一大半谈不上真正意义上的借用，因为所有语言里都有别的国家的音译地名。藏语对东乡语的词汇影响较小，很可能是因为东乡人到达临洮一带时，吐蕃的势力已经大大衰减造成的。东乡语的词汇里，只留存了少量的藏语的地名，算是保留了一些历史信息。这些有藏语特色的词，其实是藏汉合璧词，都是X＋里，如“达一里”“卡支里”“喇嘛里”“梨子里”“马什里”“麦列里”“苜叶里”等。这些地名表明历史上吐蕃在这一带曾辉煌过。应该说，藏传佛教最先影响了这一个地区，在蒙古人未占统治地位之前，藏人曾辖东乡地区。根据《东乡族自治县概况》（1986：10）记载，古代河州（今临夏）曾称枹罕，以后几易其名，“北周曾置枹罕郡。唐宝应初地入吐蕃，宋时，藏族首领唃厮罗曾辖此地”（有的学者记作“啰”，徐丹注）。秦永章（2005：31）指出，“现今甘青地区许多藏族部落是唐代吐蕃屯戍的后裔”。13世纪初，蒙古人一举灭辽、西夏、金、南宋，这一地区也归附了蒙古统治者。但总的来说，古蒙古语和汉语的词汇是东乡语词汇的主体。这方面的实物证明是红塔寺，该寺建于1118年，今天仍能窥见其当年磅礴的气势和威严。可见，在蒙古人到来之前，藏人在这一地区的影响很大，藏传佛教当时已经扎了根。时至今日，仍有佛教教民约6500人。藏语、蒙古语之间也互借了一些词汇。如“拱北”一词，本为伊斯兰教门宦教主坟墓之义，根据《中国伊斯兰百科全书》（2007），“拱北”是从阿拉伯语来的。该书认为，“中国伊斯兰教苏菲学派各门宦在其创传人、道祖的坟墓上建造拱北，始于清代乾隆、嘉庆年间”。这个词在西北地区使用，在新疆叫作“拱拜子”（《现代汉语方言大词典》李荣主编 2002）。现在藏文里的“寺庙”也叫kɔ pa（དགོན་པ)。于19世纪末从甘肃、陕西移居哈萨克斯坦、吉尔吉斯斯坦和乌兹别克斯坦的东干族也保留了这个词，念作kuŋ^{51} pɛ“拱拜”（海峰 2003）。

今天的东乡语里汉语借词占35%，蒙古语成分占59%。唐汪乡处于东乡县内，唐汪话与东乡语有600多年的接触，词汇没有发生质的变化，但句法却发生了深刻的变化。

三　来自汉语的特色词汇

在这一节，我们试着通过两类词来说明唐汪话里的语言特色。一类是身体部位词，一类是个别动物词。当然，有些词汇不是唐汪话特有的，其中有不少是和其他北方方言的共享词汇。

（一）身体部位词汇

唐汪话的身体部位词与许多方言相近或一致，总体来看，反映出来的北方方言词汇居多。请看下面表3-3列出的例子：

表3-3 唐汪话身体部位词

普通话	唐汪话	其他方言	材料来源
膝盖	puəluəke 2016汪文虎同	甘肃10个地方“波棱盖儿”“波棱盖子”，河北许多地区都是“波拉盖儿”“波罗盖儿”。 全国93个点里，38个有此用法。	《甘肃方言概况》(1960)，《河北方言词汇编》(1995)，《普通话基础方言基本词汇集》(1996)。
前额	mɪliɛ，pə̃ ləu 2016汪文虎tɕhiɛpə̃ləu	甘肃白银、榆中、靖远“崩楼”“崩颅”，临夏mi²⁴³liaŋ⁴²，河州话积石山点mi³¹liã³⁴，河北方言多处是“奔楼”，北京方言“锛拉”，兰州“绷楼”，新疆“崩楼”。	《甘肃方言概况》(1960)，《临夏方言》(1996)，《甘青地区特有民族语言文化的区域特征》(2007)，《河北方言词汇编》(1995)，《北京方言词典》陈刚(1985)，《兰州方言词典》(2009)，《乌鲁木齐方言词典》(1995)。
沟子（臀）	kəutsɿ 2016汪文虎phiniɛ̃tɛ̃	临夏kou²⁴³tsɿ，河北“沟子”，太原“屁沟子”，新疆“沟子”，兰州同，重庆、成都也可以用。	《临夏方言》(1996)，《河北方言词汇编》(1995)，《太原方言词典》(1994)，《乌鲁木齐方言词典》(1995)，《兰州方言词典》(2009)，《普通话基础方言基本词汇集》(1996)。
胸	khã tsɿ 2016汪文虎同	临夏khaŋ⁴³tsɿ，西宁同，兰州同。	《临夏方言》(1996)，《西宁方言词典》(1994)，《兰州方言词典》(2009)。
尾巴	jɛpha 2016汪文虎同	临夏，北京方言、西宁、兰州都是ipa，河北邯郸“野巴”。	《临夏方言》(1996)，《北京方言词典》(1985)，《西宁方言词典》(1994)，《兰州方言词典》(2009)，《河北方言词汇编》(1995)。

身体部位的词汇在各语言里都是基本词汇。我们已经看到，上述例子的用法在北方现代方言里可以找到。由此可见，唐汪人的祖辈群体，一部分人应该是北方人。“膝盖”这个词值得注意。岩田礼等作者（2009）发现，现代汉语许多方言不用“膝”，而“波棱盖”（即p-l-k的模式）的使用地区是北京以南，徐州以北（岩田礼主编 2009：220）。《普通话基础方言基本词汇集》的调查结果和日本学者的调查基本一致。即大多数p-l-k形式在北方较集中，南方零星有几处。在93个调查点中，有38个用p-l-k形式。38个中有18个和其他形式

（如“膝盖”）并存。北京话既可以说“磕膝盖儿”，又可以说“波棱盖儿”。五屯话[①]里的“膝盖”被记作polo-gaize（Janhunen et al. 2008：121），很显然与汉语有渊源上的关系。

表中表示“前额”的词$mɪ^{24}li\tilde{ɛ}^{42}$值得注意。这个词在临夏是$mi^{243}liaŋ^{42}$，在河州话积石山是$mi^{31}li\tilde{ɑ}^{34}$。有意思的是，突厥语族中的维吾尔语、乌孜别克语、塔塔尔语也都用发音相近的词表示“前额”：maŋlaj（维吾尔语）、maŋlɛj（乌孜别克语）、maŋlaj（塔塔尔语）。这些词和河州话里的词来源应该是一个。不能排除河州话借用了突厥语族语言的可能性。

（二）动物类词汇

现在我们比较一下唐汪话里一些表示动物的词在其他方言或语言中的用法。

表3-4　唐汪话部分动物词汇和其他语言、方言的对比[②]

普通话	唐汪话	临夏	其他方言	东乡语	保安	土族
鹅 2016汪文虎同	nuə	ŋə	河北“家鹅”	no，guruyan ton ɢori	no，təχraŋ	gaː galau
鸽子	pɔ kuə	鹁鸽	河北“鹁鸽”	ɢoɣotʂən	bogə	ngusge
青蛙 2016汪文虎同	lɛ pa xa	蛤蟆	蛤蟆	baɣa	lamdəgi	sbaːwaɢ
蚂蚁 2016汪文虎同	ma jẽ tʂhũ	蚂蚁虫	甘肃“蚂蚁，蚂蚁虫，蜉妈妈”，河北“米羊，蚍蜉”	paipudəu bibidzɯ	pambədzəg	ɕarɢodʑaŋ/ majer
蜘蛛 2016汪文虎同	tʂəu tʂəu	周周	甘肃“邹邹”“周周”，河北“蛛蛛”“蜘蛛”，西宁“蛛蛛”	dʐəudʐəu	doməraku	xaːxai
啄木鸟 2016汪文虎说 tuəmu-tɕhiɔ	tuə mu ȵiɔ^42	tuə^42mu^42 tʂhuei^234	河北宣化“锛树锤子”[③]，河北“锛树虫”	dumutʂi	tuomutʂɿ ɕiutheja	mət'uʂpao

从上表我们看到，唐汪话的动物词汇与甘肃省许多地区，尤其是临夏老城区最接近，与东乡语也有互借的现象。“鹅”在蒙古语族其他语言里都是galuː（个别的是galo），但东乡语和保安语里的no很显然是从汉语借来的。“鹅”在南方许多方言仍保留了舌根鼻音，

① 由于目前见不到五屯话全面的词汇表，故从目前能见到的材料看，五屯话的词汇部分也来自北方汉语。

② 材料来源与表3-3同。

③ 河北宣化的材料来源于贺登崧（2003）。

在西北许多方言里，舌根鼻音演变为舌尖鼻音。“鸽子”一词，唐汪话同如临夏、河北等地。岩田礼主编的《汉语方言解释地图（续集）》（2012：60）指出，“鹁鸽”主要分布在太行山以东和以西。保安语里的bogə应是从汉语借去的。五屯话里“鸽子”叫p‘ɔk‘ɤ（陈乃雄 1982：12）与表中汉语各方言一致。有些词我们怀疑是汉语＋东乡语的合璧词，如$lɛ^{24}pa^{44}xa^{42}$（青蛙），东乡和撒拉分别是bɑʁɑ、pɑʁɑ；土族和达斡尔族分别说bɑɣɑ、bɑɢɑ。或许唐汪话里lɛ的有无可能就是北方话里的“癞蛤蟆”的“癞”加上蒙古语族的词合成的。前面我们已经说过，唐汪话里的“青蛙”一词是从东乡语借的，土族语和东乡语比较接近。甘肃的岷县和临潭县叫“蚂蚁”为“蚂蚁虫”。五屯话也把“蚂蚁”叫作mɑjɑŋ（陈乃雄1982）。河北张家口以南的许多方言点都叫“蚂蚁”为ma^{3} iœr（请参见贺登崧 2003）。唐汪话没有儿化音，很有可能把类似ma^{3} iœr的叫法说成majɛ，土族语里的majer很明显，也是从汉语借入的词汇。贺登崧先生的调查是从20世纪40年代初开始的。唐汪话没有任何历史记录，但是词汇明显带有北方色彩的历史痕迹，则是毋庸置疑的。“蜘蛛”这个词，唐汪话表面上似乎是从东乡语借入的（在马国忠、陈元龙2001的词典里被记作东乡语），但我们认为是汉语里的北方话，而非借用。因为在今天的河北方言里，全省都通用“蛛蛛”。在岩田礼主编（2012）的地图集里，“蛛蛛”一词主要集中在河北、山西、陕西等地。有可能的是，东乡人早期从汉人那里借来了“蛛蛛”后改造为东乡语。临夏和唐汪话都说tʂəutʂəu（周周）。其实，“蜘蛛”一词在秦汉文献里已经有了，非汉语里的“蜘蛛”也应该都是从汉语借来的；而从发音来看，更应该是从北方方言借来的，而不是相反。总之，不是汉语向非汉语借来的。

对“啄木鸟”这个词，我们也有类似怀疑。在汉代的《蔡郎文集》里有“啄木儿”的用法。这个词也可以说早就有了。从今天的语音上看，唐汪话、临夏话、东乡语与保安语的语音对应整齐，这绝对不应该是偶然的。那么借词的方向应该是谁借谁呢？我们认为，东乡语、保安语中的“啄木鸟”也应该是向汉语借的。汉语里的知母字（“啄”在中古音里是江摄开口二等知母入声字）在古音里是舌尖音*t，李方桂先生（1980）构拟了一个可以使之后来变为卷舌音的介音-r-，那么，根据李先生的这一构拟，“啄”在上古音中其声母大概是*tr-。也就是说，当时未卷舌音的*t-进入了东乡语，而念成卷舌音的*tr-未进入东乡语。东乡语在14世纪才形成，而在同一时期的《中原音韵》（1324）里，部分知母字已经变成了卷舌音（有“琢”无“啄”，只能类推）。如果我们扩大方言区，就可以看到“啄木鸟”里的“啄”字今天在不少方言里仍未念卷舌音，以t-起始的音在南方部分方言里依然存在，如《现代汉语方言大词典》（2002）里记录了扬州、杭州、梅县、东莞、西宁、南京、南昌、苏州、海口等地的方言，“啄木鸟”这个词仍以t-音起始。另，“啄木”两个字的入声在南方或保留或留下入声的痕迹喉塞音？（北方入声除了晋语区基本都已消失）。“啄”在上述方言里都未转变为卷舌音，分布面积还很广。根据这些线索，我们认为东乡语里的dumutʂi是从汉语借入的，而不是相反的方向。而唐汪话里的“啄木鸟”应该是中古汉语的遗存。19世纪为躲避清政府的迫害，从中国甘肃一带逃到中亚的回民——今天的东干人，时至今日仍然在用“朵木虫”称名“啄木鸟”（于海峰 2003：285）。

总之，唐汪话里的外来词（包括东乡语里的底层词汇）数目不大，基本词汇大都是汉语词汇。在基本词汇里，唐汪话显露出许多北方方言的特色，尤其与河北一带有过历史上的关联。这一点在身体部位、虫鸟词汇上反映得比较明显。身体部位的词是一个语言中最核心的词汇，而花草、鸟虫、动物等词都可以从别的语言借贷。一言以蔽之，除了个别的外来词，唐汪话的词汇和北方话的词汇具有更多的共同点。

四　来自蒙古语族通用的界限式词缀thala

唐汪话里有一个比较特殊的词缀thala。这个词缀是从东乡语借来的，表示“直到”“到”等界限义，也可表达“与其……不如”这样的选择义，这两种用法在东乡语里都有。这里我们只谈界限义词缀。先看东乡语的例句，再看唐汪话的例句。请看刘照雄（1981）的例子：

东乡语：

nə　ɕiəni　matan　huntura-tala　uiliə　giəjə!

这　晚　咱们　睡-界限　工作　做

今晚咱们工作到睡前吧！

mayaʂɯ　bi　dʑidə　ətʂɯ-tala　tʂɯ　madə　xantani　ɕidʑiədʐɯ　ogi!

明天　我　集　去-界限　你　我　汗褟　缝　给

明天我上集去以前，你给我把汗衫儿缝好！

唐汪话：

ni　patɕiɛ̃　thala　tsu　ma　tʂɛ.

你　八点　thala　做　什么　QUES

你八点前做什么？

tɕhijyɛ　pu　tɔ　thala　və　lɛ　pu　xa.

七月　不　到　thala　我　来　不　RES

七月前我来不了。

很明显，唐汪话里thala的用法是从东乡语里借来的。在今天的标准蒙古语里，有一个后缀thal，随前面词的元音而发生元音和谐，但只表达“到……为止、直到”的意思，没有东乡话表选择义的“副动词”（刘照雄 1981：70）的用法，而唐汪话把东乡语里的两种用法都借来了。敏生智（1989）指出，青海方言也有“塔拉”，表示比较和取舍，还可以作

“……之前”讲。也就是说，青海方言也有两种用法。作者还同时给出了这两个例子相应的安多藏语的说法。请看他的两个例子[1]：

安多藏语：du ‘then regga ka ra mi za ‘a

青海方言：烟吃塔拉，糖哈不吃召。

普通话：与其抽烟还不如吃糖。

安多藏语：nga yong reg ga khyod ‘di nas sdod dra ma ‘gul

青海方言：我到来塔拉，你这阿坐着要动。

普通话：我到来之前你坐在这里别动。

仁增旺姆（1991）也指出，临夏回族自治州的韩家集话也用tha la表示“自……时间起”，但未见描述有取舍的用法。他也提供了他的母语安多方言夏河话相应的说法。请看他的两个关于界限义的例子：

安多藏语：tʂe dʑa thək she（la）ȵa taŋ

中 午 直 到 睡 了

河州话：ʂaŋ u tha la ʂui liɔ

晌 午 界限 睡 了

普通话：一直睡到了中午

安多藏语：na naŋ ngə ne to tsək thək she（la）

去 年 自 今 年 直 到

河州话：ȵan ʂʅ kə ta tɕin ȵan tha la

去 年 自 今 年 界 限

普通话：从去年一直到今年

敏生智和仁增旺姆都坚信thala来自藏语。他们分别指出青海方言和河州话里的界限义后缀来自藏语。敏生智（1989：84）认为：“这种表示取舍、比较的两类连词，在汉语青海方言和藏语安多方言中的表现格式几乎是一个模式。同时这种表示取舍的‘塔拉’和རེག་ག（reg ga）两个表示同一个意义的词，不但用于上述格式，而且还可作“……之前”的时态助词用”。仁增旺姆没有说安多方言夏河话同一个词有表取舍义的用法，只给出了表界限义的用例。我们看到，可能由于安多方言的内部存在差别，他们描述的界限助词不一样（reg ga）和thək she（la）。东乡语两种用法都有，但在其所属的蒙古语族里，诸如现代蒙古语这样的语言却只有一种界限式用法。请看两个例子[2]：

① 为便于印刷，我们将其例句转写为通用的Wylie形式。

② 例子来自D. Tserenpil and R. Kullmann（2008）。

Т үүнийг явтал хүлээгээч.

他+宾格 走+界限 等+命令

请等到他走。

Хүү минь бороо зогстол гадаа гараагүй.

儿子 我的 雨 停+界限 外面 出去+否定

我的儿子在雨停之前没出去。

现在我们再参考一下道布（2007：1817）的列表，从中我们就可以看到，整个蒙古语族都比较统一，用词基本相同，意思一致，与中古蒙古语有很明显的渊源关系。

表3-5 蒙古语族诸语的界限式

副动词	蒙古	布里亚特	卡尔梅克	莫戈勒	中世纪	达斡尔	东部裕固	土族	东乡	保安
界限式	-tăl	-tar	-tl	-tala	-tala	-təl	-dala	-dəlaa	-tala	-təla

我们看到，东乡语里表界限义用法来自蒙古语应该是没有疑问的。那么东乡语里表选择义用法不能排除是从别的语言借来的。我们认为，某一语法词的借用，语音外壳不一定非一样不可。我们已经看到，西北方言的格标记与非汉语的格标记语音不一定完全相近，但其功能确实是一样的。这里我们看到一种交错的情况：现代蒙古语只有一种用法（界限式），东乡语、安多藏语、唐汪话、青海方言都有两种用法（界限和取舍）。显然，唐汪话和青海方言是后来形成的。那么安多藏语和蒙古语在历史上曾接触甚至在某些地区发生过混合或融合是完全可能的。西北方言表界限义助词从语音来看，直接从蒙古语族语言借来的痕迹是很明显的，但这并不排除藏语早期对这一地区的深刻影响。在蒙古统治者前，吐蕃曾在河西一带辉煌过。东乡族及东乡语都是后来才形成的，那么藏语对东乡语的深刻影响应该是顺理成章的。语言之间的借用有语音、词汇的借用，也有语法深层的借用。河西走廊为我们提供了最好的例证。

第四节

民俗文化词

民俗文化词语是反映当地特色、风俗习惯、文化传承等方面的词语。唐汪话中的民俗文化词很多，本节将从植物、工具、地理环境、文化信仰、饮食五个方面进行初步的介绍，并附上图片，对相关内容做简要的文字说明。

一　植物

1. ta tɕiɛ xɔ̃ 大接杏

唐汪川出产多种水果，大接杏是其中最突出的代表。大接杏在东乡县乃至甘肃省都很有名，与葵花籽、大红枣被并称为“唐汪三宝”。民间有“天水的苹果安宁的桃，唐汪川大接杏是一宝”的说法。唐汪川的大接杏树生长于肥沃的黑红土和沙壤土中，日照时间长，昼夜温差大，长成的果实肉质细密，味甜多汁，果色艳丽，芳香馥郁。

图 1　唐汪川的大接杏　东乡县唐汪镇 /2016.6.20/ 汪华 摄

2. xɔ̃ xua 杏花

由于出产杏子，每到春天，一片片的杏花林成为唐汪川当地的重要自然景观。人们邀约踏青赏景，流连忘返。唐汪人很爱在房前屋后栽种杏树，有“家中无桃杏，愧为唐汪人”的说法。杏花美景扩大了唐汪的名气，唐汪也有了“丝绸古道河湟口，陇上杏花第一村”之称。近年来，唐汪为发展旅游经济，年年于春夏之际举办“杏花旅游节”。

图 2　唐汪川杏花初放　东乡县唐汪镇 /2016.3.29/ 汪华 摄

3. khuɪ xua tsɿ 葵花子

葵花子是唐汪川的另一特产，被称为“唐汪三宝”之一。唐汪的土壤、水质、自然气候适宜于种植向日葵，产出的葵花子籽大粒饱，色泽好，口感佳。当地葵花每年七月下旬至八月中旬开花，十月上旬采收。

4. xũ tsɔ 红枣

唐汪川出产的红枣也是“唐汪三宝”之一。有首“花儿”唱到:“唐汪川有（个）枣庄哩，绿海红柱映红下三庄；甜香清脆的大红枣，诱人心醉（者）迎来八方客。”歌曲表达了唐汪人对红枣的喜爱之情。唐汪的红枣不仅供鲜食，其中的“三合红枣”还是三炮台盖碗茶的重要成分。

图 3　唐汪的大红枣　东乡县唐汪镇 /2016.9.24/ 汪华 摄

二　工具

tʂhuɛ̃ mə 船磨

图 4　20 世纪 30 年代洮河上的船磨

东乡县唐汪镇 /1933/ 美国基督教圣公会传教士毕敬士 摄

船磨是唐汪过去磨面的重要工具。船磨的建造是将船固定在河流中，将石磨放在船上，利用水流的冲力带动机械使石磨工作。船磨的特点是船与磨结合在一起，形状如盖有房子的船。1931 年黄陶庵编纂的《续修导河县志》记载："洮河船磨，唐汪川上游十四只，唐汪川下游八只。按：船磨每舟二盘，上扇运转。自清明后转起，河水结冰时停止。"可见，当时唐汪川已有船磨二十余只。20 世纪 70 年代出现电磨以后，船磨很快不再使用，现在早已看不到船磨的身影。

三　地理环境

1. tɔ xə 洮河

洮河是黄河上游的一条支流，进入东乡县境内后沿车家湾、达板、唐汪三个乡镇东北侧流过，在唐汪川境内呈"S"形。在秋、冬、春三季，洮河水流比较平缓，夏季时有暴发洪水。洮河灌溉着唐汪的土地，也供人畜饮用，是名副其实的唐汪川各族儿女的母亲河。

图 5　唐汪境内的洮河　东乡县唐汪镇 /2016.7.24/ 汪华 摄

2. niəu ɕĩ ʂɛ̃ 牛形山

牛形山是位于唐汪镇南边的一座大山。牛形山上视野开阔，可以俯瞰整个唐汪川。牛形山山势高峻陡峭，过去不易通行，后来修了公路，交通便利了很多。现在牛形山已经成为唐汪的自然景观之一。

图6　牛形山　东乡县唐汪镇/2018.3.21/汪佐军 摄

3. pɔ kuə tũ 鹁鸪洞

"鹁鸪"为唐汪话的说法，义为"鸽子"。鹁鸪洞位于牛形山脚下，红沟垴的半山腰，洞高约4米，宽约3米，长约16米。关于这个洞的形成，还有一个神话传说：古代人们为了改善交通决定在牛形山下挖一条隧道，但白天挖好后晚上又合上了。后来人们不分白日黑夜地挖，终于挖通，这时从中飞出了两只金鸽子。金鸽子飞走，这被认为是破坏了此处的地脉所致，因

图7　鹁鸪洞　东乡县唐汪镇/2018.3.21/汪佐军 摄

而，自此之后唐汪再也不出大人物了（参见本书第六章的故事“牛形山的鸽子洞”）。

4. xũ tha ʂɛ̃/xũ tha ʂʅ tʂu 红塔山/红塔石柱

红塔山也称红塔石柱，位于唐汪川的中心，该山为丹霞地貌形成的两根巨大石柱。石柱下即红塔寺。红塔石柱外形雄伟独特，清末河州人邓隆曾写诗道：“擎天石柱号红塔，万古凌云笔一支。洮水满田青不尽，月明倒影醮清池。”红塔山是唐汪的自然景观之一。

图 8　红塔山 / 红塔石柱　东乡县唐汪镇 /2016.9.5/ 冉启斌 摄

5. xũ tha sɿ 红塔寺

红塔寺位于红塔山下，始建于南宋末年的1118年，是在百丈红塔岩石上凿成的。后多次重修，现在看到的红塔寺是2003年重建的。红塔寺在清朝乾隆时期已建成上、中、下三殿，寺内现在保留有13平方米元代壁画和多幅古佛画像。据唐汪镇政府宣传栏介绍，红塔寺有信教群众约1678户，计7589人。

图 9　红塔寺　东乡县唐汪镇 /2016.9.5/ 冉启斌 摄

6. ʂʅ ɕia khəu kũ pe 石峡口拱北

“拱北”一词源自阿拉伯语，指伊斯兰教门宦教主的坟墓。石峡口拱北的主要墓主是穆罕默德十九世后裔穆罕默德·罕乃非耶。相传罕乃非耶是宋元之间从波斯来到中国的，他在唐汪指导治理水患，对当时贡献很大。大拱北教众为了纪念他而修建了“峡口拱北”墓冢。石峡口拱北占地40余亩，依山傍水，气势雄伟，格局新颖，融中国古典园林艺术和伊斯兰文化为一体，如今已经成为临夏地区的名胜古迹。

图 10　石峡口拱北　东乡县唐汪镇 /2016.9.5/ 冉启斌 摄

四　文化信仰

1. nəmasʅ 礼拜

做礼拜是穆斯林的日常宗教活动，唐汪回民也不例外。礼拜有不同的时段，要求也有所不同，如主命拜的五时拜，即在每天五个时间段所做的礼拜：拂晓的晨礼、中午至日偏西的晌礼、晌礼结束起至太阳落期间的晡礼、太阳落至红霞消失期间的昏礼、由晚霞消失起至次日东方亮期间的宵礼。除五时拜之外，还有每周五聚礼日的主麻拜（tṣuma 主麻，来源于阿拉伯语，指星期五礼拜）、每年会礼的当然拜等。下图为唐汪当地开斋节聚礼前听阿訇讲经的场面。

2. mɛ̃tsa 陵墓

mɛ̃tsa来源于波斯语的maidza，其义为“坟，陵墓”。唐汪回民信仰伊斯兰教，伊斯兰教的墓葬一般讲究速葬、薄葬和深埋。墓葬一般为南北向，呈斜平的三角锥状，遗体面向西边，朝向圣地麦加的方向。传统墓葬是在地上挖一个坑，将遗体放入其中；现在人们在墓葬上往往砌上砖块以加固，避免坟墓塌陷。传统的墓葬不起坟头，坟前不立石碑。

图 11　陵墓　东乡县唐汪镇 /2018.7.6/ 汪华 摄

3. thɛ̃ tɕia ta sɿ 唐家大寺

唐家大寺位于唐家村与胡浪村之间，是当地有名的清真寺。该寺始建于明宪宗成化

图 12　唐家大寺　东乡县唐汪镇 /2016.9.4/ 冉启斌 摄

（1465—1487）初年，多次毁于战火，历经沧桑，直到民国28年（1939）再次修复。现在看到的唐家大寺重建于1993年，1995年完工，占地866平方米。寺内礼拜殿雄伟壮观，可容纳500人。按唐汪镇政府宣传栏介绍，唐家大寺有信教群众322户，计1086人。

4. uɛ̃ tɕia ta sɿ 汪家大寺

汪家大寺也是当地有名的清真寺。该寺始建于明代中期，多次遭到损毁；现在的汪家大寺为1981年重建。汪家大寺占地4.5亩，寺门设计精巧，挺拔高耸，飞檐翘角。寺院树木葱郁，清幽雅静。按唐汪镇政府宣传栏介绍，汪家大寺有信教群众600户，计3624人。

图 13　汪家大寺　东乡县唐汪镇 /2016.9.4/ 冉启斌 摄

5. lɔ tsu miɔ/ lɔ ɕiɛ̃ ɕiɛ̃ miɔ 老祖庙/老先先庙

唐姓为唐汪人口最多的姓氏，唐姓人家的宗祠当地人称作“唐氏老庄”，口语中一般叫作老祖庙或老先先庙。老祖庙位于照壁山村，正门上有“祖神庙”三个大字。这座唐氏宗祠是甘肃省境内唐氏家族共同信仰和祭祀的公共神庙。相传始建于元代，历史上曾多次维修翻建，现在的大殿为1986年重建。庙内供奉有佛祖孔雀明王宝贝佛、唐氏宗神白马显德将军、唐氏门中先祖牌位和唐氏祖辈排录等。

图 14 唐氏宗祠 东乡县唐汪镇/2016.9.4/冉启斌 摄

五 饮食

1. ʂəu tʂua jɛ̃ ʐəu 手抓羊肉

“手抓羊肉”是唐汪川颇为有名的特色民族菜品，相传是中亚、西亚的“撒尔塔”色目人东逐时传入到中国并发展起来的。手抓羊肉选择肉质好、肥瘦相间的羯羊，当天宰，当天煮，调料讲究，火候恰当。手抓羊肉的制作步骤是：将羊肉加调料煮好后，捞出盛在盘内，蘸调料吃。正宗的唐汪手抓羊肉也称“平伙手抓羊肉”。

图 15 手抓羊肉 东乡县唐汪镇/2017.11.25/汪华 摄

2. jəu ɕiã 油香

油香是将发酵好的面团做成圆饼、下锅用油炸熟而成。油香是回族的特色面点食品，一般在节庆和婚丧大事时炸制，用来相互赠送，表示祝福和纪念。唐汪的油香也比较有名。

图 16　油香　东乡县唐汪镇 /2018.6.12/ 汪华 摄

3. niəu sẽ 扭馓

扭馓是唐汪的特色食品，由添加了植物油、鸡蛋、蜂蜜等的面粉经发酵后油炸而成，比一般馓子要粗大。扭馓做得大表示筵席隆重而盛大。当地很重视做扭馓，一般都用上好的面和油来做。扭馓色泽金黄，口感酥脆香甜，可以贮存较长时间。唐汪人在摆宴席、节日喜庆等场合一般都会提前做好扭馓来招待客人。

图 17　扭馓　东乡县唐汪镇 /2018.3.21/ 汪佐军 摄

第四章　分类词表

说明：

1. 本章第一、二两节收录《中国语言资源调查手册·民族语言（蒙古语族）》“调查表”中“叁 词汇”的词条，唐汪话中不说的词不收录。第一节为通用词（原表1200词），是语保工程调查中汉语方言与少数民族语言共有的调查词表。第二节为扩展词（原表1800词），是专家学者根据各个语族的实际情况制定的调查词表。这两节皆分为如下14类：

一　天文地理	六　服饰饮食	十一　动作行为
二　时间方位	七　身体医疗	十二　性质状态
三　植物	八　婚丧信仰	十三　数量
四　动物	九　人品称谓	十四　代副介连词
五　房舍器具	十　农工商文	

2. 第三节为其他词，收集了除3000词以外的其他词，按以上14类词排列。

第一节

《中国语言资源调查手册 · 民族语言（蒙古语族）》通用词

一　天文地理

太阳～下山了z̩ə thəu

月亮～出来了jyɛ liɑ̃

星星ɕĩ ɕiəu

云və̃ tshɛ

风fə̃

闪电名词s̩ɛ̃ tɕiɛ̃

雷luɪ

雨jy

下雨jy ɕia ts̩ɛ

晒～粮食s̩ɛ

雪ɕyɛ

冰pĩ

冰雹pĩ tɛ̃ tsɿ

霜s̩uɑ̃

雾vu

露lu s̩uɪ

虹统称kɑ̃

日食z̩ʅ s̩ʅ

月食jyɛ s̩ʅ

天气tɕhiɛ̃ tɕhi

晴天～ tɕhĩ liɔ

阴天～ jĩ xa liɔ

旱天～ xɛ̃ tɕhiɛ̃

天亮tɕhiɛ̃ liɑ̃ liɔ

水田s̩uɪ tɕi

旱地浇不上水的耕地xɛ̃ tɕi

田埂kɛ lũ

路野外的ka lu

lu

山s̩ɛ̃

山谷kə̃ nɔ nɔ

江大的河ta xuə

tɕiɑ̃

水沟儿ka tɕia tɕhy

池塘lɔ pa

水坑儿地面上积水的小洼儿ʂuɪ khɔ̃ khɔ̃

洪水ʂɛ̃ ʂuɪ

xũ ʂuɪ

河岸xuə jɛ̃ piɛ̃

坝拦河修筑拦水的ta pa

地震tɕi tũ

窟窿小的ka khu lũ

缝儿统称fɔ̃ fɔ̃

石头统称ʂʅ thəu

土统称thu

泥湿的ni ke ta

水泥旧称jɑ̃ xuɪ

沙子ʂa tsʅ

砖整块的tʂuɛ̃ va

瓦整块的va phiɛ̃

煤me

煤油me jəu

炭木炭thɛ̃

灰烧成的xuɪ

灰尘桌面上的tʂhɔ̃ thu

tɕiɔ tɕiɔ xuɪ

xuɪ

火xuə

烟烧火形成的jɛ̃

失火xuə tʂuə liɔ

水ʂuɪ

凉水pĩ ʂuɪ

热水如洗脸的热水，不是指喝的开水

zə ʂuɪ

开水喝的tɕiɛ̃ khɛ ʂuɪ

磁铁ɕi tɕhiɛ

二　时间方位

时候吃饭的～ʂʅ tɕiɛ̃

什么时候tuə tsʅ xuɪ

现在ətɛ

以前十年～nɛ ɕiɛ̃ sʅ

一辈子ji pe tsʅ

今年tɕĩ niɛ̃

明年mĩ niɛ̃

后年xəu niɛ̃

去年niɛ̃ ʂʅ ke

tɕhy niɛ̃

niɛ̃ ʂʅ

前年tɕhiɛ̃ niɛ̃

往年过去的年份tɕhiɛ̃ ɕiɛ niɛ̃

年初niɛ̃ thəu ʂɑ̃

年底niɛ̃ kɔ̃ tɕi

今天tɕĩ kiɛ

明天mɔ̃ tsɔ

mĩ kə

mĩ tsɔ

后天xəu kiɛ

大后天vɛ xəu kiɛ

昨天tsuə kiɛ

前天tɕhiɛ̃ kiɛ

大前天tat ɕhiɛ̃ kiɛ

整天ji tɕiɛ̃ vɑ̃ xuɪ liɛ

每天tɕhiɛ̃ tɕhiɛ̃

早晨tsɔ ʂɔ̃ tɕia

kɛ̃ tsɔ ʂɔ̃

上午ʂã vu xuɪ
ʂã vu
中午tʂũ vu xuɪ
tʂũ vu
下午xa pɛ̃ xuɪ
ɕia vu
傍晚kə̃ xɛ
白天pɛ tɕhiɛ̃
夜晚与白天相对，统称vɛ̃ ɕi tɕia
半夜pɛ̃ jɛ xuɪ
正月农历tʂə̃ jyɛ
大年初一农历ta niɛ̃ tʂhu ji
清明tɕhĩ mĩ
端午tuɛ̃ jã tɕiɛ
七月十五农历，节日名tɕhi jyɛ ʂʅ vu
中秋tʂũ tɕhiəu
冬至tũ tʂʅ
腊月农历十二月la jyɛ
除夕农历ta niɛ̃ sɛ̃ ʂʅ
阴历jĩ li
阳历jã li
星期天li pɛ tɕhiɛ̃
地方tɕi fã
tɕi ʂʅ
什么地方ʂə̃ ma tɕi fã
ʂə̃ ma tɕi ʂʅ
家里tɕia li
城里tʂhə̃ li thəu
乡下ɕiã li
上面从～滚下来ʂã thəu
下面从～爬上去xa thəu
xa miɛ̃
左边tsuə pɛ̃ kiɛ
右边jəu pɛ̃ kiɛ
中间排队排在～tɕhĩ tã tʂũ
tʂũ tɕiɛ̃
前面排队排在～tɕhiɛ̃ thəu
后面排队排在～xəu thəu
xəu miɛ̃
末尾排队排在～mə tɕi ka
对面tu ɪmiɛ̃
面前miɛ̃ tɕhiɛ̃ thəu
背后pe xəu
里面躲在～li thəu
外面衣服晒在～vɛ thəu
旁边pã pã li
上碗在桌子～ʂã thəu
下凳子在桌子～xa thəu
边儿桌子的～piɛ̃ piɛ̃
角儿桌子的～kuə kuə
上去他～了ʂã tɕhi
下来他～了xa lɛ
进去他～了tɕĩ tɕhi
出来他～了tʂhu lɛ
出去他～了tʂhu tɕhi
回来他～了xuɪ lɛ lɛ
起来天冷～了tɕhi lɛ

三　植物

树ʂu
木头mu thəu
松树统称sũ ʂu
柏树统称pɛ ʂu
杉树tɕhĩ kã mu

柳树 liəu ʂu

竹子统称 ta tʂu

笋 tʂu sũ

叶子 ʂu jɛ tsɿ

花 xua

花蕾花骨朵儿 xua ku tu

梅花 me xua

牡丹 mu tɛ̃

荷花 xə xua

草 tshɔ

藤 thə̃ tɕhiɔ

刺名词 tshɿ thuə luə

tʂhuə

tʂha

水果 kuə tsɿ

kua kua

苹果 phĩ kuə

桃子 thɔ

梨 tũ kuə

李子 li tsɿ

杏 xə̃

橘子 tɕy tsɿ

柿子 ʂʅ tsɿ

石榴 ʂʅ liəu

枣 tsɔ

栗子 mɔ li tsɿ

核桃 khə thɔ

xə thɔ

甘蔗 kɛ̃ tʂə

木耳 mu ɛ

蘑菇野生的 mə ku ku

mə ku

香菇 ɕiɑ̃ ku

稻 ʂuɪ tɔ

稻谷指籽实（脱粒后是大米）ku tsɿ

稻草脱粒后的 mi tsɿ tshɔ

大麦指植物 ta mɛ

小麦指植物 mɛ tsɿ

麦秸脱粒后的 mɛ kɛ̃

mɛ tshɔ

谷子指植物（籽实脱粒后是小米）ku tsɿ

高粱指植物 kɔ liɑ̃

玉米指成株的植物 pɔ ku

棉花指植物 miɛ̃ xua

油菜油料作物，不是蔬菜 tshɛ tsɿ

jəu tshɛ

芝麻 khuə ma

tʂʅ ma

向日葵指植物 zʅ thəu xua

蚕豆 ta təu

豌豆 vɛ̃ təu

花生指果实，注意婉称 xua ʂə̃

黄豆 xuɑ̃ təu

绿豆 lu təu

豇豆长条形的 lũ təu

大白菜东北～ ta pɛ tshɛ

包心菜卷心菜，圆白菜，球形的

pɔ ɕĩ tshɛ

菠菜 puə tshɛ

lu pɛ tshɛ

芹菜 tɕhĩ tshɛ

莴笋 və sũ

韭菜 tɕiəu tshɛ

香菜芫荽 jɛ̃ suɪ

葱 tshũ

蒜 suɛ̃

姜 tɕiɑ̃ phiɛ̃

tɕiɑ̃

洋葱 jɑ̃ tshũ

辣椒统称 la tsɿ

茄子统称 tɕhiɛ tsɿ

西红柿 jɑ̃ ʂʅ tsɿ

萝卜统称 luə phu

胡萝卜 xuɑ̃ luə phu

黄瓜 xuɑ̃ kua

南瓜 nɛ̃ kua

红薯统称 xũ ʂu

马铃薯 ʂɛ̃ jɛ

jɑ̃ jy

藕 əu

四 动物

老虎 lɔ xu

猴子 xəu tsɿ

蛇统称 ʂə

老鼠家里的 lɔ tʂhu

蝙蝠 jɛ pɛ xuə

麻雀 ma tɕhiɔ

喜鹊 jɛ tɕhiɔ

乌鸦 xi lɔ va

鸽子 pɔ ku

翅膀鸟的，统称 tshɿ pɑ̃

爪子鸟的，统称 tʂua tʂua

窝鸟的 vɔ

虫子统称 tɕhy

蝴蝶统称 mi luə

蜻蜓统称 tɕhĩ tɕhĩ

蜜蜂 mi fə̃

蜂蜜 ʂʅ mi

知了统称 tɕhiɔu ʂɛ̃

蚂蚁 ma jɛ̃ tʂhũ

蚯蚓 tɕhy ʂɛ̃

蚕 tshɛ̃

蜘蛛会结网的 tʂəu tʂəu

蚊子统称 və̃ tsɿ

苍蝇统称 tshɑ̃ jĩ

跳蚤咬人的 ke tsɔ

虱子 ʂə tsɿ

鱼 jy

鲤鱼 li jy

鲫鱼 tɕi jy

鳞鱼的 lĩ phiɛ̃

虾统称 ɕia

螃蟹统称 phɑ̃ ɕiɛ

青蛙统称 lɛ pa xa

癞蛤蟆表皮多疙瘩 lɛ xa ma

马 ma

驴 ka ly

ly

骡 luə tsɿ

牛 niəu

公牛统称 phiɛ̃ niəu

tɕiɛ niəu

母牛统称 tshɿ niəu

mu niəu

放牛 tɑ̃ niəu

羊 jɑ̃

猫 mɔ va

公猫kũ mɔ

母猫mu mɔ

狗统称kəu

公狗ja kəu

母狗mu kəu

叫狗～xəu

兔子thu va

thu tsɿ

鸡tɕi va

公鸡成年的，未阉的kũ tɕi

母鸡已下过蛋的lɔ mu tɕi

mu tɕi

叫公鸡～tɕiɔ mĩ

下鸡～蛋ɕia

孵～小鸡pɔ

鸭ja tsɿ

鹅nuə

阉～鸡ɕyɛ̃

五　房舍器具

村庄一个～tʂuɑ̃ tsɿ

tshuə tʂɛ

胡同统称：一条～xɑ̃ thəu

xɑ̃ tɔ

街道kiɛ tɔ

盖房子kɛ fɑ̃ tsɿ

房子整座的，不包括院子fɑ̃ tsɿ

屋子房子里分隔而成的，统称fɑ̃ tsɿ

卧室fɑ̃ tsɿ

茅屋茅草等盖的vuə phu

厨房tsɔ khu

灶统称kuə thəu

锅统称kuə

饭锅煮饭的kuə

菜锅炒菜的kuə

厕所旧式的，统称mɔ khɛ̃

mɔ khə̃

檩左右方向的lĩ tsɿ

柱子tʂu tsɿ

大门ta mə̃

门槛儿mə̃ khɛ̃

窗旧式的tʂhuɑ̃ tsɿ

tʂhuɑ̃ xu

梯子可移动的jĩ tɕhi

扫帚统称sɔ tʂhu

扫地sɔ tɕhyɛ tɕi

垃圾vuə suə

家具统称tɕia ʂʅ

东西我的～tũ ɕi

炕土、砖砌的，睡觉用khɑ̃

床木制的，睡觉用tʂhuɑ̃

枕头tʂə̃ thəu

被子pi

棉絮miɛ̃ ɕy

床单tɛ̃ tsɿ

褥子zʅu tsɿ

席子ɕi

蚊帐və̃ tʂɑ̃

桌子统称tʂuə tsɿ

柜子统称khuɪ

抽屉桌子的tʂhəu ɕia

案子长条形的nɛ̃ tsɿ

椅子统称tə̃ tsɿ

凳子统称tə̃ tsɿ

马桶有盖的ma thũ

菜刀tɕhiɛ tɔ

瓢舀水的phiɔ ʂuə

缸kɑ̃

坛子装酒的～thɛ̃ thɛ̃

thɛ̃ tsɿ

瓶子装酒的～phĩ phĩ

盖子杯子的～kɛ kɛ

碗统称vɛ̃

筷子khuɛ tsɿ

汤匙ʂuə ʂuə

柴火统称tʂhɛ

tʂhɛ xuə

kɛ̃ kɛ̃

火柴jɑ̃ xuə

锁suə tsɿ

钥匙jyɛ tʂhʅ

暖水瓶tɕiɛ̃ xu

脸盆niɛ̃ phə̃

洗脸水ɕiniɛ̃ ʂuɪ

毛巾洗脸用ʂəu tɕĩ

手绢ka ʂəu tɕĩ

肥皂洗衣服用ji tsɿ

梳子旧式的，不是篦子mu ʂu

缝衣针tʂə̃

剪子tɕiɛ̃ tsɿ

蜡烛la

手电筒tɕiɛ̃ tə̃

雨伞挡雨的，统称jy sɛ̃

自行车tsɿ ɕĩ tʂhə

六　服饰饮食

衣服统称ji ʂɑ̃

穿～衣服tʂhuɛ̃

脱～衣服thuə

系～鞋带tɕi

pɑ̃

衬衫tʂhə̃ ji

背心带两条杠的，内衣tɕia tɕia

毛衣mɔ ji

棉衣tʂuɪ jɔ

袖子ɕiəu tsɿ

口袋衣服上的tʂhəu tʂhəu

裤子khu tsɿ

短裤外穿的tuɛ khu tsɿ

裤腿khu tɕyɛ tsɿ

帽子统称mɔ tsɿ

鞋子xɛ

袜子va tsɿ

围巾ve puə

围裙ve tɕhỹ

尿布tɕhiɛ tɕhiɛ

扣子niəu tsɿ

khəu tsɿ

khəu khəu

扣～扣子khəu

戒指kɛtʂʅ

手镯tʂuə tsɿ

ʂəu tʂuə

理发tɕhi thəu

梳头ʂu thəu

米饭mi fɛ̃

稀饭用米熬的，统称mi thɑ̃

面粉麦子磨的，统称pe miɛ̃

miɛ̃

面条统称tʂhɑ̃ fɛ̃

面儿玉米～，辣椒～ miẽ

馒头无馅儿的，统称mə mə

tʂə̃ mə

包子pɔ tsɿ

饺子tɕiɔ tsɿ

馄饨xũ tũ

馅儿ɕiẽ tsɿ

油条长条形的，旧称jəu tɕhiɔ

豆浆təu tɕiɑ̃

豆腐脑儿təu fu nɔ

元宵食品jyẽ ɕiɔ

thɑ̃ jyẽ

粽子tsũ tsɿ

年糕用黏性大的米或米粉做的niẽ kɔ

点心统称tɕiẽ ɕĩ

菜吃饭时吃的，统称tshɛ

干菜统称kẽ tshɛ

豆腐təu fu

鸡蛋tɕi tẽ

松花蛋sũ xua tẽ

香油ɕiɑ̃ jəu

酱油tɕiɑ̃ jəu

盐名词jẽ

tɕhĩ jẽ

醋注意婉称tshu

jẽ tshu

香烟tʂʅ jẽ

旱烟xuɑ̃ jẽ

白酒pɛ tɕiəu

黄酒xuɑ̃ tɕiəu

江米酒酒酿，醪糟tɕiɑ̃ mi tɕiəu

茶叶tʂha jɛ

沏～茶tɔ

冰棍儿pĩ kũ

做饭统称tsuə fẽ

煮～带壳的蛋tʂu

煎～鸡蛋pi

kẽ pi

炸～油条tʂa

蒸～鱼tʂə̃

揉～面做馒头等zəu

擀～面，～皮儿kẽ

吃早饭tʂhʅ tsɔ fẽ

吃午饭tʂhʅ ʂɑ̃ vu fẽ

吃晚饭tʂhʅ xi fẽ

吃～饭tʂhʅ

喝～酒xuə

喝～茶xuə

抽～烟tʂhəu

盛～饭jɔ

tʂhə̃

夹用筷子～菜tɕiẽ

斟～酒tɔ

渴口～ khɑ̃

饿肚子～ nuə

噎吃饭～着了jɛ

七　身体医疗

头人的，统称thəu

头发thəu fa

辫子piẽ tsɿ

ku ku

旋ɕyẽ

额头 tɕhiɛ̃ pɔ̃ ləu

mi liɛ̃

相貌 miɛ̃ ɕiɑ̃

jɑ̃ tsɿ

tʂɑ̃ ɕiɑ̃

脸洗～ niɛ̃

眼睛 niɛ̃ tɕĩ

眼珠统称 niɛ̃ zɔ̃

眼泪哭的时候流出来的 niɛ̃ luə

niɛ̃ luɪ

眉毛 mi mɔ

耳朵 ɛ tuə

鼻子 pi tsɿ

鼻涕统称 pi tsɿ

擤～鼻涕 ɕĩ

嘴巴人的，统称 tsuɪ

嘴唇 tsuɪ ʂu phi

tsuɪ phi

口水～流出来 xɛ̃ ʂuɪ

舌头 ʂə thəu

牙齿 ja tʂhʅ

下巴 xa pa

胡子嘴周围的 xu tsɿ

脖子 puə tsɿ

喉咙 sɑ̃ tsɿ

肩膀 tɕia tsɿ

胳膊 kiɛ pi

kə pə

手只指手：他的～摔断了 ʂəu

左手 tsuə ʂəu

右手 jəu ʂəu

拳头 tʂhuɪ thəu

手指 ʂəu tʂʅ thəu

大拇指 ta mu tʂʅ thəu

食指 ʂʅ tʂʅ

中指 tʂũ tʂʅ

无名指 vu mĩ tʂʅ

小拇指 ka mu tɕiəu tɕiəu

指甲 tʂʅ tɕia

腿 thuɪ tsɿ

脚仅指脚：他的～压断了 tɕyɛ

膝盖指部位 puə luə kuə

puə luə ke

背名词 tɕi pe

肚子腹部 tu tsɿ

肚脐 tu puə tɕhi niɛ̃

乳房女性的 kuə kuə

屁股 phi niɛ̃ tɛ̃

kəu tsɿ

肛门 phi niɛ̃ mɔ̃

阴茎成人的 tɕhiəu

女阴成人的 phi

肏动词 zʅ

精液 sũ

来月经注意婉称 ji ʂɑ̃ tʂhɛ liɔ

拉屎 pa ʂʅ

撒尿 niɔ niɔ

放屁 fɑ̃ phi

病了 pĩ xa liɔ

咳嗽 khiɛ səu

发烧 fa ʂɔ liɔ

发抖 pe pe la tʂɛ

fa təu

肚子疼tu tsɿ thɔ̃ tʂɛ

拉肚子thã tu tʂɛ

肿tʂũ xa liɔ

化脓nũ tʂhu lɛ liɔ

疤好了的pa tsɿ

癣ɕyɛ̃

痣凸起的xi tʂʅ

tʂʅ

疙瘩蚊子咬后形成的ke ta

狐臭xu tʂhəu

看病khɛ̃ pĩ

诊脉xɔ mɛ

针灸tʂa kɛ̃ tʂɔ̃

打针ta tʂɔ̃

打吊针kua phĩ tʂɿ

吃药统称tʂhʅ jyɛ

汤药tshɔ jyɛ

病轻了pĩ sũ liɔ

八　婚丧信仰

说媒tã me zɔ̃

媒人me zɔ̃

mi zɔ̃

相亲khɛ tuɪ ɕiã

订婚tɕĩ zɔ tsɿ

嫁妆tɕia tʂuã

结婚统称tɕiɛ xũ

娶妻男子～，动宾tʂhu ɕi fu

出嫁女子～ta fa

新郎ɕĩ ny ɕy

新娘子ɕĩ ɕi fu

孕妇ta tu tsɿ ɕi fu

分娩jã xa liɔ

流产liəu kuə liɔ

双胞胎ʂuã kuə

坐月子tsuə jyɛ tʂɛ

吃奶kuə kuə tʂɛ

断奶kuə kuə　tɕiəu xa liɔ

满月jyɛ mɛ̃ liɔ

生日统称ʂɔ̃ zʅ

做寿tʂu ʂəu tʂɛ

死统称vu tʂhã liɔ

muə liɔ

sɿ

死婉称，最常用的几种，指老人：他～了jɛ̃ tɕhi liɔ

muə liɔ

自杀tsɿ ʂa

咽气tɕhi jɛ̃ xa liɔ

棺材kuɛ̃ tshɛ

坟墓单个的，老人的mɛ tsa

上坟mɛ tsa ʂã tɕhi liɔ

纸钱tʂʅ tɕhiɛ̃

老天爷xu ta

和尚xuə ʂã

道士tɔ zɔ̃

运气mĩ

jỹ tɕhi

保佑tshɿ mĩ

九　人品称谓

人一个～zɔ̃

男人成年的，统称nɛ̃ zɔ̃

nɛ̃ tɕi

女人三四十岁已婚的，统称ny zɔ̃

ny tɕi mu

单身汉kuã kũ xɛ̃

老姑娘lɔ ni xa

婴儿jyɛ li va

小孩儿三四岁的，统称ka va va

男孩儿统称：外面有个～在哭va va tɕia

女孩儿统称：外面有个～在哭ka ni xa

老人七八十岁的，统称lɔ xɛ̃ tɕia

亲戚统称tɕhĩ tɕhi

朋友统称tʂɛ̃ liɛ̃

邻居统称kiɛ pi tsɿ

客人kiɛ zə̃

农民tʂuã tɕia zə̃

nũ mĩ

商人mɛ mɛ zə̃

tsu mɛ mɛ tɕi zə̃

手艺人统称tɕiã zə̃

泥水匠ni ʂuɪ tɕiã

木匠mu tɕiã

tʂã tʂhʅ

裁缝tshɛ fə̃

理发师tɕhi thəu tɕiã

厨师tʂhu tsɿ

师傅ʂʅ fu

徒弟thu tɕi

乞丐统称，非贬称jɔ ʂʅ ma

妓女piɔ tsɿ

流氓liəu mã

贼tse

tse va tsɿ

瞎子统称，非贬称xa tsɿ

xɔ tɕĩ

聋子统称，非贬称lũ tsɿ

哑巴统称，非贬称ja pa

驼子统称，非贬称jɔ kuə luə

瘸子统称，非贬称tɕhyɛ tsɿ

疯子统称，非贬称kua tsɿ

傻子统称，非贬称kua tsɿ

笨蛋蠢的人pə̃ sũ

ʂʅ tʂhuɪ

爷爷呼称，最通用的ajɛ

奶奶呼称，最通用的anɛ

外祖父叙称ve jɛ

外祖母叙称ve nɛ nɛ

父母合称ata ana

父亲叙称ata

母亲叙称ana

a ma

爸爸呼称，最通用的ata

a pa

妈妈呼称，最通用的ana

a ma

继父叙称xəu a pa

继母叙称xəu a niã

岳父叙称tʂã zə̃

岳母叙称tʂã mu

tʂã mu niã

公公叙称kũ kũ

婆婆叙称phə phə

伯父呼称，统称a pe

伯母呼称，统称a mu

叔父呼称，统称pa pa

a pa

排行最小的叔父呼称ka apa

叔母呼称，统称aji

姑呼称，统称a ku

姑父呼称，统称ku fu

舅舅呼称a tɕiəu

舅妈呼称tɕiəu mu

姨统称，呼称ji niɑ̃

姨父呼称，统称ji fu

弟兄合称tɕi ɕỹ

姊妹合称tsɿ me

哥哥呼称，统称a ka

嫂子呼称，统称ɕĩ tɕiɛ tɕiɛ

sɔ tsɿ

弟弟叙称ɕỹ tɕi

弟媳叙称ɕỹ tɕi ɕi fu

姐姐呼称，统称a tɕiɛ

姐夫呼称tɕiɛ fu

妹妹叙称me tsɿ

妹夫叙称me fu

堂兄弟叙称，统称thɑ̃ ɕỹ tɕi

表兄弟呼称，统称thɑ̃ ɕỹ tɕi

妯娌弟兄妻子的合称liɑ̃ tɕhiɛ̃xəu

连襟姊妹丈夫的关系，叙称tɕhiɔ tɛ̃

儿子叙称：我的～ va va

儿媳妇叙称：我的～ ɛ ɕi fu

女儿叙称：我的～ ni xa

女婿叙称：我的～ ny ɕy va

孙子儿子之子ka sũ tsɿ

sũ tsɿ

重孙子儿子之孙tʂhũ sũ

侄子弟兄之子tʂʅ ɛ tsɿ

外甥姐妹之子vɛ ʂə̃

外孙女儿之子vɛ sũ tsɿ

夫妻合称liɑ̃ khəu tsɿ

丈夫叙称，最通用的，非贬称：她的～ nɛ̃ ʐə̃

妻子叙称，最通用的，非贬称：他的～ ɕi fu

名字mĩ tsɿ

绰号tʂhuə xɔ

十　农工商文

干活儿统称：在地里～ tsuə xuə tʂɛ

事情一件～ ʂʅ tɕhĩ

种菜tʂũ tshɛ

犁名词kɑ̃ tsɿ

锄头phɔ tʂhu

镰刀liɛ̃ tɔ

把儿刀～ pa tsɿ

扁担tɛ̃ tsɿ

箩筐khuɑ̃ khuɑ̃

筛子统称ʂɛ tsɿ

簸箕农具，有梁的pə tɕhiɛ

簸箕簸米用pə tɕhiɛ

独轮车mu ka la tʂhə

轮子旧式的，如独轮车上的ku lu lu

磨名词mə

ʂʅ mə

年成niɛ̃ tʂhə̃

打工tsu xuə

斧子fu thəu

钳子ʂəu tɕiɛ̃ tsɿ

螺丝刀kɛ tʂhuɪ

锤子tʂhuɪ

tʂhuɪ tsɿ

钉子tɕĩ tsɿ

绳子tʂa ʂə̃

ʂə̃ ʂə̃
棍子pɑ̃ pɑ̃
做买卖tsu mɛ mɛ
商店phu tsɿ
饭馆kuɛ̃ tsɿ
旅馆旧称tɕiɛ̃
贵kuɪ
便宜phiɛ̃ ji
合算xua tʂuə li
亏本tɕhiɛ xa liɔ
钱统称tɕhiɛ̃
零钱lĩ thəu tsɿ
硬币tɕhiɛ tɕhiɛ̃
fə̃ fə̃ tsɿ
本钱pə̃ tɕhiɛ̃
工钱kũ tsɿ
路费phɛ̃ tʂhɛ̃
花~钱xua
赚卖一斤能~一毛钱tʂə̃
挣打工~了一千块钱tʂə̃
欠~他十块钱tɕhiɛ̃
kɛ
tʂha
算盘suɛ̃ phɛ̃
秤统称tʂhə̃
称用杆秤~ tʂhə̃
赶集kə̃ tɕi
集市tɕi
庙会miɔ xuɪ
ta tɕiɔ
学校ɕyɛ ɕiɔ
教室tɕiɔ ʂʅ
上学ʂɑ̃ ɕyɛ
niɛ̃ ʂu
放学fɑ̃ ɕyɛ
sɛ̃ ɕyɛ
考试khɔ ʂʅ
书包ʂu pɔ
khua pɔ
本子pə̃ tsɿ
铅笔tɕhiɛ̃ pi
钢笔kɑ̃ pi
ʂuɪ pi
圆珠笔jəu pi
fu ɕiɛ pi
毛笔mɔ pi
墨mɛ tʂʅ
mɛ ʂuɪ
砚台jɛ̃ thɛ
mə xə
信一封~ ɕĩ
连环画liɛ̃ xuɛ̃ xua
va va ʂu
捉迷藏tɕhiɑ̃ tʂə vɛ̃
跳绳tɕhiɔ ʂə̃
毽子tɕyɛ̃ tsɿ
风筝fə̃ tʂhə
舞狮vu ʂʅ
鞭炮统称phɔ tʂɑ̃
唱歌tʂhɑ̃ kə
演戏jɛ̃ ɕi
锣鼓统称luə ku
二胡ɛ xu
xu xu tsɿ

笛子tɕi

tɕi tsʅ

划拳xua tɕyɛ̃

下棋ɕia tɕhi

打扑克ta phɛ

打麻将ta ma tɕiɑ̃

变魔术ʂua mə ʂu

讲故事ʂuə ku tɕĩ

猜谜语tshɛ mi mi

玩儿游玩：到城里～lɑ̃

vɛ̃

串门儿tʂhuɛ̃ mə̃

走亲戚lɑ̃ tɕhĩ tɕhi

十一　动作行为

看～电视khɛ̃

听用耳朵～tɕhĩ

闻嗅：用鼻子～və̃

吸～气ɕi

睁～眼tʂə̃

闭～眼pi

眨～眼tʂa

张～嘴tʂɑ̃

闭～嘴pi

tɕia niɛ̃

咬狗～人niɔ

tʂhə

嚼把肉～碎tɕyɛ

咽～下去jɛ̃

舔人用舌头～tɕhiɛ̃

含～在嘴里mĩ

亲嘴jỹ tsuɪ ɕĩ thə̃

吮吸用嘴唇聚拢吸取液体tsa

吐上声，从嘴里吐出：把果核儿～掉thu xa

吐去声，呕吐：喝酒喝～了thu

打喷嚏a tɕhiɔ

拿用手把苹果～过来na

给他～我一个苹果kha

ki

摸～头muə

伸～手tʂa xa

挠～痒痒va

掐用拇指和食指的指甲～皮肉tɕhia

拧～螺丝nĩ

ʂɑ̃

拧～毛巾nĩ

捻用拇指和食指来回～碎niɛ̃

掰把橘子～开，把馒头～开pɛ

剥～花生puə

撕把纸～了tʂhə

折把树枝～断tʂə

拔～萝卜pa

摘～花tʂə

站站立：～起来tʂɛ̃

倚斜靠：～在墙上khɔ

蹲～下tũ

坐～下tsuə

跳青蛙～起来tɕhiɔ

迈跨过高物：从门槛上～过去tɕhiɔ

tɕhia

踩脚～在牛粪上tha

翘～腿tɛ̃

弯～腰vɛ̃

挺～胸pa tʂʅ

趴～着睡pha

爬小孩在地上～ pha

走慢慢儿～ tsəu

跑慢慢儿走，别～ phɔ

　tẽ tʂẽ

逃逃跑：小偷儿～走了piɛ

追追赶：～小偷儿tʂuɪ

　niẽ

抓～小偷儿tʂua

　tsɔ̃

抱把小孩儿～在怀里pɔ

背～孩子pe

搀～老人fu

推几个人一起～汽车sɑ̃

摔跌：小孩儿～倒了pẽ

撞人～到电线杆上phɔ̃

挡你～住我了，我看不见tʂha tʂhu

躲躲藏：他～在床底下tɕhiɑ̃

藏藏放，收藏：钱～在枕头下面tɕhiɑ̃

放把碗～在桌子上fɑ̃

　phiɛ

摞把砖～起来luə

埋～在地下mɛ

盖把茶杯～上kɛ

压用石头～住ja

摁用手指按：～图钉ja

捅用棍子～鸟窝tɔ

插把香～到香炉里tʂha

戳～个洞tʂhuə

　tɔ

砍～树tuə

　khẽ

剁把肉～碎做馅儿tuə

削～苹果tɕyɛ

　ɕyɛ

裂木板～开了tʂa khɛ

皱皮～起来tʂhu tʂhu

腐烂死鱼～了lẽ xa liɔ

擦用毛巾～手tsha

倒把碗里的剩饭～掉tɔ kuə

　tɔ

扔丢弃：这个东西坏了，～了它phiɛ

扔投掷：比一比谁～得远liɔ

掉掉落，坠落：树上～下一个梨tɕiɛ

滴水～滴下来tɕiɛ xa liɔ

丢丢失：钥匙～了thɑ̃ kuə liɔ

找寻找：钥匙～到ɕĩ

捡～到十块钱ʂʅ

提用手把篮子～起来tɕhi

挑～担tẽ

扛把锄头～在肩上tẽ

抬～轿thɛ

举～旗子tʂa xa

撑～伞ta

撬把门～开və

挑挑选，选择：你自己～一个tɕhiɔ

收拾～东西ʂʅ tuə

挽～袖子piẽ

涮把杯子～一下ʂuẽ

洗～衣服ɕi

捞～鱼lɔ

拴～牛pɑ̃

　ʂuẽ

捆～起来khũ

pã

解～绳子ke

挪～桌子nuə

端～碗tuẽ

摔碗～碎了pẽ

掺～水tʂhẽ

烧～柴ʂɔ

tɕia xuə

拆～房子tʂhə

转～圈儿tʂuẽ

捶用拳头～ tsa

ta

打统称：他～了我一下ta

打架动手：两个人在～ ta tʂã

休息xuẽ xa

ɕiəu ɕi

xuẽ

打哈欠ta lɛ tʂẽ

tʂã tsuɪ ta xuə ɕiẽ

打瞌睡kuə ʂuɪ liɔ

睡他已经～了ʂuɪ

打呼噜la xu

做梦mə̃ tɕiẽ

mə̃ tʂuə liɔ

起床tɕhi tʂhuã

刷牙ʂua ja

洗澡ɕi a pu tɛ sɿ

想思索：让我～一下sɿ mu

ɕiã

想想念：我很～他ɕiã

打算我～开个店mu suẽ

ta suẽ

记得tɕi tʂɛ

忘记vã kuə

怕害怕：你别～ xɛ pha

相信我～你ɕiã ɕĩ

发愁pa tsuə

mu nɔ

小心过马路要～ ɕiɔ ɕĩ

喜欢～看电视nɛ

讨厌～这个人tsə̃ vu

舒服凉风吹来很～ fu thẽ

难受生理的tʂhʅ tɕia

pu fu thẽ

难过心理的nẽ kuə

高兴tsɔ

kɔɕĩ

生气tʂuə tɕhi

责怪kuẽ pu ʂʅ

后悔xəu xuɪ

忌妒xa sɛ tɕhi

害羞ɕiəu

ɕiəu tʂə

丢脸tɕiəu zə̃

欺负tɕhi fu

装～病tʂhuã

疼～小孩儿ɕĩ thə̃

要我～这个jɔ

有我～一个孩子jəu

没有他～孩子mə jəu

是我～老师ʂʅ

不是他～老师pu ʂʅ

在他～家jəu li

不在他～家mə jəu

知道我～这件事tʂʅ tɔ
不知道我～这件事mə tʂʅ tɔ
懂我～英语phiɛ̃ kuə
不懂我～英语mə phiɛ̃ kuə
会我～开车xuɪ
不会我～开车pu xuɪ
认识我～他zə̃ tɕi
不认识我～他zə̃ pu tɕi
行应答语ɛ̃
不行应答语nə pu tʂũ
肯～来tʂhə̃
应该～去jĩ kɛ
可以～去tʂũ li
　tʂhə̃ li
说～话ʂuə
话说～ xua
聊天儿phiɛ̃ kɛ̃ tɛ̃
叫～她一声tɕiɔ
吆喝大声喊xəu
哭小孩儿～ khu
骂当面～人ma
吵架动嘴：两个人在～ ma tʂɑ̃
骗～人piɛ̃
哄～小孩儿jyɛ̃
　xũ
撒谎tʂhə xuɑ̃
　piɛ̃ xuɑ̃
吹牛xu tʂhuɪ
拍马屁liəu kəu tsʅ
开玩笑ʂuə tʂə vɛ̃ tʂɛ
告诉～他ʂuə kiɛ
谢谢致谢语ma fɛ̃
　fe ɕĩ
对不起致歉语mə tuɪ tɕhi
再见告别语tsɛ tɕiɛ̃

十二　性质状态

大苹果～ ta
小苹果～ ka
粗绳子～ tʂuɑ̃
细绳子～ ɕi
长线～ tʂhɑ̃
短线～ tuɛ̃
长时间～ tʂhɑ̃
短时间～ tɛ kuə
　ji xuɪ xuɪ
宽路～ khuɛ̃ tʂɛ̃
　khuɛ̃
宽敞房子～ khuɛ̃ tʂɛ̃
窄路～ tʂə
高飞机飞得～ kɔ
低鸟飞得～ tɕi
高他比我～ kɔ
矮他比我～ ka
远路～ jyɛ̃
近路～ tɕĩ
深水～ ʂə̃
浅水～ tɕhiɛ̃
清水～ tɕhĩ
浑水～ xũ
圆jyɛ̃
扁piɛ̃
方fɑ̃
尖tɕiɛ̃

平 phĩ
肥～肉 fe
瘦～肉 ʂəu
肥形容猪等动物 fe
胖形容人 phɑ̃
瘦形容人、动物 ʂəu
黑黑板的颜色 xi
白雪的颜色 pɛ
红国旗的主颜色，统称 xũ
黄国旗上五星的颜色 xuɑ̃
蓝蓝天的颜色 lɛ̃
绿绿叶的颜色 lu
紫紫药水的颜色 tsɿ
灰草木灰的颜色 xuɪ
多东西～ tuə
少东西～ ʂɔ
重担子～ tʂũ
轻担子～ tɕhĩ
直线～ tʂʅ
陡坡～，楼梯～ təu
弯弯曲：这条路是～的 vɛ
vɛ̃
歪帽子戴～了 vɛ
ɕiɛ
厚木板～ xəu
薄木板～ puə
稠稀饭～ tʂhəu
稀稀饭～ ɕi
密菜种得～ tʂhəu
稀稀疏：菜种得～ ɕi
亮指光线，明亮 liɑ̃
黑指光线，完全看不见 xi
热天气 zə̧
暖和天气 nuɛ̃ xuə
凉天气 liɑ̃
冷天气 lɔ̃
热水 zə̧
zə̧ xu xu
凉水 pĩ
干干燥：衣服晒～了 kɛ̃
湿潮湿：衣服淋～了 ʂʅ
干净衣服～ kɛ̃ tɕĩ
脏肮脏，不干净，统称：衣服～ tʂhɛ
快锋利：刀子～ li
khuɛ
钝刀～ lɔ
快坐车比走路～ khuɛ
慢走路比坐车～ mɛ̃
早来得～ tsɔ
晚来～了 tʂhʅ
晚天色～ xi
松捆得～ sũ
紧捆得～ tɕĩ
容易这道题～ jỹ ji
难这道题～ nɛ̃
新衣服～ tʂɛ̃ tʂɛ̃ ɕĩ
旧衣服～ tɕiəu
老人～ lɔ
年轻人～ niɛ̃ tɕhĩ
软糖～ zuɛ̃
硬骨头～ nĩ
煳饭烧～了 tɕiɔ
结实家具～ lɔ khɔ
tɕiɛ ʂʅ

破衣服~ phuə

穷他家很~ nẽ çĩ

忙最近很~ mã

闲最近比较~ çiẽ

累走路走得很~ fa

疼摔~了thə̃

痒皮肤~ niɔ

热闹看戏的地方很~ xũ xuə

熟悉这个地方我很~ ʂu çi

陌生这个地方我很~ zə̃ pu tçi

味道尝尝~ ve tɔ

ve tsɿ

气味闻闻~ tçhi ve

ve tsɿ

ve tɔ

咸菜~ xẽ

淡菜~ tçhiẽ

酸 suẽ

甜 tçhiẽ

苦 khu

辣 la

鲜鱼汤~ çyẽ

香 çiã

ve tçiẽ

臭 tʂhəu

nẽ və̃

馊饭~ xuɛ liɔ

腥鱼~ çĩ xua xua

好人~ xɔ

tsẽ tçĩ

坏人~ xuɛ

çia sũ

差东西质量~ zə̃

对账算~了 tuɪ

错账算~了 tshuə

漂亮形容年轻女性的长相：她很~ tçỹ

勤快 tçhĩ ku

ma li

懒 lẽ

乖 kuɛ

və̃ tã

顽皮 tçhiɔ phi

老实 lɔ ʂʅ

və̃ tã

傻痴呆 kua

笨蠢 mu ku

大方不吝啬 ta fã

小气吝啬 sɿ tçhia phi

犟脾气~ tçiã pẽ tçĩ

十三　数量

一~二三四五……，下同 ji

二 ɛ

三 sẽ

四 sɿ

五 vu

六 liəu

七 tçhi

八 pa

九 tçiəu

十 ʂʅ

二十 ɛ ʂʅ

三十 sẽ ʂʅ

一百 ji pɛ

一千 ji tçhiẽ

一万 ji vẽ

一百零五 ji pɛ lĩ vu
一百五十 ji pɛ vu ʂʅ
第一～，第二 tɕi ji
二两重量 ɛ liã
几个你有～孩子？ tɕi kiɛ
俩你们～ liã
仨你们～ sɛ̃
个把 ji pɛ̃ kiɛ
个一～人 kiɛ
匹一～马 kiɛ
头一～牛 kiɛ
头一～猪 kiɛ
只一～狗 kiɛ
只一～鸡 kiɛ
只一～蚊子 kiɛ
条一～鱼 kiɛ
条一～蛇 kiɛ
张一～嘴 kiɛ
张一～桌子 kiɛ
床一～被子 kiɛ
领一～席子 kiɛ
双一～鞋 kiɛ
把一～刀 kiɛ
把一～锁 kiɛ
根一～绳子 kiɛ
支一～毛笔 kiɛ
副一～眼镜 kiɛ
fu
面一～镜子 kiɛ
块一～香皂 kiɛ
辆一～车 kiɛ
座一～房子 kiɛ
座一～桥 kiɛ
条一～河 kiɛ
条一～路 kiɛ
棵一～树 khuə
朵一～花 khuə
颗一～珠子 khuə
粒一～米 khuə
顿一～饭 tũ
剂一～中药 fu
股一～香味 ku
行一～字 xã
lu
块一～钱 khu
毛角：一～钱 mɔ
件一～事情 kiɛ
点儿一～东西 kəu tɕi ɕiɛ̃
些一～东西 ɕiɛ
下打一～，动量，不是时量 kua
会儿坐了一～ xuɪ
顿打一～ tũ
阵下了一～雨 xuɪ xuɪ
趟去了一～ thã

十四　代副介连词

我～姓王 və
你～也姓王 ni
您尊称 ni
他～姓张 tha
nə
我们不包括听话人：你们别去，～去 a mu
və mu
咱们包括听话人：他们不去，～去吧 a mu
və mə̃ liã kiɛ

你们～去ni mu

他们～去tha mu

nə mu

大家～一起干ta tɕia

mɛ̃ kua

自己我～做的kuə ʐə̃

kuə tɕia

kuɔ ʐə̃ nɔ

别人这是～的phã ʐə̃

piɛ tɕi ʐə̃

我爸～今年八十岁və tɕia ta

你爸～在家吗？nit ɕia ta

他爸～去世了tha tɕia ta

这个我要～，不要那个tʂe kiɛ

tʂʅ kiɛ

那个我要这个，不要～nɛ kiɛ

哪个你要～杯子？a kiɛ

谁你找～？a kiɛ ʂe

这里在～，不在那里tʂʅ tha

tʂʅ li

那里在这里，不在～nə li

哪里你到～去？a li

这样事情是～的，不是那样的tʂũ mu

那样事情是这样的，不是～的nũ mu

nũ tʂə

怎样什么样：你要～？a mu li

a mu tʂɛ

这么～贵啊tʂũ mu

怎么这个字～写？a mu tʂʅ

a mu

什么这个是～字？ʂʅ ma

什么你找～？ʂʅ ma

为什么你～不去？a mu tʂʅ

干什么你在～？tsu ʂʅ ma li

多少这个村有～人？tuə ʂɔ

很今天～热xə̃

非常比上条程度深：今天～热xu tu

tɕi xə̃

更今天比昨天～热xɛ̃

kə̃

太这个东西～贵，买不起thɛ

最弟兄三个中他～高tʂhu

tsuɪ

都大家～来了ji kua

mɛ̃

tu

一共～多少钱？ji kua

一起我和你～去ji ta

只我～去过一趟kuã

刚这双鞋我穿着～好tɕiã

刚我～到tɕiã

才你怎么～来啊？tshɛ

就我吃了饭～去tã ʂʅ

经常我～去tʂhã tʂhã

又他～来了khɛ

还他～没回家xɛ̃

再你明天～来khɛ

tsɛ

也我～去；我～是老师jɛ

反正不用急，～还来得及fɛ̃ tʂə̃

没有昨天我～去mə jəu

不明天我～去pu

别你～去pɔ

甭不用，不必：你～客气pɔ

快天~亮了pɑ̃ tɕiɛ̃

差点儿~摔倒了tsɛ ji tɕiɛ̃ tɕiɛ̃ kəu tɕi ɕiɛ̃

宁可~买贵的nɔ̃ kɛ̃ nĩ

故意~打破的ku ji

随便~弄一下suɪ ʂəu

白~跑一趟pɛ

肯定~是他干的khɔ̃ tɕĩ

可能~是他干的khə nɔ̃

一边~走，~说ji thəu

和我~他都姓王xuə

和我昨天~他去城里了xuə

往~东走vɑ̃

按~他的要求做tʂɔ

如果~忙你就别来了tɕia zu̩

不管~怎么劝他都不听pɔ kuɛ̃

第二节

《中国语言资源调查手册 · 民族语言（蒙古语族）》扩展词

一　天文地理

宇宙 alɛ̃

　tuja

天 asʅmani

世界 tuja

启明星 liɑ̃ mĩ ɕĩ

彗星 sɔ tʂ̩hu ɕĩ

　xuɪ ɕĩ

阳光 zə̩ thəu tɕi kuɑ̃

曙光 tʂ̩hə̃ kuɑ̃

霞光 ɕia kuɑ̃

光 kuɑ̃

光线 kuɑ̃ ɕiɛ̃

狂风 ta fə̃

凉风 liɑ̃ fə̃

旋风 ɕyɛ̃ fə̃

银河 tɕhiɛ̃ xuə

流星 liəu ɕĩ

暴雨 ta kuə jy

毛毛雨 mɔ mɔ jy

初雪 thəu tʂ̩hɑ̃ ɕyɛ

暴风雪 pɔ fə̃ ɕyɛ

冻结的雪 ɕyɛ ke ta

鬼火 kuɪ xuə

入夏 zu̩ ɕia

天空 asʅmani

空气 khũ tɕhi

气温 tɕhi və̃

气体 tɕhi tɕhi

旱灾 xɛ̃ tsɛ

涝灾 ʂuɪ tsɛ

寒潮 xɛ̃ tɕhi

灾难 pɛ lia

地形 tɕi ɕĩ

地 tɕi

陆地 tɕi miɛ̃

泥沼地 ni ke ta tɕi fɑ̃

草原 tshɔ jyɛ̃

野地 xuɑ̃ tɕi

jɛ tɕi

原野 xuɑ̃ tshɔ jɛ thɛ̃

戈壁 kuə pi thɛ̃

沙漠 ʂa mə

沙丘 ʂa liɑ̃ liɑ̃

ʂa tsɿ tuɪ tuɪ

山峰 ʂɛ̃ tɕiɛ̃ tɕiɛ̃

ʂɛ̃ tɕĩ tɕĩ

山脊 ʂɛ̃ liɑ̃ liɑ̃

山梁 ʂɛ̃ liɑ̃ liɑ̃

山岭 ʂɛ̃ liɑ̃ liɑ̃

ʂɛ̃ lĩ

矿山 khuɑ̃ ʂɛ̃

峡谷 ɕia

丘陵 mɔ xu tu ʂɛ̃

崖 ɕyɛ̃ nɛ

nɛ

深谷 kəu nɔ

小径 ka lu

沟 kəu kəu

河 xuə

海 xɛ

材料 tshɛ liɔ

红宝石 xũ pɔ ʂʅ

绿松石 lu sũ ʂʅ

珍珠 tʂə̃ tʂu

manu

玛瑙 manu

尘 thɑ̃ thu

黏土 tɕiɑ̃ thu

沙 ʂa tsɿ

纱 ʂa

陶器 va tʂa

翡翠 fe tshuɪ

水晶 ʂuɪ tɕĩ

波浪 lɑ̃

puə lɑ̃

温泉 və̃ tɕhyɛ̃

烟雾 jɛ̃ tʂɑ̃

jɛ̃

焰火 jɛ̃ xuə

野火 ʂɛ̃ xuə

影子 jĩ tsɿ

二　时间方位

成天 ji tɕhiɛ̃ vɑ̃ xi

时期 ʂʅ tɕiɛ̃

ʂʅ

过去 ne xuɪ

kuə tɕhi

将来 tɕiɑ̃ lɛ

一生 ji pe ʐə̃

暂时 tʂɛ̃ ʂʅ

永久 tʂhɑ̃ ʂʅ tɕiɛ̃

何时 tuə xuɪ

ʂʅ ma ʂʅ xəu

季节 tɕi tɕiɛ

tɕi

春天 tʂhũ tɕhiɛ̃

tʂhũ li

夏天 ɕia tɕhiɛ̃

ɕia li

秋天 tɕhiəu tɕhiɛ̃

tɕhiəu li

冬天 tũ tɕhiɛ̃

tũ li

过冬 kuə tũ

kuə tu

月 jyɛ

一月 ji jyɛ

二月 ɛ jyɛ

三月 sɛ̃ jyɛ

四月 sɿ jyɛ

五月 vu jyɛ

六月 liəu jyɛ

七月 tɕhi jyɛ

八月 pa jyɛ

九月 tɕiəu jyɛ

十月 ʂʅ jyɛ

十一月 ʂʅ ji jyɛ

十二月 ʂʅ ɛ jyɛ

la jyɛ

年 niɛ̃ tʂhɔ̃

niɛ̃

来年 fɛ niɛ̃

[illegible]

mĩ niɛ̃

周年 tʂəu niɛ̃

日 zə tsɿ

日历 xɔ ʂu

晚上 vɛ̃ ɕi tɕia

vɛ̃ ʂɑ̃

昼夜 pe zʅ vɛ̃ ɕi

秒 miɔ

分钟 fə̃ tʂũ

时间 ʂʅ tɕiɛ̃

小时 tʂũ thəu

世纪 ʂʅ tɕi

空暇 ɕiɛ̃ xa ʂʅ

繁忙 mɑ̃ tɕi xɔ̃

起始 khɛ thəu

始终 ʂʅ tʂũ

tshũ thəu tɔ ve

终 tsuɪ xəu

星期 ɕĩ tɕhi

星期一 li pɛ ji

星期二 li pɛ ɛ

星期三 li pɛ sɛ̃

星期四 li pɛ sɿ

星期五 li pɛ vu

星期六 li pɛ liəu

方向 fɑ̃ ve

fɑ̃ ɕiɑ̃

东 tũ

西 ɕi

南 nɛ̃

北 pe

位置 fɑ̃ ve

ve tʂʅ

中心 tʂũ tɕiɛ̃

tɕhĩ tɑ̃ tʂũ

周围 tʂəu ve

piɛ̃ piɛ̃ li mu

pɑ̃ pɑ̃ li

内部 li thəu
外部 vɛ thəu
彼此间 liɑ̃ xa li
  liɑ̃ kə ʐə̃ tʂũ tɕiɛ̃
前边 tɕhiɛ̃ miɛ̃
后边 xəu miɛ̃
  xəu thəu
在里边 nɔ nɔ li
从后面 tshũ xəu thəu
  xəu thəu ɕiɛ
从这边 tshũ tʂʅ miɛ̃
  tʂə mɛ̃ ɕiɛ
侧面 pɑ̃ pɑ̃ li
拐角 kuɛ kuɛ
跟前 khə̃ tɕhiɛ̃
  kə̃ tɕhiɛ
附近 khə̃ tɕhiɛ̃
下摆 təu tɕĩ
远处 nɔ ne li
向上 ʂɑ̃ miɛ̃ ɕiɛ
  vɑ̃ ʂɑ̃
向下 xa miɛ̃ ɕiɛ
  vɑ̃ xa
向内 li miɛ̃ ɕiɛ
  vɑ̃ li thəu
向外 ve miɛ̃ ɕiɛ
向前 tɕhiɛ̃ miɛ̃ ɕiɛ
  vɑ̃ tɕhiɛ̃
向后蹋 vɑ̃ xəu tə̃
  vɑ̃ xəu tɕhi
向后仰 vɑ̃ xəu jɑ̃
向里深入 li thəu tɕĩ
向阳地 jɑ̃ va kɛ ləu
  ʐə thəu pɛ̃ kiɛ
连接处 liɛ̃ xa tɕi tɕi fɑ̃
对内介词＋方位 tuɪ ne
对外介词＋方位 tuɪ vɛ
  vɑ̃ vɛ

三　植物

植物 tʂʅ vu
树林 ʂu lĩ khuə
  ʂu lĩ lĩ
  ʂu lĩ tsʅ
树皮 ʂu phi tsʅ
  ʂu phi
树枝 ʂu khɛ tʂha
  ʂu tʂhʅ tʂhʅ
树墩 ʂu tũ tũ
枝杈 khɛ tʂha
  tʂʅ tʂʅ tʂha tʂha
柳条 liəu ʂu thiɔ tsʅ
絮棉～，毛～ ɕy
松林 sũ ʂu lĩ khuə
  sũ ʂu lĩ
杨树 pɛ jɑ̃ ʂu
榆树 lu tɕhiɛ̃ ʂu
  jy ʂu
白桦 pɛ xua
白杨 pɛ jɑ̃
灌木 kuɛ̃ mu
芨芨草 ma tɕhiɔ tshɔ
苜蓿草 mu ɕy
芦苇 lu ve

麻 ma

野葱 ʂa ləu xua

葫芦 xu lu

莲花 liẽ xua

　xə xua

玫瑰花 me kuɪ xua

草莓 tshɔ me

葡萄 phu thɔ

沙枣 ʂa tsɔ

　ɕiɑ̃ tsɔ

葵花籽 zə̧ thəu xua tsɿ

穗儿 suɪ suɪ

芽 ja ja

　ja

种子 tʂũ tsɿ

黄米 xuɑ̃ mi

　ɕiɔ mi

水稻 tɔ tsɿ

　ʂuɪ tɔ

蔬菜 tshɛ ʂuɪ

　tshɛ

瓜 kua

甜瓜 tɕhiẽ kua

西瓜 ɕi kua

菜籽 tshɛ tsɿ

　jəu tsɿ

豆子 təu tsɿ

胡麻 xu ma

四　动物

动物 tũ vu

狩猎 ta ve

猛兽 jɛ ʂəu

狮 ʂɿ tsɿ

熊 xa ɕỹ

豹 pɔ tsɿ

狼 lɑ̃

狐狸 jɛ xu

野兽 jɛ ʂəu

野猪 suẽ tʂu

野鸡 jɛ tɕi

鹿 lu kuə

母鹿 mu lu

麝香 ʂə ɕiɑ̃

黄羊 xuɑ̃ jɑ̃

牦牛 mɔ niəu

旱獭 tha la

龙 lũ

刺猬 tshɿ ve

鼠 lɔ tʂhu

蚂蚱 ma tʂha

飞禽 fe tɕhĩ

雁 ku lu jẽ

鹰 lɔ jĩ

鹞 jɔ tsɿ

鹤 xuə

巢 və

猫头鹰 ku ku miu [illegible]

蜂 fə̃

蛆 xuə təu

虮子 tɕi tsɿ

啄木鸟 tuə mu tɕhiɔ

畜生 tʂhu ʂə̃

散放牲畜 ʂə̃ khəu ta thuə ke tʂɛ

役畜 thəu kəu

家畜 tɕia li jã tɕi ʂɔ̃ khəu

公马 ma kũ tsɿ

母马 khuə ma

骟马 ʂɛ̃ ma

骒马 khuə ma

马驹 ma tɕy

ka ma

马鬃 ma tsũ

ma tɕi mɔ

马鞍 ma nɛ̃ tsɿ

马掌 ma tʂã

马嘶 ma xəu

马粪 ma fə̃

蹄子 tɕhi ka la

tʂua tʂua

奶牛 nɛ niəu

乳牛 ka nɛ niəu

nɛ niəu

乳房牲畜的～ nɛ phã

挤奶 tɕi nɛ tsɿ

种公牛 phiɛ̃ niəu

牛犊 ka niəu tu

niəu tu

牛叫 niəu xəu tʂɛ

干牛粪 kɛ niəu fə̃

山羊 ku lu

山羊羔 ku lu kuə

ka jã kuə

绵羊 jã

绵羊羔 jã kuə

ka jã kuə

公绵羊 sɔ jã

tɕiɛ jã

种山羊 sɔ ku lu

母绵羊 mu jã

羊叫 jã xəu tʂɛ

羊绒 jã zũ

羊毛 jã mɔ

秋羊毛 pa jyɛ mɔ

tɕhiəu jã mɔ

牧场 mu tʂhã

放牧 tã

钩住 kəu tʂhu

奔驰 fã tʂɛ̃

打猎 ta ve

ta liɛ

骑 tɕhi

牵 la

剪毛 tɕiɛ̃ mɔ

剪鬃 tɕiɛ̃ mɔ

圈起 tɕyɛ̃ ʂã

喂草 tshɔ ve ke ɕiɛ

ve tshɔ

骆驼 luə thuə

公驼 kũ luə thuə

母驼 mu luə thuə

骟驼 ʂɛ̃ luə thuə

驼峰 thuə fə̃

驼羔 ka luə thuə

繁殖 ɕia

jã

未受胎的 kɔ mə jəu

耕牛 xuã niəu

犍牛 tɕiɛ̃ niəu

脱毛 mɔ thuə tʂɛ

thuə mɔ

脱皮 thuə phitsɿ tʂɛ

黄鼠狼 jɛ xu tsɿ

xuã ʂu lã

鸡雏 ka tɕi va

五　房舍器具

建筑 tɕiɛ̃ tʂu

宫殿 ta tɕiɛ̃

楼房 ləu fã

房屋 fã tsɿ

房顶 fã tsɿ kɔ thəu

上房盖 ta fã tsɿ ʂã thəu

屋檐 ma jɛ̃

蒙古包 mə̃ ku tʂã phə̃

mə̃ ku pɔ

毡房 tʂɛ̃ fã

渣滓 suɪ tʂa tʂa

tʂa tʂa

仓库 khu fã

铺子 ka phu tsɿ

扇 ʂɛ̃ tsɿ

平房 phĩ fã

门楣 mi mɔ

门把手 la ʂəu

门闩 mə̃ ʂuɛ̃ tsɿ

墙 tɕhiã

墙皮 tɕhiã phi tsɿ

围墙 ve tɕhiã

院子 jyɛ̃ jyɛ̃

牲畜圈 tɕyɛ̃

jã tɕyɛ̃

niəu tɕyɛ̃

栅栏 pa li tɕhiã

tʂa lɛ̃

圈 tɕyɛ̃

井 ʂuɪ tɕĩ

tɕĩ

洞 tũ tũ

khu lũ

桥 tɕhiɔ

塔 tha

碑 ʂɿ pe

大街 ta kɛtɔ

走廊 kuə tɔ

台阶 thɛ ka

楼梯 thɛ ka

掩蔽物 ʂɛ̃ tɕi tũ ɕi

车站 tʂhə tʂɛ̃

公园 kũ jyɛ̃

园林 jyɛ̃ lĩ

地毯 tɕi thɛ̃

铺盖 phu kɛ

毡子 tʂɛ̃

板凳 pɛ̃ tə̃

酒坛子 tɕiəu thɛ̃ thɛ̃

工具 tɕia ʂɿ

kũ tɕy

器皿 kuɛ̃ kuɛ̃

tɕia ʂɿ

箱子 ɕiã ɕiã

ɕiã tsɿ

篮子 lɛ̃ lɛ̃

摇篮 jɔ lɛ̃

背筐 khuɑ̃ khuɑ̃

桶 ka thũ

thũ tsɿ

奶桶 nɛ tsɿ thũ thũ

盘子 phɛ̃ tsɿ

盆儿 phə̃ phə̃

杯子 pe pe

碟子 tɕiɛ tsɿ

托盘 tʂhə̃ xa tɕi phɛ̃ tsɿ

phɛ̃ tsɿ

大勺 ta ʂuə ʂuə

勺子 ʂuə ʂuə

陶碗 va tʂa vɛ̃

缸子 kɑ̃ kɑ̃

叉子 tʂha tʂha

刀 tɔt sɿ

小刀 ka tɔ tsɿ

切刀 tɕhiɛ tɔ

刀鞘 tɔ ɕiɔ

tɔ ɕyɛ

刀刃 tɔ zə̃ tsɿ

tɔ zə̃

刀把子 tɔ pa pa

壶 xu xu

xu

茶壶 tʂha xu

刷子 ʂua ʂua

ʂua tsɿ

盒子 xuə xuə

木盒 mu thəu xuə xuə

mu xuə tsɿ

针 tʂə̃

线 ɕiɛ̃

针盒 tʂə̃ xuə xuə

tʂə̃ ɕiɛ̃ xuə xuə

大针 tʂuɪ zə̃

tʂə̃ tʂuɪ

顶针 tɕĩ tʂʅ

回形针 piɛ tʂə̃

袋子 tɛ tɛ

麻袋 ma tɛ

车轮 tʂhə ku lu lu

车辕 tʂhə jyɛ̃ tɕhiɔ

车轮头 tʂhə tʂu thəu

缰绳 tɕiɑ̃ ʂə̃

梢绳 ʂɔ ʂə̃

鞭子 piɛ̃ tsɿ

锁链 tɕhiɛ ʂə̃

车 tʂhə

马车 ma tʂhə

马笼头 lũ thəu

熟牛皮 zɑ̃ xa tɕi niəu phi

ʂu niəu phi

脚镣 tɕyɛ liɔ

踏镫 ma tə̃

铁盒 tɕhiɛ xuə xuə

铁链 tɕhiɛ ʂə̃

镢头 pɛ̃ tɕyɛ

tɕyɛ thəu

底儿 tɕi tsɿ

弓 kũ

剑 pɔ tɕiɛ̃

tɕiɛ̃
箭 tɕiɛ̃ kũ
tɕiɛ̃
箭袋 tɕiɛ̃ kũ tʂhəu tʂhəu
钩儿 kəu ta la
kəu kəu
夹子 tɕia tsɿ
环了 xuɛ̃ xuɛ̃
扣环 mɔ̃ xuɛ̃ tsɿ
xuɛ̃ xuɛ̃
柄 pa pa
pa tsɿ
pĩ
火钳 xuə tɕhiɛ̃ tsɿ
机枪 tɕi kuɛ̃ tɕhiɑ̃
枪 tɕhiɑ̃
炮 taphɔ
子弹 tsɿ tɛ̃
拨火棍 xuə tʂhu
铲子 tʂhɛ̃ tsɿ
铁锨 tɕhiɛ tɕhiɛ̃
烙铁 luə tɕhiɛ
锯 tɕy tsɿ
楔子 ɕiɛ ɕiɛ
锥子 tʂuɪ tsɿ
镊子 niɛ tsɿ
槌子 tʂhuɪ tʂhuɪ
tʂhuɪ
杵 tʂhuɪ tʂhuɪ
tʂhu
榔头 lɑ̃ thəu
磨石 muə ʂʅ
砧 ka nɛ̃ pɛ̃
瓷器 va tʂa
tshɿ tɕhi
锉子 tshuə
铜器 thũ tɕia ʂʅ
担架 tɛ̃ tɕia
手杖 kuɛ kũ
kũ
船 tʂhuɛ̃
筏子 fa tsɿ
桨 tɕiɑ̃
帐篷 tʂɑ̃ phɔ̃
雨衣 jy ji
洗衣粉 fe tsɔ fɔ̃
香皂 ɕiɑ̃ ji tsɿ
镜子 tɕĩ tsɿ
行李 ta kɛ
ɕĩ li
电话 tɕiɛ̃ xua
电线 tɕiɛ̃ ɕiɛ̃
电池 tɕiɛ̃ tʂhʅ
手机 ʂəu tɕi
照相机 tʂɔ ɕiɑ̃ tɕi
钟表 tʂũ piɔ
手表 ʂəu piɔ
扇子 ʂɛ̃ tsɿ
牙签 ja tɕhiɛ̃
灯 tɔ̃ tʂɛ̃
tɔ̃
灯笼 tɔ̃ ləu
tɔ̃ lũ
风箱 fɔ̃ ɕia

飞机 fe tɕi

火车 xuə tʂhə

汽车 tɕhi tʂhə

盔 thəu khuɪ

khuɪ

喇叭 la pa

钹 tɕhia pɔ

鼓 ku

铃 lĩ tɑ̃

木瓢 phiɔ ʂuə

锅盖 kuə kɛ

碗柜 vɛ̃ ɕia tsɿ

案板 nɛ̃ pɛ̃

漏斗 tʂu vɛ̃

书架 ʂu tɕia tsɿ

凉席 ɕi

粉笔 fə̃ pi

电灯 tɕiɛ̃ tə̃

花瓶 xua phĩ

电视 tɕiɛ̃ ʂʅ

电脑 tɕiɛ̃ nɔ

收音机 jɑ̃ ɕi ɕia tsɿ

炉子 xuə lu

lu tsɿ

六　服饰饮食

装饰品 ʂəu ʂʅ

tɕỹ ki tɕi tũ ɕi

项链 ɕiɑ̃ liɛ̃

耳环 ɛ xuɛ̃

拖鞋 thuə xɛ

手帕 ka ʂəu tɕĩ

包 pɔ pɔ

布 pu

缎子 tuɛ̃ tsɿ

绸子 tʂhəu tsɿ

丝绸 tʂhəu tuɛ̃

刺绣 ɕiəu xua

ɕiəu

坎肩 tɕia tɕia

哈达 xa ta

衣领 lĩ tsɿ

ji ʂɑ̃ lĩ tsɿ

簪子 tsɛ̃ tsɿ

幔子 liɛ̃ tsɿ

ve tsɿ

斗篷 təu phə̃

皮大衣 phi nɔ

皮坎肩 phi tɕia tɕia

皮袄 phi nɔ

皮裤 phi khu tsɿ

皮袋 phi tsɿ tʂhəu tʂhəu

皮帽 phi mɔ tsɿ

皮条 phi tɕhiɔ

皮鞋 phi xɛ

裙子 tɕhỹ tsɿ

手套 ʂəu thɔ

vu tʂɔ

头巾 ve tɕĩ

thəu tɕĩ

ʂa tɕĩ

鞋底 xɛ tɕi tsɿ

鞋帮 xɛ pɑ̃ tsɿ

腰带 jɔ tɛ

khu tɛ
食品tʂhʅ tɕi tũ ɕi
粮食liã ʂʅ
vu ku
凉粉liã fə̃
面茶jəu miɛ̃ tʂha
面包miɛ̃ pɔ
白面pɛ miɛ̃
荞面khu tɕhiɔ miɛ̃
小米面mi miɛ̃
糖thã
冰糖pĩ thã ke ta
砂糖pe ʂa thã
方块糖khuɛ khuɛ thã
饼干pĩ kɛ̃
麻花ma xua
饮料xuə tɕi tũ ɕi
jĩ liɔ
茶tʂha
奶nɛ tsʅ
奶茶nɛ tʂha
奶皮子nɛ phi
酸奶suɛ̃ nɛ
酸奶疙瘩suɛ̃ nɛ ke ta
煮开的酸奶zə xa tɕi suɛ̃ nɛ
酥油su jəu
黄油xuã jəu
油jəu
phiɛ jəu
油饼jəu ɕiã
油果子jəu kuə kuə
粥thã
mi thã
肉zəu
干肉kɛ̃ zəu
冻肉tũ xa tɕɪ zəu
肉汤zəu thã
煮肉tʂu xa tɕi zəu
烤khɔ
蛋tɛ̃
酱tɕiã jəu
tɕiã
酒tɕiəu
糠khã khã

七　身体医疗

身体ʂə̃ tɕhi
头顶thəu tɕĩ tɕĩ
头盖骨thəu tɕĩ ka
thəu kɛ kuə
鬓角pĩ tɕiɛ̃
头皮thəu phi tsʅ
面颊niɛ̃ ku tuɪ
niɛ̃ tɛ̃
眼角niɛ̃ tɕĩ kuə kuə
睫毛niɛ̃ tʂa mɔ
视力ʂʅ li
听觉tɕhĩ tʂa mu tʂɛ
耳垢ɛ ʂʅ
ɛ tuə li tɕi kəu tɕia
鼻翅pi pã pã
上腭ʂã sɛ

下颚xa sɛ

小舌ka ʂə thəu

thã ka li

气管tɕhi kuɛ̃

嘴角tsuɪ kuə kuə

腮帮ja tʂha

脊椎骨tɕi tʂuɪ ku

脖根pə tsʅ kɔ̃ kɔ̃

肩胛骨tɕia tsʅ

胳肢窝kə tʂəu va

kə tʂə va

胳膊肘ke tʂəu tsʅ

手掌ʂəu pa tʂã

胸脯khã tsʅ

前胸khã tsʅ

胆囊tɛ̃ nã

腰jɔ

腰侧jɔ tɕi pã pã

肢sʅ tʂʅ

脂肪jəu

后背tɕi pe

膝盖骨puə luə kuɪ

臀部kəu tsʅ

脚面tɕyɛ miɛ̃

肾脏jɔ və

jɔ vəu

脾脏phi tsã

器官tɕhi kuɛ̃

脑nɔ tsʅ

心房ɕĩ

心脏ɕĩ tsã

ɕĩ

胃ve

肺fe

肝kɛ̃ tsʅ

肠tʂhã tsʅ

大肠ta tʂhã

盲肠khu tʂhã

膀胱niɔ phɔ

筋tɕĩ

胯khua tsʅ

肋骨le pa

软骨tshuɪ ku

骨髓ku suɪ

骨头ku thəu

肌肉tshʅ zəu

tɕi zəu

脉mɛ

血ɕyɛ

血统ɕyɛ thũ

胆汁khu tɛ̃ ʂuɪ

khu ʂuɪ

khu tɛ̃ tʂʅ

痰thɛ̃ thu

唾液thuə mĩ

thuə miɛ

汗xɛ̃

尿niɔ niɔ

屁phi

屎ʂʅ

掌纹tʂã vɔ̃

指纹tʂʅ vɔ̃

疾病tɕi pĩ

pĩ

生病tʂuə pĩ

伤ʂɑ̃

受伤ʂəu ʂɑ̃

伤口ʂɑ̃ khəu

感冒kɛ̃ mɔ

jitɔ tsɿ

发炎fa jɛ̃

头昏thəu jỹ

哮喘病xəu xəu pĩ

干呕tʂhɔ xu xu

呻吟ʂə̃ xuɛ̃

出血tʂhu ɕyɛ

泻thɑ̃ tu

la tu

开刀tũ ʂəu ʂu

坏血病xuɛ ɕyɛ pĩ

疥疮tɕiɛ tʂhuɑ̃

tʂhuɑ̃

跛行tɕhyɛ tʂə tsəu tʂɛ

畜病ʂə̃ khəu pĩ

毒疮tu tʂhuɑ̃

脓nũ

浮肿tʂũ xa liɔ

tʂũ

药方jyɛ fɑ̃ tsɿ

医院ji jyɛ̃

医治khɛ̃ pĩ

感染kɛ̃ ʐɛ̃

放血fɑ̃ ɕyɛ

治理tʂʅ li

治疗tʂʅ liɔ

治愈tʂʅ xɔ liɔ

xɔ liɔ

看护phe xu

tʂɔ ku

侍候fu ʂʅ

tshɿ xəu

救tɕiəu

营养jĩ jɑ̃

睡眠ʂuɪ miɛ̃

聋lũ

八　婚丧信仰

寿命ʂəu ʂu

ʂəu mĩ

mĩ

生育jɑ̃

生长tʂɑ̃

诞生jɑ̃ xa liɔ

tʂhu ʂʅ liɔ

受孕ʂə̃ ʂɑ̃ jəu li

感情kɛ̃ tɕhĩ

kuɛ̃ ɕi

恋爱liɛ̃ nɛ

xɔ

夫家phə tɕia

娘家niɑ̃ tɕia

埋葬mɛ xa liɔ

sũ kuə liɔ

mɛ

土葬thu tsɑ̃

逝世vu tʂhɑ̃ liɔ

mu liɔ

病故 pĩ tʂə mu liɔ

pĩ tʂə vu tʂhɑ̃ liɔ

遗体 vɑ̃ zə̃

mɛ ji

mɛ tɕhi

遗嘱 ve fu

khəu xuɛ̃

送终 sũ mɛ ji

陵墓 mɛ tsa

虔诚 tɕhiɛ̃ tʂhə̃

传统 lɔ xa ʂu

宗教 tɕiɔ mə̃

tsũ tɕiɔ

信仰 ɕĩ jɑ̃

习惯 ɕi kuɛ̃

神 ʂə̃ ɕiɛ̃

守护神 pɔ xu ʂə̃

缘分 jyɛ̃ fa

礼拜 nəmasɿ

礼仪 li ɕĩ

khuɪ tʂhə̃

信奉 ɕĩ jɑ̃

ɕĩ fə̃

喇嘛 lama

佛 fə jɛ

fə

僧侣 sə̃ zə̃

xə ʂɑ̃

lama

念珠 tɕhiamanu

tɕhiathəsɿpi

thəspi

咒文 peʂəutuva

经书 kulani

tɕĩ

巫术 tʂuapiɛli

巫婆 ny niɛ̃tɕiɛ̃kuɪ

妖精 piɛli

jɔ tɕĩ

鬼 jipelesɿ

kuɪ

魂 xũ

福气 fu tɕhi

命运 mĩ

天堂 tɕhiɛ̃ thɑ̃

地狱 tuətsuəxuɪ

tɕi jy

生命 mĩ

誓言 fa jɛ̃

理想 li ɕiɑ̃

愿望 jyɛ̃ vɑ̃

灾祸 pɛ lia

tsɛ xuə

幸运 ɕĩ jỹ

jỹ tɕhi xɔ

九　人品称谓

成年人 ta zə̃

青年人 niɛ̃ tɕhĩ zə̃

小伙子 niɛ̃ tɕhĩ va va

niɛ̃ tɕhĩ zə̃

姑娘 ni xa

女婴 jyɛ li va

男婴 jyɛ li va
孩子 ka va va
孤儿 və liɛ tʂhə̃
妇女 ɕɪ fu
fu ny
寡妇 kua fu
老太婆 lɔ nɛ nɛ
lɔ thɛ phuə
老头 lɔ xɛ̃ tɕia
人民 zə̃ mu
群众 pɛ ɕĩ
tɕhỹ tʂũ
人类 zə̃ mu
人物 zə̃ vu
贵族 jəu tɕhiɛ̃ xɛ̃
平民 nɛ̃ ɕĩ zə̃
lɔ pɛ ɕĩ
管家 kuɛ̃ tɕia
管理者 kuɛ̃ xa tɕi zə̃
kuɛ̃ tɕi zə̃
画匠 xua tɕiã
顾客 mɛ tʂu
旅客 lã tɕi zə̃
皇帝 xuã ʂã
皇后 xuã xəu
军队 tuɪ vu
tɕỹ tuɪ
将军 tɕhiã tɕỹ
tɕiã tɕỹ
士兵 pĩ va tsɿ
tʂhʅ liã tɕi
哨兵 ʂɔ pĩ
骑兵 tɕhi pĩ
步兵 pu pĩ
保卫者 ʂəu ve tɕi zə̃
官员 kuɛ̃ jyɛ̃
差役 ʂʅ xuɛ̃ tɕi zə̃
打工者 tsu xuə tɕi zə̃
秃子 sɔ thəu
thu tsɿ
主人 tʂã kuɪ tɕi
仆人 jỹ zə̃
病人 pĩ zə̃
残疾人 pɛ̃ niɛ̃ xɛ̃
富翁 jəu tɕhiɛ̃ xɛ̃
穷人 nɛ̃ ɕĩ zə̃
领导 lĩ tɔ
领袖 lĩ ɕiəu
首脑 ʂəu nɔ
冠军 kuɛ̃ tɕỹ
亚军 ja tɕỹ
摔跤手 pɛ̃ tɕiɔ tɕi zə̃
模范 mə fɛ̃
代表 tɛ piɔ
成员 tʂhə̃ jyɛ̃
好汉 tsã fu khɛ
红人 xũ zə̃
亲信 ʂʅ tɕhĩ tɕi zə̃
nɛ pa tɕhi
tɕhĩ ɕĩ
随从 kə̃ xa tɕi zə̃
suɪ tshũ
劳动者 tsu xuə tɕi zə̃
ɕia khu zə̃

清洁工 sɔ ma lu tɕi zə̃

教师 lɔ ʂʅ

tɕiɔ ʂu tɕiɑ̃

警察 tɕĩ tʂha

司机 khɛ tʂhə tɕi zə̃

记者 tɕi tʂə

介绍人 tɕiɛ ʂɔ zə̃

推荐人 thuɪ tɕiɛ̃ tɕi zə̃

酒鬼 tɕiəu xɛ̃ tsɿ

懒汉 lɛ̃ sũ

滑头 tɕiɛ̃ kũ kũ

吝啬鬼 ɕiɔ phi kuɪ

流浪者 tɕiɑ̃ xu khɛ

慢性子的人 ɕĩ tsɿ thɛ̃ tɕi zə̃

陌生人 ʂə̃ zə̃

zə̃ pu tɕi tɕi zə̃

牧民 mu mĩ

牧马人 tɑ̃ ma tɕi zə̃

牧牛人 tɑ̃ niəu tɕi zə̃

牧羊人 jɑ̃ pa ʂʅ

猎手 ve ʂəu

奴隶 nu li

俘虏 fu lu

特务 thɛ vu

叛徒 phɛ̃ thu

骗子 phiɛ̃ tsɿ ʂəu

phiɛ̃ tsɿ

间谍 tɕiɛ̃ tɕiɛ

强盗 tɕhiɑ̃ tɔ

罪犯 fɛ̃ tsuɪ tɕi zə̃

土匪 thu fe

二流子 ɛ liəu tsɿ

犯人 fɛ̃ zə̃

tsuɪ zə̃

俗人 ji pɛ̃ tɕi zə̃

说谎的人 piɛ̃ phi xuɑ̃ tɕi zə̃

tʂhə xuɑ̃ tɕi zə̃

积极分子 tɕi tɕi fə̃ tsɿ

落后分子 luə xəu tɕi zə̃

巫师 niɛ̃ tɕiɛ̃ kuɪ

vu ʂʅ

敌人 tɕi zə̃

仇人 tʂhəu zə̃

体贴的人 tɕhiɛ ɕĩ tɕi zə̃

同事 thũ ʂʅ

同学 thũɕ yɛ

thũ tʂhuɑ̃

同志 thũ tʂʅ

伙伴 liɛ̃ ʂəu

tʂɛ̃ liɛ̃

作家 ɕiɛ ʂu tɕi zə̃

诗人 ɕiɛ ʂʅ tɕi zə̃

天才 tɕhiɛ̃ tshɛ

专家 tʂuɛ̃ tɕia

贤者 ɕiɛ̃ tʂə

英雄 jĩ ɕỹ

向导 tɛ lu tɕi zə̃

导师 lɔ ʂʅ

医生 tɛ fu

兽医 ʂə̃ khəu tɛ fu

演员 jɛ̃ jyɛ̃

ɕi tsɿ

舞蹈家 tɕhiɔ vu tɕi zə̃

邮递员 sũ ɕĩ tɕi zə̃

jəu tʂhɛ
学生 ɕyɛ ʂə̃
学者 jəu ɕyɛ və̃ tɕi ʐə̃
译员 fɛ̃ ji
fɛ̃ ji tɕi ʐə̃
画家 xua tɕia
xua tɕiɑ̃
运动员 jỹ tũ jyɛ̃
战友 tʂɛ̃ jəu
侦探 mi tʂha
知识分子 tʂʅ ʂʅ fə̃ tsɿ
职工 kũ tsuɔ tɕi ʐə̃
挚友 ʂʅ ɕĩ tʂɛ̃ liɛ̃
主席 tʂu ɕi
nɔ nɔ
祖先 tɕhiɛ̃ ʐə̃
ɕiɛ̃ ʐə̃
长者 lɔ xɛ̃ tɕia
前辈 tɕhiɛ̃ ʐə̃
晚辈 xəu ʐə̃
同龄人 suɪ ʂu pɑ̃ tɕiɛ tɕi ʐə̃
亲属 tɕhĩ tɕhi
祖父 a jɛ
祖母 a nɛ
姑表亲 ku tɕiəu
姨表亲 liɑ̃ ji
家眷 tɕia ɕia tɕi ʐə̃
孙女 sũ tsɿ
亲家 tɕhĩ tɕia
岳家 tʂɑ̃ ʐə̃ tɕia
媳妇 ɕi fu
妻哥 ta tɕiəu tsɿ
妻弟 ka tɕiəu tsɿ
内弟 ka tɕiəu tsɿ
大伯子 a pe tsɿ
小叔子 ɕỹ tɕi
ɕiɔ ʂu tsɿ
表姑夫 thɑ̃ ku fu

十　农工商文

田地 tɕi
庄稼 tʂuɑ̃ tɕia
农具 tɕia ʂʅ
农药 nũ jyɛ
天棚 ta phə̃
大渠 ta tɕia tɕhy
渠沟 ka tɕia tɕhy
凿子 tsuə tsɿ
镐 jɑ̃ kəu
耙子 pha
肥料 xua fe
xua ɕyɛ̃
fe liɔ
收割机 ʂəu kuə tɕi
拖拉机 thuə la tɕi
工厂 tʂhɑ̃ tsɿ
工人 kũ ʐə̃
工资 kũ tɕhiɛ̃
工作 kũ tsuə
生活 kuə ʐətsɿ
ʂə̃ xuə
保险 pɔ ɕiɛ̃
生产 ʂə̃ tʂhɛ̃
公务 kũ tʂhɛ

企业 tɕhi niɛ
机构 tɛ̃ ve
国家 kuə tɕia
国境 piɛ̃ tɕiɛ
kuə tɕia tɕi piɛ̃ piɛ̃ li
国旗 tɕhi tɕhi
国徽 kuə xuɪ
专制 tʂuɛ̃ tʂʅ
公路 ta lu
ma lu
铁路 tɕhiɛ lu
过滤 ʂua ke xa
ly
交易 mɛ mɛ
tɕiɔ ji
货物 xuə vu
活动 xuə tũ
行市 xɑ̃ tɕhĩ
价格 tɕia tɕhiɛ̃
tɕia kiɛ
样品 jɑ̃ phĩ
成品 tsu tʂhə̃ xa tɕi
买 mɛ
卖 mɛ
还～回去 xuɛ̃
kha
借 tɕiɛ
债务 tʂɑ̃ tʂɛ
tʂɑ̃
tɕhiɛ̃ tʂɑ̃
赔偿 phe ʂɑ̃
战利品 tɕiɔ xuə xa tɕi
借贷 fɑ̃ tʂɑ̃
tɛ
出售 mɛ
mɛ tʂɛ
生意 mɛ mɛ
事业 ʂʅ niɛ
银子 jĩ tsɿ
赚头 tʂə̃ thəu
租金 tsu tɕĩ
账 tʂɑ̃
掌管 tʂɑ̃ ʂʅ
tʂɑ̃ kuɛ̃
kuɛ̃
财产 tshɛ tʂhɛ̃
财物 tshɛ vu
tɕhiɛ̃
tshɛ
克扣 kəu
锡 pɛ ɕi
ɕi
金 tɕĩ tsɿ
tɕĩ
银 jĩ tsɿ
水银 suɪ jĩ
金属 tɕhiɛ tũɕi
钢 kɑ̃
铁 tɕhiɛ
生铁 ʂə̃ tɕhiɛ
铜 thũ
青铜 lu thũ
thũ
tɕhĩ thũ

铅 tshiɛ̃

锈 ɕiəu tɕhi

钻石 tsuɛ̃ ʂʅ

玉石 jy ʂʅ

白矾 pɛ fɛ̃

燃料 ʐɛ̃ liɔ

汽油 tɕhi jəu

石油 ʂʅ jəu

柴油 tʂhɛ jəu

染料 ʐɛ̃ tɕi tũ ɕi

 ʐɛ̃ liɔ

颜料 jɛ̃ ʂə

 jɛ̃ liɔ

油漆 jəu tɕhi

油垢 jəu tɕi kəu tɕia

 jəu kəu

 kəu tɕia

胶 tɕiɔ

溶化 xua khɛ liɔ

焊 xɛ̃

磷 lĩ ʂʅ

火药 xuə jyɛ

钢筋 kã tɕĩ

模子 mu tsɿ

 jã tsɿ

工地 kũ tɕi

车间 tʂhə tɕiɛ̃

音乐 jĩ jyɛ

绘画 xua xua

艺术 ji ʂu

体育 tɕhi jy

棋 tɕhi

象棋 tɕhi thuə luə

 tɕhi

歌曲 kə

歌词 kə tshɿ

歌手 tʂhã kə tɕi ʐə̃

 tʂhã pa ʂʅ

 kə ʂəu

舞蹈 tɕhiɔ vu

戏剧 ɕi

电影 tɕiɛ̃ jĩ

肖像 xua ɕiã

照片 ɕiã phiɛ̃

摔跤 pɛ̃ tɕiɔ

体操 tɕhi tshɔ

球 tɕhiəu

 mɔ tɛ̃

篮球 lɛ̃ tɕhiəu

排球 phɛ tɕhiəu

足球 tsu tɕhiəu

黑板 xi pɛ̃

笔 pi

蜡 la tʂu

 la

拳击 tʂhuɪ thəu tʂã

射箭 ʂə tɕiɛ̃

赛马 sɛ ma

拔河 pa xuə

 pa ʂə̃ tsɿ

旅行 lã

 ly ɕĩ

表演 jɛ̃ tɕiɛ mu

游戏 vɛ̃ tʂɛ

jəu ɕi
游泳 fu ʂuɪ
秋千 tɕhiəu tɕhiẽ
登山 pha ʂẽ
滑雪 xua ɕyɛ
滑冰 xua pĩ
tshuẽ liəu liəu
祝贺 tʂu xuə
褒奖 ta tɕiɑ̃
教育 tɕiɔ jy
纪律 tɕi ly
常识 tʂhɑ̃ ʂʅ
文化 və̃ xua
文学 və̃ ɕyɛ
文章 və̃ tʂɑ̃
文字 tsɿ
və̃ tsɿ
学问 ɕyɛ və̃
学习 ɕyɛ ɕi
niẽ ʂu
阅读 tu ʂu
tu
niẽ
知识 tʂʅ ʂʅ
研究 jẽ tɕiəu
书籍 ʂu
思想 sɿ ɕiɑ̃
诗 ʂʅ
ʂʅ tshɿ
选集 ɕyẽ tɕi
传记 tʂhuẽ tɕi
小说 ɕiɔ ʂuə
故事 ku tɕĩ
ku ʂʅ
封面 miẽ tsɿ
内容 nuɪ zũ
zɑ̃ zɑ̃
结论 tɕiɛ lũ
总结 tsũ tɕiɛ
通知 thũ tʂʅ
广告 kuɑ̃ kɔ
信件 ɕĩ
文件 və̃ tɕiẽ
və̃ ʂu
便条 tʂʅ tɕhiɔ tɕhiɔ
信封 ɕĩ phi tsɿ
ɕĩ fə̃
报纸 pɔ tʂʅ
杂志 tsa tʂʅ
抄写 tʂhɔ
采访 tshɛ fɑ̃
编辑 piẽ tɕi
修改 ɕiəu kɛ
kɛ tʂə̃
背诵 pe
比赛 pi sɛ
pi
纸 tʂʅ
印刷 jĩ
jĩ ʂua
谚语 su xua
jẽ jy
格言 kə jẽ
字母 tsɿ mu
风俗 fə̃ su

çiã su
节日 tçiεzʅ
tçiε tçhi
神话 ʂə̃ xua
经典 tçĩ tçiẽ
声调 ʂə̃ tçiɔ
音调 jĩ tçiɔ
吟唱 lẽ thẽ
旋律 çyẽ ly
法律 fa ly
诉讼 kɔ tʂuã
ta kuẽ sɿ
审判 ʂə̃ phẽ
戒律 tçiε ly
tsu tʂʅ pu tʂhə̃
禁忌 tçi xuɪ
访问 fã və̃
会议 xuɪ
翻译 fẽ ji
特征 thə tʂə̃
jã fẽ
标志 piɔ tʂʅ
旗帜 tçhi tçhi
tçhi tʂʅ
图章 tʂã tsɿ
mĩ tʂã
tʂã
团体 thuẽ tçhi
联谊会 liẽ xuẽ xuɪ
学会 çyε xuɪ
牢狱 pẽ fã
罪孽 tsuɪ niε
衙门 ja mə̃
战争 tʂẽ tʂə̃
章程 tʂã tʂhə̃
kuɪ tĩ xa tçi
政策 tʂə̃ tshə
政治 tʂə̃ tʂʅ
制度 tʂʅ tu
装备 tʂuã pi
装封 tʂuã fə̃
tʂuã ʂã
信号 çĩ xɔ
号码 xɔ ma
xɔ ʂu

十一　动作行为

摇头 jɔ thəu
ʂuε thəu
点头 tçiẽ thəu
低头 kəu thəu
叩头 khuə thəu
瞪眼 a le
挂 kua
尝 ʂã
抿 mĩ
叮 tçĩ
niɔ
呕 thu
啃 khə̃
niɔ
舐 tçhiẽ
嚷 xəu
吐唾沫 thuə thuə mĩ

顶 tɕĩ

摇 jɔ

捕捉 tʂua

phu tʂua

敲 ta

揍 ta

捏 niɛ

伸开腿～ tʂɛ̃ xa

缝 tsɛ̃

fə̃

补 tsɛ̃

pu

吹～气 tʂhuɪ

吹口哨 ta khəu ʂɔ

胡说 luɛ̃ ʂuə

欢笑 ta ɕiɔ

luə tʂə

微笑 ve ɕiɔ

握 tʂua

pa

握手 və ʂəu

na ʂəu

问 və̃

回答 ta fu

叹气 ʂə̃ xuɛ̃

答应 ta jĩ

tʂhə̃ ta

劝说 tɕhyɛ̃ ʂuə

tɕhyɛ̃

商量 ʂɑ̃ liɑ̃

包 pɔ

缠 tʂhɛ̃

卷 tɕiɛ

穿绳 tʂhuɛ̃ ʂə̃ ʂə̃

打结儿 vɛ̃ kiɛ ta

织 tʂʅ

vɛ̃

thɔ

编 piɛ̃

ta

vɛ̃

裁剪 tɕiɛ̃

雕刻 tshɛ̃

碰 phə̃

搓 tshuə

揪 tə̃ tʂhu

撮 tsuə

抖 thəu

颤抖 pɛ pɛ la

抽缩 pɛ pɛ la

tɕiəu tɕiəu la

起立 tʂɛ̃ xa

掏 thɔ

戴 tɛ

指 tʂʅ

弹指 thɛ̃ tʂʅ thəu

鼓掌 phɛ ʂəu

ku tʂɑ̃

抬腿 thɛ thuɪ

收 ʂəu

跺脚 pɛ̃ tɕyɛ

撅屁股 kəu tsɿ a tʂa xa

后退 tɔ thuɪ

thuɪ

进 tɕĩ

出 tʂhu

开 khɛ

关 kuɛ̃

急步走 khuɛ ɕiɛ tsəu

挤 tɕi

拖 la

　thuə

拉 la

攥 tʂua tɕĩ

　tsuɛ̃

渡 kuə

变 piɛ̃

流 thɑ̃

灌 fɑ̃

漏 ləu

溢 jy

洒 sa

搅拌 tɕiɔ

　tɕiɔ pɛ̃

分 fə̃

分别 tɛ̃ ɕĩ

　fə̃ khɛ

背负 pe

拽 tə̃

刮 kua

切 tɕhiɛ

　tuə

割 kuə

取 tshu

拍 phɛ

交 tɕiɔ

交叉 ta tɕiɛ̃ tɔ

计算 suɛ̃

起皱 tʂhu xa liɔ

　tʂə tʂə tɕhi lɛ tʂɛ

快走 tsəu khuɛ ɕiɛ

捋起 ma

　ma tshʅ

举起 tʂa xa ke

　na tʂə tɕhi lɛ

拱起 kũ

　kũ xa liɔ

　kũ xa tɕi

翘起 tʂa xa liɔ

堆积 tuɪ xa liɔ

倒塌 tha liɔ

　tɔ liɔ

颠倒 fɛ̃ pa la

翻滚 fɛ̃ pa lɑ̃

　ta kũ

滚动 tʂuɛ̃ tũ

跌跤 pɛ̃ tɔ

　pɛ̃ tɕiɔ

躲开 phi kuə

赶 niɛ̃

过夜 kuə jɛ

渗入 zə̃ ʂɑ̃ liɔ

　zə̃

集合 tɕi xuə

接上 ɕy ʂɑ̃

　mi ʂɑ̃

　tɕiɛ ʂɑ̃

搬运 pɛ̃

揭开 tɕiɛ kuə

tɕiɛ khɛ

截住 tɕiɛ tʂhu

更换 xuɛ̃ kuə

保存 ʂəu xa

保护 pɔ xu

保证 pɔ tʂə̃

返回 tʂə xuɪ

xuɪ tshʅ

观察 va su

kuɛ̃ tʂha

瞄准 ɕi tuɛ̃ liɔ

miɔ tʂũ

区分 tɕhy piɛ khɛ

相遇 phə̃ ʂɑ̃

ɕiɑ̃ jy

phə̃ ʂɑ̃ liɔ

举行 tɕy pɛ̃

设法 ɕiɑ̃ pɛ̃ fa

参加 tshɛ̃ tɕia

传递 tɕiɛ ke

传话 tɛ xua

排列 pɛ

排队 tʂɛ̃ tuɪ

敬礼 tɕĩ li

没收 mə ʂəu

漂浮 phiɔ tʂɛ

phiɔ

飞 fe

飘舞 phiɔ tʂɛ

pɛ tʂɛ

乞讨 jɔ ʂʅ ma

赏给 tɕiɑ̃ ʂɑ̃

帮助 pɑ̃ mɑ̃

打电话 ta tɕiɛ̃ xua

发脾气 fɛ̃ mɔ khəu

fɛ̃ tsɑ̃

发呆 tɛ kuə liɔ

道歉 phe pu ʂʅ

改正 kɛ kuə

承认 tʂhə̃ zə̃

澄清 nũ tɕhĩ tʂhu

混合 xuə ʂɑ̃ liɔ

混淆 xũ ɕiɔ liɔ

传播 tʂhuɛ̃

跟随 kə̃ ʂɑ̃

kə̃ suɪ

斗殴 ta tʂɑ̃

盗窃 thəu

抢劫 tɕhiɑ̃

逮捕 tʂua

控告 kɔ xa

破坏 phə xuɛ

xuɛ xa ki

损坏 xuɛ xa ke liɔ

潜伏 mɛ fu

点灯 tə̃ a tʂuə ke

放火 fɑ̃ xuə

居住 tsuə tɕia

tsuə

tɕy tʂu

劳动 tsu xuə

量测～ nɛ̃

搂 pɔ

披上 phe ʂɑ̃

phi ʂɑ̃

外出 vɛ thəu tʂhu tʂɛ

倒扣 khəu

爬行 pha tʂə tsəu

盘腿坐 phɛ̃ ta tɕyɛ

疲倦 fa liɔ

前进 tɕhiɛ̃ tɕĩ

跄踉 ɕi xu xu pɛ̃ tɔ

lɑ̃ tɕhiɑ̃

倾斜 ɕiɛ pa la

tɕhĩ ɕiɛ

取暖 tɕhy nuɛ̃

散开 sɛ̃ khɛ liɔ

扫 sɔ

拾 ʂʅ

绑 pɑ̃

khũ

集中 tɕy tʂũ

tɕi tʂũ

射击 ta tɕhiɑ̃

ʂə tɕi

占领 tʂɛ̃

伸展 tʂɛ̃ khɛ

ʂə̃ khɛ

phu tʂɛ̃

转动 kũ

省 tɕiɛ sə̃

ʂə̃

剩出来 tɕiəu xa

实行 ʂʅ ɕĩ

使用 ʂʅ

jỹ

试探 ʂʅ tɑ̃

ʂʅ thɛ̃

竖起 tʂa xa

li xa

数～一下有多少人 ʂu

tɕiɛ̃

耍脾气 ʂua mɔ khəu

ʂua phi tɕhi

睡觉 ʂuɪ tɕiɔ

撕破 tʂhə phuə

踏 tha

踢 pə̃

折腾 tɕhiɛ̃ fɛ̃

剥掉 puə kuə

替换 xuɛ̃ kuə

交换 xuɛ̃ xa

xuɛ̃

挑衅 zə təu

区别 tɕhy fə̃ khɛ

tɕhy piɛ

调和 tɕhiɔ xuə

尾随 thəu tʂə kə̃

统计 thũ tɕi

拨弄 fɛ̃ tɕiɛ

pə

穿透 tʂhuɛ̃ thũ

涂 kɑ̃

团结 thuɛ̃ tɕiɛ

团聚 thuɛ̃ tɕy

挖 va

铲 tʂhɛ̃

完成vɛ̃ tʂhə̃
违法fɛ̃ fa
纵火fɑ̃ xuə
  tɕiɛ̃ xuə
熄灭xuə miɛ liɔ
  miɛ xa
上来ʂɑ̃ lɛ
下去xa tɕhi
上升ʂɑ̃ ʂə̃
降落xa lɛ
  xa
  tɕiɑ̃ luə
塌陷tha liɔ
陷下去lɛ̃ tʂha liɔ
写信ɕiɛ ɕĩ
修理ʂʅ tuə
悬挂kua xa
旋转tu lu lu tʂuɛ̃
  tʂuɛ̃
学走路ɕyɛ tʂɛ tsəu lu tʂɛ
  ɕyɛ tsəu lu
熏ɕỹ
寻找ɕỹ tʂɔ
  tʂɔ ɕỹ
  tʂɔ
巡逻ɕỹ luə
准备tʂũ pi
联络liɛ̃ ɕi
练习liɛ̃ ɕi
轮流lỹ liəu
  lũ tʂə
遵守tsũ ʂəu

受冻nɛ tũ
  ʂəu tũ
腌jɛ̃
扬起tʂa tɕhi
  jɑ̃ tɕhi
摇摆ʂuɛ tʂɛ
  jɔ pɛ
动摇tũ thɛ̃
动荡mə və̃ tɑ̃
整理ʂəu ʂʅ
移动nuə
  tũ thɛ̃
拥抱pɔ tʂhu
  pɔ
流亡tɕiɛ̃ kuə tʂhu phi tʂə
允许tʂhə̃ tɑ̃
殴打ɕia tʂha ta
  ta
赠送tsə̃ sũ
展示piɔ ɕiɛ̃
招待tʂɔ xu
  tɕiɛ tɛ
  tʂɔ tɛ
招募tʂɔ lɛ̃
  tʂɔ mu
  tʂɔ
招手zɔ ʂəu
  tʂɔ ʂəu
找到ɕĩ tʂuə liɔ
  tʂɔ tʂuə liɔ
召唤jɔ xɔ
  xəu tʂɛ

召集tʂɔ tɕi

ta tɕia tɕiɔ tʂə ji ta lɛ

照顾tʂɔ ku

照耀zɔ̣

tʂɔ

遮盖tʂə kɛ

折叠tɕiɛ ʂã

tʂə

折断tʂə ʂə

tʂə tuɛ̃

争论tʂə̃ lỹ

xəu

tʂhɔ

支撑tʂʅ tʂhu

tʂhə̃

支持tʂʅ tʂhʅ

玩耍vɛ̃

耍把戏ʂua pha ɕi

抢婚tɕhiã ɕi fu

做新娘tã ɕĩ ɕi fu

坚持tɕiɛ̃ tʂhʅ

懂事phiɛ̃ kuə liɔ

理解li tɕiɛ

mĩ pɛ

不满mə fu thɛ̃

愤怒tɕhi xuɛ liɔ

怀疑jĩ ɕĩ

犹豫jĩ ɕĩ

害怕xɛ pha

忍耐zə̃ nɛ

舍得ʂə tɕi

敢kɛ̃

着急tʂuə tɕi

哀悼ɛtɔ

悲伤pe ʂã

满意tha la

mɛ̃ ji

安心nɛ̃ ɕĩ

放心fã ɕĩ

关心kuɛ̃ ɕĩ

感动kɛ̃ tũ

激动tɕi tũ

兴奋tsɔ xuɛ liɔ

kɔ ɕĩ

惊奇tɕĩ xuɛ liɔ

崇拜ɕĩ fu

tʂhũ pɛ

认为ji ve

猜测jĩ ɕĩ

tshɛ

推测jĩ ɕĩ

思考sʅ mu

了解tʂã və

原谅jyɛ̃ liã

祈祷tɕhi thɔ

ʂuə tuva

渴望vã ɕiã

希望vã ɕiã

愿意tɕhĩ jyɛ̃

感兴趣ɕĩ tɕhy jəu li

nɛ

xɔ

傲慢kɔ nɔ

厌烦jɛ̃ fɛ̃

tshʅ nɔ

phə fɛ̃
怨恨tʂuə tɕhi
xɔ̃
恼怒nu nəu
憎恶tsɔ̃ vu
tɕiɛ̃ pu ʂɑ̃
抱怨kuɛ pu ʂʅ
拒绝mə ta jĩ
pu ta jĩ
反对fɛ̃ tuɪ
斥责tɕiɛ pɛ̃
xɔ̃ xɔ̃ tɕi ma
强求tɕhiɑ̃ tɕhiəu
强迫ja tʂʅ
tɕhiɑ̃ phə
耻笑ɕiɔ xua
怒叱tɕiɛ pɛ̃
ma
打击ta tɕi
委屈ve tɕhy
诬蔑vu miɛ
侮辱vu miɛ
受辱va tsha
欺骗xũ zɔ̃
piɛ̃
xũ
诽谤vu miɛ
伤害ʂɑ̃ xɛ
ʂɑ̃
施舍ʂə sɛ̃
放逐ta thuə ke liɔ
革命kuə mĩ
革新kɛ kə
叛变phɛ̃ piɛ̃
醒悟phiɛ̃ kuə liɔ
提倡tɕhi tʂhɑ̃
提醒tɕhi ɕĩ
公布kũ pu
kũ khɛ liɔ
选举ɕyɛ̃
ɕyɛ̃ ki
投入ɕia pɔ̃ tɕhiɛ̃
发生fa ʂɔ̃
发展fa tʂɛ̃
fa liɔ
创造tʂhuɑ̃ tsɔ
担保tɛ̃ pɔ
处理tʂhu li
防御fɑ̃ pi
失败pe liɔ
ʂu
胜利ʂɔ̃ liɔ
耽误tɛ̃ vu
tɛ̃ kuə
斗争fɛ̃ khɑ̃
推广thuɪ kuɑ̃
腐蚀lɛ̃
管事kuɛ̃ ʂʅ
号召xɔ tʂɔ
合作xuə tsuə
ta liɛ̃ ʂəu
增强tsɔ̃ tɕia
tɕia tɕhiɑ̃
tsɔ̃ tɕhiɑ̃

回忆xuı ji

sɿ mu

会面tɕiɛ̃ miɛ̃

计划ta suɛ̃

奖励tɕiɑ̃ li

交战ta tʂɑ̃

节约tɕiɛ sɔ̃

ɕi xa

解脱thuə pa

履行tʂhɔ̃ tɑ̃

违反ve fɛ̃

fɛ̃ pa la

救济ʂə sɛ̃

pɑ̃ tʂu

pɑ̃

下决心na pa thəu

pe tsɑ̃ fu

麻木ma kuə liɔ

冒险mɔ ɕiɛ̃

消失mɔ jəu xa liɔ

ɕiɔ ʂʅ

失言ʂʅ jɛ̃

损耗sũ xɔ

sũ ʂʅ

看不上mə khɛ̃ ʂɑ̃

ɕĩ mə lɛ

嫌少ɕiɛ̃ ʂɔ

嫌弃jɛ̃ ɕiɛ̃

相中khɛ̃ xa liɔ

协力ɕĩ tɕhi

ji ta

斜瞪眼a le

拖延zə̃

要求jɔ tɕhiəu

依赖khɔ

迎接tɕiɛ

tɕiɛ ji xa

拥护jỹ xu

冤jyɛ̃ vɑ̃

终结tɕiɛ ʂu

vɛ̃ liɔ

重叠ɕiɑ̃ ɕiɑ̃ tɕi

重视tʂũ ʂʅ

注视khɛ̃

组织tsu tʂʅ

tʂɔ xu

同意thũ ji

宣传ɕyɛ̃ tʂhuɛ̃

尊敬tsũ tɕĩ

尊重tsũ tʂũ

tɑ̃ zə̃

请安və̃ xəu

唉嘿赞叹词ɛasɛsɛ

陈述ʂuə

低声私语tɕhiɔ tɕhiɔ xua lɛ ʂuə

告别tshɿ phiɛ

好嘛~，不得了呀！ xɔ tɕi xə̃

吵闹tʂhɔ

xəu

介绍tɕiɛ ʂɔ

请tɕhĩ

是啊表示附和tɕiəu ʂʅ mu

小声说ka ka tɕi ʂuə

天哪哎呀呀，~ xu ta ja

问候 vɔ̃ xəu

我说嘛表示领悟到某事情的原因 və ʂuə tʂɛ

笑话 ɕiɔ xua

喧哗 tʂhɔ

十二　性质状态

清澈的 tɕhĩ liɑ̃ liɑ̃

　tɕhĩ liəu liəu tɕi

晴朗的 tɕhĩ kuɑ̃ tɕhĩ

　tɕhĩ lɑ̃ lɑ̃ tɕi

模糊的 mə mə xu xu

　mə xu

脆的 tshuɪ

　tshuɪ tɕi xɔ̃

人工的 zɔ̃ kũ tsu xa tɕi

　ʂəu kũ tɕi

容易的 jỹ ji

平坦的 phĩ tʂɛ̃ tʂɛ̃

　phĩ tɑ̃ tɑ̃ tɕi

偏斜 ɕiɛ pa la

皴 tshũ

圆形 jyɛ̃ lɔ̃ lɔ̃

　jyɛ̃ tɕi

瘦的 ʂəu

　ʂəu tɕhi kuɛ pɑ̃

油腻 jəu tsʅ tsʅ tɕi

　jəu tɕi ku tʂuɛ tɕi

发白 fa pɛ

　pɛ xa liɔ

黑白花 xi pɛ xua

灰白色 xuɪ pɛ ʂə

翠绿色 tshuɪ lu ʂə

金黄色 tɕĩ xuɑ̃ ʂə

淡黄色 tɛ̃ xuɑ̃ ʂə

　tɕhiɛ̃ xuɑ̃ ʂə

天蓝色 tɕhiɛ̃ lɛ̃ ʂə

枣红色 tsɔ xũ ʂə

棕色 tsũ ʂə

杂色 tsa ʂə

乌黑 xi jəu jəu

　xi vu vu tɕi

空怀的～牲畜 kɔ li mə tɕhi

空 khũ

　kuɑ̃

暗 nɛ̃

乱 luɛ̃

满 mɛ̃ tɕiəu tɕiəu

　mɛ̃

雌 mu

雄 tɕiɛ

生 ʂɔ̃

熟 ʂu

拥挤 tɕi ke ta

中 tɕhĩ tɑ̃ tʂũ

温 vɔ̃ tʂhu tʂhu

　vɔ̃

孤单 ku tɛ̃

锋利 pa vɛ li

光滑 kuɑ̃ tʂə tshuɛ̃ li

艰苦 khu tɕiɔ

简陋 ɕĩsa mə jəu

健康 nĩ pɑ̃ tʂɛ

快乐 khuɛ lə

明亮 liɑ̃

　liɑ̃ liɑ̃ tɕi

粗壮tʂuɑ̃ lɔ̃ lɔ̃
清楚mĩ pɛ
完整xu lũ
vɛ̃ tʂɔ̃
vɛ̃ tʂɔ̃ tɕi
稳定lɔ khɔ
幸福ɕĩ fu
整齐tɕhi tsɔ̃ tsɔ̃
复杂nɛ̃ ma ma tɕi
伟大ve ta
仁慈 ɕĩ zʉɛ̃
稳重vɔ̃ tʂũ
著名jəu mĩ ʂɔ̃
尊贵kɔ kuɪ
tsũ kuɪ
博学pə ɕyɛ
卓越tʂuə jyɛ
优秀tsɛ̃ tɕĩ
诚实lɔ ʂʅ
xɛ̃ xəu
聪明tshũ mĩ
tɕi liəu
可爱ɕĩ thɔ̃
灵活lĩ xuə
机警tɕĩ mĩ
谨慎ɕiɔ ɕĩ
谦虚tɕhiɛ̃ ɕy
认真zɔ̃ tʂɔ̃
善良ʂɛ̃ liɑ̃
特别the piɛ
有趣jəu ji sʅ
能干nɔ̃ ɕĩ
老练ʂu liɛ̃
孝顺ɕiɔ ʂũ
可靠khə khɔ
进步tɕĩ phu
丰富jɑ̃ ʂu tuə
公开kũ khɛ
严格jɛ̃ kə
光荣kuɑ̃ jỹ
合法xuə fa
和睦xuə tɕhi
xuə mu
和平xuə phĩ
xə phĩ
固定ku tɕĩ
积极tɕi tɕi
消极pu tɕi tɕi
有用jəu jỹ tʂhu
jỹ tʂɔ li
普通ji pɛ̃
秘密mi mi
耐心nɛ ɕĩ
恰当tɕhia tɑ̃
və jɛ
奇异tɕhi kuɛ
狡猾tɕiɛ̃
可怜vu pa li
可笑khuə ɕiɔ
放荡zɔ̃ le ɕia tʂhu liɔ
lɑ̃ tɑ̃
吝啬sʅ tɕhia phi
凶恶vɛ
虚伪tɕia ɕĩ ɕĩ
tɕia
无能mə pɔ̃ ʂʅ

现成的 piẽ ji tɕi
　ɕiẽ tʂhə̃ tɕi
驯熟的 liẽ xɔ tɕi
真 tʂə̃
假 tɕia
正常 tʂə̃ tʂhɑ̃
幼稚 xẽ
自私 tsɿ sɿ
无私 vu sɿ

十三　数量

零 lĩ
半 pẽ
一个 ji kiɛ
两个 liɑ̃ kiɛ
三个 sẽ kiɛ
第二 tɕi ɛ
第三 tɕi sẽ
第十 tɕi ʂʅ
第十五 tɕi ʂʅ vu
四十 sɿ ʂʅ
五十 vu ʂʅ
六十 liəu ʂʅ
七十 tɕhi ʂʅ
八十 pa ʂʅ
九十 tɕiəu ʂʅ
三分之一 sẽ fə̃ tʂʅ ji
四分之一 sɿ fə̃ tʂʅ ji
七十左右 tɕhi ʂʅ tsuə jəu
百分之八十 pe fə̃ tʂʅ pa ʂʅ
约一百 jy ji pe
千 tɕhiẽ
万 vẽ
亿 ji
成千 tʂhə̃ tɕhiẽ
百万 pe vẽ
群人～ pɑ̃
群马～ pɑ̃
群牛～ pɑ̃
群羊～ pɑ̃
克 khɛ
两 liɑ̃
斤 tɕĩ
公斤 kũ tɕĩ
升 ʂə̃
袋 tɛ
拃 tʂa
串 tʂhuẽ
庹 pɑ̃
米 mi
　ta mi
厘米 kũ fə̃
平方米 phĩ fɑ̃
里 li
公里 kũ li
间 tɕiẽ
刻 khə
片 thuə
亩 mu
元 khuɛ

十四　代副介连词

我自己 və kuə zə̃
您几位 ni mu tɕi kiɛ
哪 a li
某人 ji kiɛ zə̃

某个东西ji kiɛ tũ ɕi
任何人zə̃ xuə zə̃
任何时候zə̃ xuə ʂʅ tɕiɛ̃
任何地方zə̃ xuə tɕi fɑ̃
什么样的amu tɕi kiɛ jɑ̃ tsɿ
这些tʂʅ ɕiɛ
那些nə ɕiɛ
怎么做amu tʂə tsu li
这样做tʂũ tʂə tsu
那样做nũ tʂə tsu
那么多nũ mə tuə
十分thɛ piɛ
根本kə̃ pə̃
已经ji tɕĩ
差一点ɕi xu xu
绝对tɕyɛ tuɪ
甚fe tʂhɑ̃
几乎tʂha pu tuə
必须pi ɕy
　a mu ʂa mu
到底tɔ tɕi
当然tɑ̃ zɛ̃
比较pi tɕiɔ
间接tɕiɛ̃ tɕiɛ
突然thu zɛ̃
随意suɪ ji
霎时mə̃ sa li
　ji kə mə tʂʅ tɔ ʂʅ
不知不觉地pu tʂʅ pu tɕyɛ tɕi
马上tɛ kuə
尽量tɕĩ liɑ̃
通常su tʂhɑ̃
　tʂhɑ̃

稍微ʂɔ vɛ
偶尔jəu tɕi tɕhiɛ̃ tsɿ
有时jəu tɕi tɕhiɛ̃ tsɿ
　jəu ʂʅ
能tʂhə̃
其实ʂʅ tɕi ʂɑ̃
确实tɕhyɛ ʂʅ
相当ɕiɑ̃ tɑ̃
慢慢地mɛ̃ mɛ̃ tɕi
逐渐ɕyɛ̃ ɕyɛ̃
勉强miɛ̃ tɕhiɑ̃
完全vɛ̃t ɕhyɛ̃
恰好tɕiɑ̃ xɔ
千万tɕhiɛ̃ vɛ̃
一定ji tɕĩ
亲自kuə tɕia nɛ
直接tʂʅ tɕiɛ
终于tʂũ jy
首先ʂəu ɕiɛ̃
最近tsuɪ tɕĩ
一向ji ɕiɑ̃
丝毫地sɿ xɔ tɕi
一直ji tʂʅ
向来tʂhɑ̃
幸亏ɕĩ khuɪ
根据kə̃ tɕy
　nɛ̃ tʂɔ
或者xuɪ tʂə
　xuə tʂə
但是khɛ ʂʅ
　tɛ̃ ʂʅ
　pu kuə
否则jɔ pu zɛ̃

tɛ̃ pu ʂʅ

假如 tɕia ʐu

原先 jyɛ̃ ɕiɛ̃

起初 khɛ thəu

tɕhi tʂhu

其次 tɕhi tshʅ

经过 tɕĩ kuə

即 tɕiəu ʂʅ

关于 kuɛ̃ jy

同样 thũ jɑ̃

ji jɑ̃

因为 jĩ ve

为了 ve liɔ

虽然 suɪ ʐɛ̃

第三节

其他词

一　天文地理

东风 tũ fə̃

天灾 tɕhiɛ̃ tsɛ

阴天 tɕhiɛ̃ jĩ tʂɛ

　jĩ tɕhiɛ̃

气候 tɕhi xəu

吸铁石 ɕi tɕhiɛ ʂʅ

尘土 thu

　xuɪ

瓷 tshʅ

磁石 ɕi tɕhiɛ

火焰 xuə jɛ̃

露水 lu ʂuɪ

岸 nɛ̃

平原 phĩ jyɛ̃

泉 tɕhyɛ̃

草丛 tshɔ tshũ

裂缝 fə̃ fə̃

深渊 ʂə̃ kəu kəu

洲 tʂəu

二　时间方位

春 tʂhũ

黄昏 pã vɛ̃ ʂã

昨晚 tsuə vɛ̃ ʂã

夜里 vɛ̃ ʂã

今晚 tɕĩ vɛ̃ ʂã

　tɕĩ vɛ ɕi

明晚 mĩ vɛ̃ ʂã

初二 tʂhu ɛ

初一 tʂhu ji

旧历十月 jĩ li tɕi ʂʅ jyɛ

主麻星期五礼拜 tʂu ma

东方 tũ fã

西方 ɕi fã

南方 nɛ̃ fɑ̃

里边 li miɛ̃

li thəu

外边 vɛ thəu

vɛ miɛ̃

底下 tɕi xa

右 jəu

北部 pe pɛ̃ kiɛ

北方 pe fɑ̃

这 tʂʅ

这边 tʂə mɛ̃

山脚 ʂɛ̃ kɔ̃

山坡 ʂɛ̃ phə phə

山下 ʂɛ̃ tɕi xa

半山腰 pɛ̃ ʂɛ̃ jɔ

三　植物

梧桐树 vu thũ ʂu

桑树 sɑ̃ ʂu

菊花 tɕy xua

桂花 kuɪ xua

青草 nũ tshɔ

松香 sũ ɕiɑ̃

樟脑 tʂhəu tɛ̃

汁液 thɑ̃ thɑ̃

人参 zə̃ ʂə̃

扁豆 tɔ təu

麦子 mɛ tsʅ

小米 ɕiɔ mi

茎 jɑ̃ jɑ̃

尖梢 tɕiɛ̃ tɕiɛ̃

ʂɔ ʂɔ

秧 jɑ̃ tsʅ

jɑ̃ jɑ̃

瓜秧 kua jɑ̃ jɑ̃

四　动物

狮子 ʂʅ tsʅ

豹子 pɔ tsʅ

猩猩 ɕĩ ɕĩ

骡子 luə tsʅ

哈巴狗 xa pa kəu

乌龟 vu kuɪ

蜗牛 və niəu

松鼠 sũ ʂu

毛虫 mɔ mɔ tʂhũ

蚜虫 ja tʂhũ

蝌蚪 xɛ ma ku tu

蛔虫 xuɪ tʂhũ

孔雀 khũ tɕhyɛ

黄鹂 xuɑ̃ li

野鸭 jɛ ja tsʅ

鸭子 ja tsʅ

鹦鹉 jĩ vu

燕子 jɛ̃ tsʅ

羽毛 mɔ

蝎子 ɕiɛ tsʅ

野生的 jɛ

吠 xəu

粪 fə̃

凫水 fu ʂuɪ

冬眠 tũ miɛ̃

母 mu

公 kũ

肢牲畜 tɕhi ka la
驮 thuə
生虱子 ʂɔ̃ ʂə tsɿ
死畜 sɿ jɑ̃ sɿ niəu
马蜂窝 xuɑ̃ ta tsɿ tɕi vuə
象 ɕiɑ̃
长毛马尾的 ma tɕi jɛ pha ʂɑ̃ tɕi tʂhɑ̃ mɔ
短尾 jɛ pha tuɛ̃
牛鼻环 niəu pi xuɛ̃
　niəu pi tsuɛ̃
牛角 niəu kuə tʂha
牛圈 niəu tɕyɛ̃
牛皮 niəu phit sɿ
牛肉 niəu zʅəu
牛蹄 niəu tʂua tʂua
黄牛 xuɑ̃ niəu
骟羊 ʂɛ̃ jɑ̃
羊粪 jɑ̃ fɔ̃ tɛ̃
羊肉 jɑ̃ zʅəu
羊虱子 jɑ̃ ʂɔ̃ ʂɑ̃ tɕi ʂə tsɿ
老羊皮 lɔ jɑ̃ phi
摇尾 jɛ pha jɔ
猎狗 liɛ kəu
狗崽 ka kəu va
大牲畜 ta tʂhu ʂɔ̃
小牲畜 ka tʂhu ʂɔ̃
小鸡 ka tɕi va
鸡爪子 tɕi tʂua tʂua
反刍倒嚼 tɔ mɔ

五　房舍器具

建筑物 tɕiɛ̃ tʂu vu
窑洞 jɔ tũ
房顶 fɑ̃ ʂɑ̃
楼 ləu
门 mɔ̃
棚 phɔ̃ phɔ̃
亭子 tɕhĩ tsɿ
篱笆 li pa
院 jyɛ̃
　jyɛ̃ tsɿ
菜园子 tshɛ jyɛ̃ jyɛ̃
窖 tɕiɔ
槽子 tshɔ tshɔ
池子 tʂhʅ tsɿ
沟渠 tɕia tɕhy
　tɕhy tɕhy
墩子 tũ tũ
旅店 ly tɕiɛ̃
街 kiɛ
　kɛ
巷 xɑ̃ xɑ̃
　xɑ̃ tɔ
大炮 ta phɔ
刀把儿 tɔ pa tsɿ
刀子 tɔ tsɿ
带儿 tɛ tɛ
匣子 ɕia ɕia
罩子 tʂɔ tʂɔ
背篼 pe təu
把手 pa ʂəu
蒸笼 lũ tʂhuɑ̃
酒壶 sa xu
木槌 mu thəu tʂhuɪ tʂhuɪ

木板 mu thəu pɛ̃ pɛ̃
切菜板 tɕhiɛ tshɛ pɛ̃ pɛ̃
奶瓶 nɛ phĩ
卡子 tɕhia tsɿ
矛 mɔ
抹布 ma pu
酒杯 tɕiəu pe tsɿ
筐 khuɑ̃ khuɑ̃
框子 khuɑ̃ khuɑ̃
捆绳 khũ ʂɔ̃ ʂɔ̃
扶手 fu ʂəu
架子 tɕia tsɿ
火盆 xuə phɔ̃
垫子 tɕiɛ̃ tsɿ
弓箭 kɔ̃ tɕiɛ̃
甲 tɕia
  khuɯ tɕia
水桶 thũ tsɿ
吸器 ɕi tɕi tɕia ʂʅ
洗锅刷 ɕi kuə ʂua ʂua
钻子 tsuɛ̃
手巾 ʂəu tɕĩ
轮船 lũ tʂhuɛ̃
轿子 tɕiɔ tsɿ
毯子 thɛ̃ tsɿ
鸟笼 tɕhiɔ lũ lũ
荷包 xə phɔ
链子 liɛ̃ tsɿ
  liɛ̃ liɛ̃
哨子 ʂɔ tsɿ
牌 phɛ
旗 tɕhi
台子 thɛ thɛ
  thɛ tsɿ
陀螺 puə tuə
网子 vɑ̃ tsɿ
  vɑ̃ vɑ̃
望远镜 vɑ̃ jyɛ̃ tɕĩ
轱辘 ku lu
钟 tʂũ
鞍子 nɛ̃ tsɿ
刨子 phɔ tʂhu
篦子 pi tsɿ

六　服饰饮食

花边 xua piɛ̃ piɛ̃
  xua piɛ̃ tsɿ
花色 xua ʂə
花纹 xua
  xua vɔ̃
花样 xua jɑ̃
长衫 tʂũ pɛ
单衣 tɛ̃ ji ʂɑ̃
扣眼儿 khəu tsɿ niɛ̃ niɛ̃
靴子 ɕyɛ tsɿ
发辫 piɛ̃ tsɿ
发簪 tsɛ̃ tsɿ
瓜皮帽 kua phi mɔ tsɿ
袈裟 tɕia ʂa
马褂 ma kua
帽顶子 mɔ tsɿ tɕĩ tɕĩ
短皮夹克 phi tɕia khə
  tuɛ̃ tɕi phi vɛ thɔ
皮带 phi tɛ

皮皮革phi

phi tsɿ

棉衣miɛ̃ ji

呢绒ni zʉ̃

呢子ni tsɿ

佩带tɛ

套衣vɛ thɔ

鞋带xɛ tɛ

衣袋ji ʂɑ̃ tʂhəu tʂhəu

眼镜niɛ̃ tɕĩ tsɿ

饼pĩ tsɿ

爆米花piɛ xua

果子kuə tsɿ

红茶xũ tʂha

红糖xi thɑ̃

茴香xuɪ ɕiɑ̃

胡椒xu tɕiɔ

花椒xua tɕiɔ

八角pa tɕiɔ

花生油xua ʂɔ̃ jəu

挂面kuɛ miɛ̃

杏仁xɔ̃ xu xu

燕麦jɛ̃ mɛ

烟叶jɛ̃ jɛ tsɿ

咸味xɛ̃ ve

食品tʂhʅ tɕi

瘦肉ʂəu zəu

焦煳味 tɕiɔ xa tɕi ve tɔ

猪肉ta zəu

淀粉fɔ̃ miɛ̃ tsɿ

豆芽菜təu ja tshɛ

食物tʂhʅ tɕi vu tɕiɛ̃

tʂhʅ tɕi tũ ɕi

锅巴kua kua

饥饿nuə

糕kɔ tɕiɛ̃

蛋壳tɛ̃ phi tsɿ

冬瓜tũ kua

饭fɛ̃

肥肉fe zəu

粉条fɔ̃ tɕhiɔ tsɿ

锅烟子kuə mi

腥味ʂɛ̃ və

膻腥的ʂɛ̃ ɕĩ ɕĩ tɕi

午饭tʂũ vu fɛ̃

晚饭xi fɛ̃

早饭tsɔ fɛ̃

汤thɑ̃

奶汁nɛ tsɿ

牛奶niəu nɛ

糯米nuə mi

麦麸mɛ fu

酵面面肥tɕiɔ miɛ̃

酵头tɕiɔ thu

和面xuə miɛ̃

七　身体医疗

脖颈子pɛ̃ tɕĩ

脚印tɕyɛ jĩ

腮角tsuɪ kuə kuə

嘴子tsuɪ tsuɪ

大腿ta thuɪ

苦胆khu tɛ̃

大龅牙ja tʂhʅ tʂhɔ tʂɛ

小腿ɕiɔ thuɪ

小腿骨ɕiɔ thuɪ ku thəu

小指ka mu tɕiəu tɕiəu

心窝胸口ɕĩ və

腋窝kə tʂə va

脑髓nɔ suɪ

脑子nɔ tsɿ

脑骨缝nɔ tsɿ tɕi ku thəu fɑ̃ fɑ̃

胯骨khua ku

颈pɛ̃ tɕĩ

脚汗tɕyɛ xɛ̃

脚后跟tɕyɛ xəu kɔ̃

tɕyɛ pa ku

脚印tɕyɛ jĩ

脚掌tɕyɛ tʂɑ̃

脚趾头tɕyɛ tʂʅ thəu

酒窝儿tɕiəu vuə

食道ʂʅ tɔ

胳膊肘kə pe tʂəu tsɿ

tʂəu tsɿ

皱纹tʂhu tʂhu

驼背kũ pe

thuə pe

耳屎ɛ ʂʅ

头垢thəu ʂɑ̃ tɕi kəu tɕia

头皮屑thəu phi ɕyɛ

秃头thu thəu

汗毛xɛ̃ mɔ

喉xəu

瘊子xəu tsɿ

眼光niɛ̃ kuɑ̃

裸体的thuə kuɑ̃ tɕi

脐带tɕhi tɛ

前额mi liɛ̃

pɑ̃ ləu

皮肤phi fu

雀斑pɛ̃

脸蛋niɛ̃ tɛ̃

麻子ma tsɿ

药jyɛ

药引子jyɛ jĩ tsɿ

疮tʂhuɑ̃

毒药tu jyɛ

变坏piɛ̃ xuɛ

血块ɕyɛ ke ta

小儿病va va tɕi pĩ

伤风fɑ̃ ta xa liɔ

伤痕pa tsɿ

ʂɑ̃ pa

疲乏fa

毛病mɔ pĩ

精神病ʂɑ̃ tɕĩ pĩ

矫正kɛ tʂə kuə lɛ

改过kɛ kuə

膏药kɔ jyɛ

魔jɛ̃

眼眵niɛ̃ tɕiɔ ʂʅ

害病pĩ xa liɔ

麻黄ma xuɑ̃

八　婚丧信仰

喜ɕi

爱情nɛ

nɛ tshĩ

家 tɕia
家口 tɕia khəu
家属 tɕia li tɕi zə̃
家庭 tɕia tɕhĩ
伊斯兰 jislɛ̃
葬礼 mɛ ji
拱北 kũ pe
算卦 suɛ̃ kua
忌讳 tɕi xuɪ
真主 xu ta
魂 xũ
龙王 lũ vɑ̃
魔怪 jipulisɿ
念经 niɛ̃ tɕĩ
神仙 ʂə̃ ɕiɛ̃
仙女 ɕiɛ̃ ny
庙 miɔ
寺 sɿ

九 人品称谓

大人 ta zə̃
老年人 lɔ zə̃
老奶奶 lɔ nɛ nɛ
爱人 tɕia li tɕi
熟人 ʂu zə̃
老糊涂 lɔ xu thu
两口子 liɑ̃ khəu tsɿ
老婆 ɕi fu
大儿子 ta va va
兄弟 tɕi ɕỹ
姐妹 tɕiɛ me
小老婆 ka nɛ nɛ
小姑子 ɕiɔ ku tsɿ
小女儿 ka ni xa
少女；女孩儿 ni xa
宝贝 pɔ pe
义父 ata
堂弟 thɑ̃ ɕỹ tɕi
堂哥 thɑ̃ a ka
堂姐 thɑ̃ a tɕiɛ
堂妹 thɑ̃ me tsɿ
孙子 sũ tsɿ
儿童 va va
双生子 ʂuɑ̃ kuə
曾孙 tʂhũ sũ
tsə̃ sũ
曾祖父 athɛ
侄女 tʂʅ ny
养女 pɔ xa tɕi ni xa
养子 pɔ xa tɕi va va
阿訇 axũ
多斯达尼教友 tuəstani
主持 tʂu tʂhʅ
主管人 tʂɑ̃ kuɪ tɕi
证明人 tʂə̃ zə̃
遗腹子 və liɛ tʂhə̃
祖先 tsu ɕiɛ̃
ɕiɛ̃ zə̃
匠人 tɕiɑ̃ zə̃
能人 nə̃ kɛ̃ tɕi zə̃
泥瓦匠 va kũ
维吾尔 və vu ɛ
守卫者 tʂɛ̃ kɑ̃ tɕi
首长 ʂəu tʂɑ̃

算命先生 niẽ tɕiẽ kuɪ

剃头匠 tɕhi thəu tɕi

传递员 tʂhuẽ tɕi jyẽ

铁匠 tɕhiɛ tɕiɑ̃

头头儿 thəu thəu

老师 lɔ ʂʅ

乡亲 ɕiɑ̃ tɕhĩ

满拉寺院学生 mẽ la

坏人 xuɛ zə̃

教员 tɕiɔ jyẽ

汉民 nɑ̃ ka

xẽ mĩ

管家 kuẽ tɕia

地主 tɕi tʂu

财主 tshɛ tʂu

狗腿子 kəu thuɪ tsɿ

长官 tʂɑ̃ kuẽ

外国人 vɛ kuə zə̃

随员 suɪ jyẽ

石匠 ʂʅ tɕiɑ̃

同伴 tʂẽ liẽ

仆从 phu tshũ

渔夫 ta jy tɕi

兵 pĩ

大臣 ta tʂhə̃

臣相 tʂhə̃ ɕiɑ̃

大力士 ta li ʂʅ

勇士 jỹ ʂʅ

十 农工商文

割 kuə

利 li

发财 fa tshɛ

发达 fa ma

公费 kə̃ fe

利益 li

li ji

炼油 niẽ jəu

买卖 mɛ mɛ

损失 khuɪ

sũ ʂʅ

集团 tɕi thuẽ

行情 xɑ̃ tɕhĩ

技术 tɕi ʂu

值 tʂʅ

机会 tɕi xuɪ

筵席 jẽ ɕi

账 tʂɑ̃

板子 pẽ tsɿ

本 pə̃

部落 pu luə

部长 pu tʂɑ̃

部族 pu tsu

把戏 pa ɕi

pha ɕi

表格 piɔ

布告 pu kɔ

长城 tʂhɑ̃ tʂhə̃

程度 tʂhə̃ tu

成分 tʂhə̃ fə̃

城市 tʂhə̃

乡村 ɕiɑ̃ li

tshũ li

城镇 tʂhə̃ tʂə̃

成功tʂhə̃ kũ
成就tʂhə̃ tɕiəu
传说tʂhuɛ̃ ʂuə
词tshɿ
错误tshuə
　tshuə vu
党tɑ̃
道理tɔ li
等级tə̃ tsɿ
法fa
粉丝fə̃ sɿ
把柄pa tsɿ
方法fɑ̃ fa
办法pɛ̃ fa
本领pə̃ ʂʅ
毛病mɔ pĩ
部分ɕiɛ
差别tʂha piɛ
差距tʂha tɕy
朝廷tʂhɔ tɕhĩ
丑事tʂhəu ʂʅ
封建fə̃ tɕiɛ̃
　lɔ ku ʂʅ
干部kɛ̃ pu
岗位kɑ̃ ve
工资kũ tsɿ
官kuɛ̃
布告pu kɔ
基础tɕi tsɿ
奖品tɕiɑ̃ phĩ
讲台tɕiɑ̃ thɛ
课程khuə tʂhə̃
处tʂhu
局tɕy
所ʂuə
阶级tɕiɛ tɕi
精神tɕĩ ʂə̃
民主mĩ tʂu
民族mĩ tsu
名望mĩ vɑ̃
权利tɕhyɛ̃ li
东西tũ ɕi
宿舍su ʂə
行政ɕĩ tʂə̃
宪法ɕiɛ̃ fa
心理ɕĩ li
新闻ɕĩ və̃
政府tʂə̃ fu
秩序tʂʅ tu
种类tʂũ luɪ
种族tʂũ tsu
字tsɿ
字母表tsɿ mu piɔ
压迫ja phɛ
座位tsuə ve
小组ɕiɔ tsu
小队ɕiɔ tuɪ
首都ʂəu tu
书ʂu
唢呐suə na
文艺作品və̃ ji tsuə phĩ
问题və̃ tɕhi
题目tɕhi mu
戏ɕi

性情 ɕĩ tɕhĩ

兴致 ɕĩ tʂʅ

修养 ɕiəu jã

历史 li ʂʅ

练习本 liɛ̃ ɕi pə̃

pə̃ tsɿ

琴 tɕhĩ

曲调 tɕhy tɕiɔ

谜语 mi mi

色子 ʂɛ tsɿ

边境 piɛ̃ tɕĩ

边沿 piɛ̃ piɛ̃ li

黄铜 xuã thũ

红铜 xũ thũ

硫黄 liəu xuã

智慧 akɛli

真理 tʂə̃ tɕi

tuɪt ʂɛ

十一　动作行为

被封锁 fə̃ xa ki liɔ

震动 tʂə̃ tũ

震响 tʂə̃ ɕiã

镇压 tʂə̃ ja

做 tsu

跟上 kə̃ ʂã

挡 tã

钻进 tsuɛ̃ tɕĩ

做 tsu

做总结 tsu tsũ tɕiɛ

坐起 tsuə tɕhi lɛ

注意 tʂu ji

战败 ʂu liɔ

战斗 tʂɛ̃ təu

站立 tʂɛ̃ xa

战胜 tʂɛ̃ ʂə̃

张开 tʂã khɛ

张～口 tʂã khəu

战役 tʂɛ̃ ji

增多 tsə̃ tuə

增强 tsə̃ tɕhiã

稠 piɛ̃ tʂhəu

变老 lɔ liɔ

变软 zuɛ̃ liɔ

变歪 vɛ liɔ

担起 tɛ̃ tshi

倒换 tɔ xuɛ̃

倒下 tɔ xa

滴落 tɕiɛ tʂɛ

登记 tə̃ tɕi

等待 tə̃ tʂə

颠 tɕiɛ̃

点 tɕiɛ̃

点着 tɕiɛ̃ tʂuə

当老师 tã lɔ ʂʅ

调查 tɕiɔ tʂha

掉落 tɕiɛ kuə

吊起 tɕiɔ xa

钉 tɕĩ

丢掉 liɔ kuə

动弹 tə̃ thɛ̃

身子抖 ʂə̃ tsɿ təu tʂɛ

毒 tu

冻 tũ

堵 tu

渡过 kuə lɛ liɔ

度命 tu mĩ

端坐 tuɛ̃ tuɛ̃ tɕi tsuə

锻炼 tuɛ̃ liɛ̃

超过 tʂhɔ kuə

躲闪 tuə ʂɛ̃

发干 kɛ̃ liɔ

发给 fa ki

发红 fa xũ

发酵 fa liɔ

懒散地 lɛ̃ sɛ̃ tɕi

偷懒 sa lɛ̃

发麻 ma tʂə

发送 fa sɔ̃

发酸 suɛ̃ liɔ

suɛ̃ xa liɔ

发晕 jỹ tʂɔ̃

犯错 tsu tshuə

纺 fɑ̃

捻 niɛ̃

错 tshuə

过渡 kuə tu

过失 kuə tshuə

和好 xə xɔ

划船 xua tshuɛ̃

画 xua

怀 xuɛ

编号码 piɛ̃ xɔ ma

编顺序 piɛ̃ ʂũ ɕy

闭塞 pi sə

pi sɛ

闭眼 niɛ̃ tɕĩ pi xa

编织 thɔ

剥 pə

插进 tʂha tɕĩ

拆开 tʂhɛ khɛ

打赢 ta jỹ liɔ

打碎 ta suɪ

打通 ta thũ

打仗 ta tʂɑ̃

打中 ta tʂũ

打扮 ta pɛ̃

打滚 ta kũ

扯开 tʂhə khɛ

打 ta

穿 tʂhuɛ̃

捶打 tʂhuɪ

变稠 piɛ̃ tʂhəu

tʂhəu xa liɔ

安装 nɛ̃

tʂuɑ̃

拔掉 pa kuə

爆 piɛ

爆炸 pɔ tʂa

包装 pɔ tʂuɑ̃

包围 pɔ ve

帮忙 pɑ̃ mɑ̃

逼 pi

摆开 pɛ khɛ

pɛ xa

饱 pɔ

规定 kuɪ tɕĩ

kuɪ tĩ

成 tʂhɔ̃
挨 nɛ
跪 khuɪ
演 jɛ̃
演说 jɛ̃ ʂuə
许诺 ɕy nuə
压迫 phe tʂʅ
压制 ja tʂʅ
掩盖 tʂə kɛ
养活 jɑ̃ xuə
请 tɕhĩ
摇摆不定 pɛ pɛ sa sa
摇晃 jɔ xuɑ̃
失效 ʂʅ ɕiɔ
实现 ʂʅ ɕiɛ̃
试验 ʂʅ jɛ̃
使满足 mɛ̃ tsu ki
使熟习 ʂu ɕi ki xa
完成 vɛ̃ liɔ
使暖和 zʂə ki xa
使乱 luɛ̃ xa ki liɔ
合适 xuə ʂʅ
适应 ʂʅ jĩ
收集 ʂəu tʂə ji ta lɛ
守卫 ʂəu ve
受折磨 ʂəu xa phe tʂʅ
扯开 tʂhə khɛ
思索 sʅ mu
哑 ja
死去委婉 vu tʂhɑ̃
受苦 khu a ʂəu tʂə
躺 thɑ̃
逃跑 thɔ phɔ
讨要 jɔ
填 tɕhiɛ̃
挑起 tɕhiɔ tɕhi
抹~桌子 ma
涂抹~油 muə
吐唾沫 thu thuə miɛ
推迟 thuɪ tʂhʅ
后退 vɑ̃ xəu thuɪ
脱离 thuə li
脱落 thuə tʂɛ
luə tʂɛ
围 ve
显现 ɕiɛ̃ tʂə tʂhu lɛ
显老 ɕiɛ̃ lɔ
陷入 ɕiɛ̃ tʂə tɕĩ liɔ
塌 tha
塌下去 tha tʂə xa tʂɛ
卡 kha
限制 ɕiɛ̃ tʂʅ
歪斜 ɕiɛ tʂɛ
vɛ tʂɛ
醒来 ɕĩ lɛ
修饰 ʂʅ tuə
选 ɕyɛ̃
弄出去 tsu tʂə tʂhu tɕhi
弄错 nũ tshuə
弄翻 fɛ̃ kuə ki
混合 xuə ʂɑ̃ liɔ
弄弯 vɛ̃ xa tʂɛ
vɛ̃ xa ki
弄脏 tsɑ̃ xa ki liɔ

拧干 nĩ kɛ̃

呕吐 nəu thu

陪同 phe thũ

飘 phiɔ

飘动 phiɔ tʂɛ

碰上 phə̃ ʂɑ̃

保卫 pɔ ve

掺和 tʂhɛ̃ xuə

还 xuɛ̃

尝味 ʂɑ̃ ve tɔ

抄近路 ta tɕiɛ lu

乘坐~车 tsuə

成长 tʂhə̃ tʂɑ̃

迟到 tʂhʅ tɔ

tʂhʅ xa

澄 tə̃

tə̃ xa

出身 tʂhu ʂə̃

出天花 tʂhu xua

变化 piɛ̃ xa tʂɛ

处分 tʂhu fə̃

判刑 phɛ̃

phɛ̃ ɕĩ

穿牛鼻环 tʂhuɛ̃ niəu pi tsuɛ̃

错怪 tshuə kuɛ

分开 fə̃ khɛ

分配 fə̃ ki

fə̃ phe

分散 fə̃ sɛ̃

粉碎 fə̃ suɪ

尘土飞扬 thu mɔ tʂə

thu kɑ̃ tʂə

服水土 suɪ thu fu tʂɛ

干 kɛ̃

干裂 kɛ̃ tʂə tʂa tʂɛ

挂里子 kua li tsɿ

挂面子 kuɛ̃ miɛ̃ tsɿ

关系 kuɛ̃ ɕi

寒战 xɛ̃ tʂɛ̃

用完 jỹ vɛ̃

轰响 xũ ɕiɑ̃

哄 xɔ̃

骗 piɛ̃

呼吸 xu ɕi

恢复 xuɪ fu

xɔ liɔ

挥手 xuɪ ʂəu

回家 tɕia li tshi

回去 xuɪ tshi

会餐 xuɪ tshɛ̃

聚餐 tɕy tshɛ̃

嘲笑 tʂhɔ ɕiɔ

积压 tɕi ja

挤满 tɕi mɛ̃

记 tɕi

快些表示催促 ma li ɕiɛ

khuɛ ɕiɛ

检查 tɕiɛ̃ tʂha

剪短 tɕiɛ̃ tuɛ̃

减少 tɕiɛ̃ ʂɔ

建立 tɕiɛ̃ li

建设 tɕiɛ̃ ʂə

到 tɔ

鼓起 ku tɕhi

tʂa xa ki
付 fu
附带 fu tɛ
赢 jỹ
隐蔽 jĩ pi
隐藏 tɕhiɑ̃ xa
引起 zə tʂə tɕhi lɛ
用尽 jỹ tɕĩ
用劲 tɕĩ jỹ ʂɑ̃
游逛 lɑ̃
jɛ
见面 tɕiɛ̃ liɔ
tɕiɛ̃ miɛ̃
越过 jyɛ kuə
载 la ʂɑ̃
住 tsuə
武装 vu tʂuɑ̃
钻孔 tsuɛ̃ niɛ̃ niɛ̃
粘 tʂɛ̃
贴 tɕhiɛ
照看 tʂɔ khɛ̃
蒙住 mə̃ tʂhu
遭罪 tsɔ tsuɪ
凿透 tʂhuɛ̃ thũ
削 ɕyɛ
割 kuə
煮烂 tʂu miɛ̃
写 ɕiɛ
响 ɕiɑ̃
笑 ɕiɔ
剔牙 tɔ ja tʂhʅ
踢一脚 pə̃ ji tɕyɛ
剃 tɕhi
跳跶 tɕhiɔ thə̃
跳舞 tɕiɔ vu
凸起 thu tɕhi
弯腰 jɔ vɛ̃ xa
瘦 ʂəu
挖 va
掏 thɔ
望见 khɛ̃ tɕiɛ̃ liɔ
嗡嗡响 və̃ və̃ tɕi ɕiɑ̃
算 suɛ̃
扇 ʂɛ̃
送 sũ
发射 fa
伸长 tʂhɑ̃ ki
烧毁 tʂɔ kuə liɔ
生火 tɕia xuə
烧热 tʂuə tʂə zə ki
ta tʂə zə ki
带信 tɛ ɕĩ
审 və̃
审查审核 tʂha
渗 ʂə̃
通过 thũ kuə
通宵 ji vɛ̃ ʂɑ̃
ji vɛ̃ ɕi
生锈 ɕiəu liɔ
ɕiəu xa tʂɛ
剩 ʂə̃ xa tɕi
失掉 ʂʅ tɕiɔ
掸 tɛ̃
捎话 tɛ xua

锁上suə ʂɑ̃
上锁ʂɑ̃ suə tsɿ
上肥料ʂɑ̃ fe liɔ
搔va
塞sɛ
搬pɛ̃
搬迁pɛ̃ kuə liɔ
呛tɕhiɑ̃
抢tɕhiɑ̃
铁锹tɕhiɛ tɕhiɛ̃
泼phuə
洒水sa ʂuɪ
塞进sɛ tɕĩ
融化ɕiɔ
揉zʅəu
搓tshuə
搓洗tshuə tʂə ɕi
揉洗zʅua tʂə ɕi
去tɕhi
闹nɔ
燃tʂuə
染色zʅɛ̃ ʂə
热起来zʅə liɔ
缺少tɕhyɛ
tʂha
缺乏tɕhyɛ
磨坏mə xuɛ
学ɕyɛ tʂə
开刃khɛ zʅə̃
炼liɛ̃
冷却pĩ liɔ
离开tsəu liɔ
偷看thəu thəu tɕi khɛ̃
捆包khũ pɔ
捆上khũ ʂɑ̃
拉紧la tɕĩ
抢tɕhiɑ̃
掠取tshu
看齐khɛ̃ tɕhi
挨nɛ
靠khɔ
落luə
蹲下tɕiəu xa
圈进tɕyɛ̃ xa
锯断tɕy tuɛ̃
一进来ji ta lɛ
结算tɕiɛ suɛ̃
解冻融化ɕiɔ liɔ
封fɔ̃
割断kuə tuɛ̃
焊接xɛ̃ tɕiɛ
裹kuə
锈ɕiəu
学话ɕyɛ xua
塌tha
塌方tha fɑ̃
抬头thəu a thɛ tɕhi
害xɛ
断tuɛ̃ liɔ
衰老lɔ liɔ
虐待tsa ja
发fa
埋葬mɛ tshɑ̃
迈步mɛ phu

枯死 kɛ̃ sɿ
冒烟 mɔ jɛ̃
　kɑ̃ jɛ̃
拉手 la ʂəu
死 sɿ
裂开 liɛ khɛ
听 tɕhĩ
清醒 tɕhĩ ɕĩ
记账 tɕi tʂɑ̃
急跑 tɛ kuə phɔ
结伙 tɕiɛ xuə
进 tɕĩ
惊跳 tɕĩ tʂə tɕhiɔ ki
揪去 pa kuə
揪住 tɕiəu tʂhu
加 tɕia
监察 tɕiɛ̃ tʂha
吃筵席 tʂhʅ jɛ̃ ɕi
角力 tɕyɛ li
卡住 kha tʂhu
开沸 khɛ
开放 khɛ fɑ̃
抹起 ma tɕhi
坏 xuɛ
教 tɕiɔ
垄 lũ
趋向 tɕhy ʂʅ
驱逐 kɛ̃
锁上 suə xa ki liɔ
气 tɕhi
开口 khɛ khəu
　khəu tsɿ khɛ xa

列队 tuɪ phɛ ʂɑ̃
爱 nɛ
冲击 tʂhũ tɕi
重复 tʂhɔ̃ fu
重叠 tʂhũ tɕiɛ
传达 tʂhuɛ̃ ki xa
　tʂhuɛ̃ ta
出发 tsəu
刺痛 tʂha tʂə thɔ̃ xa tʂɛ
打扰 sɔ mɔ
期望 vɑ̃ ɕiɑ̃
慈悯 tshɿ mĩ
　tshɿ mi
巴结 pa tɕiɛ
称心 ɕĩ ʂɑ̃ lɛ liɔ
惊 tɕĩ
感觉 kɛ̃ tɕyɛ
勾搭 kəu ta
勾结 kəu tɕiɛ
赶得上 kɛ̃ tə ʂɑ̃
指导 tɕiɔ tʂɛ
指示 ʂuə xa tɕi
长大 tʂɑ̃ ta
体验 ʂʅ ji kua
形成 ɕĩ tʂhɔ̃
　tʂhɔ̃ liɔ
享受 ɕiɑ̃ ʂəu
犹豫不决 tsuə li jəu li
榨 tʂa
招惹 zə̧ təu
　zə̧ ki
赞许 tʂhɔ̃

遗传 ji tʂhuɛ̃

不相信 pu ɕiɑ̃ ɕĩ

托靠 thuə khɔ

消化 ɕiɔ xua

象征 ɕiɑ̃ tʂə̃

享受 ɕiɑ̃ ʂəu

享福 ɕiɑ̃ fu

厌恶 jɛ̃ vɯ

嫌 ɕiɛ̃

喜悦 ɕi jyɛ

赖 lɛ

怪 kuɛ

克服 khə fu

满足 ɕĩ mɛ̃

好转 xɔ liɔ

接受 jɔ xa

结束罢了 pa liɔ

解决 tsu xɔ

进展 tɕĩ tʂɛ̃

不要表示禁止 pɔ

具备 tɕy pe

决定 tɕĩ xa

开始 khɛ ʂʅ

命令 mĩ lĩ

流浪 liəu lɑ̃

判处 phɛ̃

抛弃 liɔ kuə

煽动 ʂɛ̃ tũ

亲 tɕhĩ

容纳 zɔ̃ na

包括 pɔ khuə

派遣 phɛ tʂə tʂhu tɕhi

请客 tɕhĩ khə

恼恨 tʂɑ̃ tɕhi

内讧 tɔ tɔ tsɿ

疏忽 ʂu xu

失算 ʂʅ suɛ̃

衰弱 zɑ̃

努力 nu li

糊涂 xu tu

上年纪 ʂɑ̃ niɛ tɕi

稍等 ʂɔ tə̃

等一下 tə̃ ji xa

能够 nə̃ kəu

利用 li jỹ

问 və̃

打听 ta və̃

ta tɕhĩ

预言 ɕiɑ̃ tɔ tʂɛ

jy jɛ̃

夸 khua

说好话 ʂuə xɔ xua

mɛ tʂa tsɿ

咒骂 ma

ma tʂɛ

诅咒 tʂəu tʂɛ

诱哄 jəu xũ

告状 kɔ

批评 ma

巧言伶语 nə̃ ʂuə xuɪ tɔ

请教 və̃ ji xa

说 ʂuə

ɕyɛ̃

提出 tɕhi tʂhu

唉哟 ɛ

哎哟哟 ɛ jəu a ja

呦嗬叹息声 ɛ jəu

不客气 pɔ khə tshi

出声 ʂɔ̃ jĩ tʂhu lɛ

闲话 ɕiɛ̃ xua

坏话 xuɛ xua

喊叫吼 xəu

喊一声 xəu ji ʂɔ̃

嚎 xəu

讲 tɕiɑ̃

讲话 tɕiɑ̃ xua

结巴 tɕiɛ pa

结结巴巴 tɕiɛ tɕiɛ pa pa

谎言 xuɑ̃

唠唠叨叨 lɔ lɔ tɔ tɔ

说悄悄话 ʂuə tɕhiɔ tɕhiɔ xua

说教 ʂuə tɕiɔ

没有真凭实据的 xu luɛ̃ ʂuə xa tɕi

色俩目你好 sə lia mu

十二　性质状态

凹的 tha tʂə xa tʂɛ

灰色的 xuɪ ʂə tɕi

　xuɪ tɕi

苍白的 pɛ kua kua tɕi

　pɛ sɿ la kua tɕi

鲜红的 xũ tɕiəu tɕiəu tɕi

红 xũ

粗的 tshu

幼小的 ka ka tɕi

岁数大的 suɪ ʂu ta tɕi

黑乎乎的 xi vu vu tɕi

花的 xua tɕi

横的 xuɛ pa la tɕi

醉 tsuɪ

醉的 tsuɪ xa tʂɛ

残废的 tshɛ̃ fe tɕi

不好看的 pu tɕỹ tɕi

不干净 pu kɛ̃ tɕĩ

不灵 pu lĩ

不完全 muə tʂhyɛ̃

不稳 pu vɔ̃

不够 pu kəu

纯 tʂhũ tʂhũ tɕi

光副词 kuɑ̃

只副词 tsɿ

粗的 tshu tɕi

粗糙的 tshu tshɔ tɕi

稠的 tʂhəu tɕi

直直的 tʂʅ tʂʅ tɕi

直立 tʂʅ tʂʅ tɕi li xa

赤裸的 tɕĩ tɕĩ phi niɛ̃ tɕi

宽裕 khuɛ̃ tʂɛ̃

敌对的 kuə pu tshʅ tɕi

敞开的 ta ta tɕi khɛ xa

潮湿的 tʂhɔ tɕi

好吃的 xɔ tʂhʅ tɕi

好吵架的 nɛ ma tsɑ̃ tɕi

　ma tʂə tɛ tɕi xɔ̃

爱打扮的 nɛ ta pɛ̃ tɕi

　jɔ tɕĩ tɕi

好害羞的 ɕiəu ta tɕi xɔ̃

爱说闲话的 nɛ ʂuə ɕiɛ̃ xua tɕi

好咬的xɔ niɔ tɕi
贱的tɕiɛ̃ tɕi
健壮的tʂɑ̃ tɕi tʂuɑ̃
身体好ʂə̃ tɕhi xɔ
简单tɕiɛ̃ tɛ̃
尖的tɕiɛ̃ tɕiɛ̃ tɕi
昏暗的xũ nɛ̃ tɕi
昏昏沉沉的xũ xũ tʂhə̃ tʂhə̃ tɕi
混乱luɛ̃
混淆xũ ɕiɔ
静静的tɕĩ tɕĩ tɕi
急tɕi
急忙tɕi tɕi xə̃
整个tʂə̃ kiɛ
真正的tʂə̃ tʂə̃ tɕi
专门的tʂuɛ̃ mə̃ tɕi
阴森森的jĩ ʂə̃ ʂə̃ tɕi
斜的ɕiɛ tɕi
斜眼的ɕiɛ pa tʂhəu
无精打采tɕĩ ʂə̃ mə jəu
名气大的mĩ tɕhi ta tɕi
稀少ɕi tɕi xə̃
熟练ʂu liɛ̃
均等ji jɑ̃ tʂɛ
细小ka
狭窄的tʂə tɕi
没意思mə ji sɿ
没意义mə ji ji
特别的pa ve tɕi
统一的ji jɑ̃ tɕi
麻利的；能干的kɛ̃ sɛ̃ tɕi
厉害的fa ma tɕi
徒步tsəu tʂɛ
弱小的ka
  zɑ̃
锋利li tɕi xə̃
灵活lĩ xuə
果断kuə tuɛ̃
亲的tɕhĩ tɕi
贫穷tɕhỹ
平安phĩ nɛ̃
平常phĩ tʂhɑ̃
安静nɛ̃ tɕĩ
破烂və suə
迫切的phə tɕhiɛ tɕi
普遍phu piɛ̃
奇怪kuɛ
  pa ve
奇妙kuɛ
蓬乱luɛ̃
蓬松sũ
坚固tɕiɛ̃ ku
饱胀的ʂɿ thə̃ thə̃ tɕi
经济的tɕĩ tɕi tɕi
做工精细的kə̃ ɕi tɕi
凉快的liɑ̃ khuɛ tɕi
  liɑ̃ liɑ̃ tɕi
宽敞khuɛ̃ tʂɛ̃ tʂɛ
宽敞的khuɛ̃ tʂɛ̃ tɕi
潦草liɔ tshɔ
劣tʂha tɕi
厉害的li xɛ tɕi
狠的xə̃ tɕi
力气大的li tɕhi ta tɕi

慢慢地 mɛ̃ mɛ̃ tɕi
简单 tɕiɛ̃ tɛ̃
钝的 lɔ tɕi
钝 lɔ tʂɛ
繁荣 fɛ̃ zə̃
烦躁 mu nɑ̃
独自的 kuə zə̃ nə
ji kə zə̃ nə
方便 fɑ̃ piɛ̃
封闭的 fə̃ pi tɕi
充足的 khuɛ̃ tʂɛ̃ tɕi
各种各样的 va ki
va kha
公开 kũ khɛ xa tʂɛ
公开的 kũ khɛ tɕi
富裕的 fu jy tɕi
肥胖的 phɑ̃ tũ tũ tɕi
慌张 xuɑ̃ tʂɑ̃
火热 zə tʂə kua
困难 khũ nɛ̃
怪诞 kuɛ
麻烦 ma fɛ̃
显 ɕiɛ̃
明显 mĩ ɕiɛ̃
双的 ʂuɑ̃ tɕi
痛 thə̃
外国的 vɛ kuə tɕi
弯曲的 vɛ̃ xa tɕi
危险 ve ɕiɛ̃
无条件的 tɕhiɔ tɕiɛ̃ mə jəu tɕi
一样 ji jɑ̃
有福气 jəu fu tɕhi
严肃 jɛ̃ su
严 jɛ̃
神圣 ʂə̃ ʂə̃
太平 thɛ phĩ
艰难 tɕiɛ̃ nɛ̃
贪心的 thɛ̃ ɕĩ tɕi
心细的 ɕĩ ɕi tɕi
淘气 thɔ tɕhi
软弱 zɑ̃ tʂə
麻利的 ma li tɕi
可爱 ɕĩ thə̃ tɕi xə̃
懒惰的 lɛ̃ tɕi
腼腆 miɛ̃ tɕhiɛ̃
嫉妒 tɕi tu
娇惯 kuɛ̃ xa
惯 kuɛ̃
奸 tɕiɛ̃
冒失 mɔ ʂʅ
俊 tɕỹ
狡诈 tɕiɔ tʂa
奸诈 tɕiɛ̃
愚蠢 kua
不正当的 pu tʂə̃ tɑ̃ vɛ tɕi
邪的 ɕiɛ tɕi
不正经的 pu tʂə̃ tɕĩ tɕi
粗鲁的 tshu lu tɕi
霸道的 vɛ
pa tɔ tsʅ
骄傲 tɕiɔ ɔ
妄自尊大 vɑ̃ tsʅ zũ ta
装模作样 tʂuɑ̃ muə tsuə jɑ̃
霸道的 pa tɔ tɕi

狠的xə̃ tɕi

下流的ɕia liəu tɕi

十三　数量

十一ʂʅ ji

十二ʂʅ ɛ

十三ʂʅ sɛ̃

十四ʂʅ sɿ

十五ʂʅ vu

十六ʂʅ liəu

十七ʂʅ tɕhi

十八ʂʅ pa

十九ʂʅ tɕiəu

二十一ɛ ʂʅ ji

一百零一ji pɛ lĩ ji

十万ʂʅ vɛ̃

八亿pa ji

倍pe

幅fu

一包东西ji pɔ tũ ɕi

一尺ji tʂhʅ

一滴油ji tɕiɛ̃ jəu

一点钟ji tɕiɛ̃ tʂũ

一堆粪ji tuɪ fə̃

一分ji fə̃

一毛ji mɔ

一斤半ji tɕĩ pɛ̃

一瓶油ji phĩ phĩ jəu

一齐ji ta

一首歌ji ʂəu kə

一天ji tɕhiɛ̃

半个pɛ̃ kiɛ

一串ji tʂhua la

一寸ji tshũ

一担行李ji tɛ̃ ɕĩ li

一段路ji tuɛ̃ tuɛ̃ lu

一对tuɪ tuɪ

一句话ji tɕy xua

一夜ji jɛ

一丈ji tʂɑ̃

一座桥ji kə tɕhiɔ

一桶水ji thũ tsɿ ʂuɪ

一碗饭ji vɛ̃ fɛ̃

一撮ji tsuə

ji tsuə tsuə

半个pɛ̃ kie

半斤pɛ̃ tɕĩ

十四　代副介连词

别的piɛ tɕi

这么多tʂũ mu tuə

这样的tʂũ ʂʅ

tʂũ tɕi kiɛ

怎样的a mu tɕi kə

我俩və mə̃ liɑ̃ kiɛ

我们的və mə tɕi

别的piɛ tɕi

所有的ji kua

mɛ̃ kua

一些ji ɕiɛ

有些jəu ɕiɛ

那nə

那边nə mɛ̃

如此tʂũ ʂʅ

暗地里 nɛ̃ tɕi li
不幸 vu pa li
不要 pɔ
本来 pɔ̃ lɛ
大概 ta kɛ
大约 ta kɛ
一下子 ji kua
一同 ji ta
一度 ji tu
按次序 nɛ̃ tshʅ ɕy
一切 ji kua
主要 tʂu jɔ
往往 vɑ̃ vɑ̃
好像 xɔ ɕiɑ̃
顺便 ʂũ piɛ̃
忽然 ji kə mə tʂʅ tɔ ʂʅ
极端过分 sʅ pa la

pa ve
很 xɔ̃
一般 ji pɛ̃
刚才 tɕiɑ̃
tɕiɑ̃ kiɛ
从中 pɛ̃ tʂũ jɔ li ɕiɛ
越 jyɛ
一会儿 ji xuɪ xuɪ
顺 ʂũ
顺下面 ʂũ tʂə xa thəu
说不上 ʂuə pu ʂɑ̃
万一 vɛ̃ ji
另外 lĩ vɛ
比 pi
为 ve
或 xuə

第五章 语法

第一节

词 类

在这一节，我们将分别介绍九个词类：名词、代词、数词、量词、动词（含助动词）、形容词、副词、连词及语气词。

一　名词

唐汪话的名词和其他方言，尤其是西北方言有很多共同之处。有些名词是回民特有的，有个别名词是从东乡语里借来的。这些我们在第三章已经做过详细介绍，此处重点谈唐汪话的复数标记和格标记。

（一）复数标记

唐汪话的名词和其他汉语方言一样，没有“性”的标记，但有“数”的标记。复数标记常念成“木”，可以标记有生命的名词，也可以标记无生命的名词。请先看有生命名词的复数表达：

娃娃木（孩子们）　　　　牛羊木（牛羊们）

在上面的例子里，“娃娃”“牛羊”都表达有生命的名词，这点与普通话不同。普通话里的“们”只能用在表人类生命的名词后面，但唐汪话和河州一带的语言一致，可以用在表达动物的名词后面。例如，临夏方言的“鸡们”（兰州大学中文系 1996）“马们”“狗们”（谢晓安等 1996）、青海方言的“鸟们”“鱼们”（李克郁 1987）。

唐汪话里无生命的名词也可以用复数标记，例如“庄稼木”“树棵木”“凳子木”等。这点和甘肃、青海一带的用法一致，比如“花儿们”“疙瘩们”（扎西东珠、马岱川 1994）、“黄瓜们”（任碧生 2004）等。

“木/们”可以加在无生命的名词后面，也可以放在专有名词的后面，还可以用在表达单数的名词后面。这表明，“们”有时并不是单纯的复数标记。唐汪话里的疑问代词也可以有复数标记。例如：

ni akiɛ ma tɕʰĩ xa liɔ?

你 哪个PL＋ACC 请 下 PRF

你都请了谁？[①]

这里的ma是复数“木”和宾格标记“哈”的合音词。显而易见，普通话表达的是复数概念，但普通话不能用“谁们”表达复数，而是靠上下文来指明这个概念。唐汪话却能把复数标记置于疑问词后[②]。普通话不能说“人家们”。普通话在说“人家”时，既可表达单数也可以表达复数概念。唐汪话则可以直接在“人家”后面加上复数标记。请看下面的例了：

aʂɛ̃ kuəzə̃ ɕyɛɕi xɔ tɕi bu ʂuə xɛ̃ zə̃tɕia ma tɕʰikũ liɔ

阿山 个人 学习 好 GEN 不 说 还 人家 PL＋ACC 提供 PRF

ɕytuə tɕi pãtʂu.

许多 GEN 帮助

阿山不仅自己学习好，还为他人提供了许多的帮助。（汪文虎2016）

唐汪话的工具格la在指人的场合时，有的唐汪人说成lia（俩），la和lia是一种变体关系。在指称人的名词后面的“俩”仍应看作工具格，而不是双数标记。

（二）格标记

在蒙古语族的语言里，格范畴的基本框架相当一致，唐汪话及河州一带基本采用了格标记的方式，尽管这一带的语言格标记的用词有所不同（很可能有不同的来源），但框架是趋同的（Xu 2015）。在唐汪话里，工具格和从-比格是必需的，宾格标记在语序是OV（宾动）时才出现。如果是VO语序，宾格标记不能出现。宾格标记有时是xa（哈），但常以变体形式出现，即-a、-e、-ə等，以至于母语不是唐汪话的人常捕捉不到。唐汪话有四个格：主格、宾格、从-比格和工具格（包括伴随格）[③]。宾格标记xa（哈）是一个同形异义的多音词，具有不同的语法功能，不能混为一谈[④]。现在逐一介绍唐汪话里的格标记。

1. 主格

唐汪话里的名词除了在主语位置，在其他位置上都有格标记。换言之，主格位的名词没有标记。例如：

---

① 此例句为汪文虎2016年调查时所说。下文再遇到此类情况时，直接标为“汪文虎2016”。

② 这点和临夏话一致。临夏话也可以说“人家们”（见《临夏方言》1996，179）。

③ 在所有语言里，领属关系都有特定的表示或标记。唐汪话里的tɕi既相当于普通话的“的”，又相当于“得”和“地”。

④ “哈”可以做主题标记，动词体标记或补语（如“下”）。名词宾格标记与这些“哈”同音。

vava mɔ̃ jikua mɛ̃ lɛ liɔ

娃娃 PL 一挂 都 来 PRF

孩子们都来了。（汪文虎 2016）

这里的“满”表达“都”的概念。唐汪话里第一和第二人称代词主、宾格区分得很清楚。请比较下面例子里的主格和宾格：

və lɛ liɔ.

1SG 来 PRF

我来了。

ni va khɛ̃ lɛ liɔ?

2SG 1SG+ACC 看 来 QUES

你看我来了？

唐汪话的“了”读liɔ。上述例子中的“我”在主语位和宾语位发音不同，有格的区分。

2. 宾格（直接、间接）

直接宾格标记和间接宾格标记同形，都用“哈”标记。间接宾格标记也可称为与格标记。语序是OV（宾动）的时候，宾格位的名词需要格标记，宾语位的名词常加标记“哈”或其变体。VO语序时，宾语位的名词不能被“哈”或其变体标记。第一和第二人称代词要变格。请看几个例子：

və jɛ tɕhi li.

1SG 也 去 PART

我也去哩。（汪文虎 2016）

ni va ɕiɛ ʂɔ̃tshɛ ta.

2SG 1SG+ACC COMP 身材 大

你比我高。（汪文虎 2016）

nia tɕi kiɛ vava a?

2SG+DAT 几 CL 娃娃 QUES

你有几个孩子？（汪文虎 2016）

上面例句中的“我”在主语位置时念成və或ʋə，而在宾语位置时念成va或ʋa；“你”在主语位置时念成ni，在宾语位置时念成nia。宾语标记（宾格和与格同标）“哈”可以出现在va和nia后。由此可见，例句中的格标记变化是明显的。我们在代词部分还会给出更多的例句及分析。请再看一个例句，其中宾格标记用的是变体形式：

aʂɛ̃ jɛʂɛ̃ tɕi tɕitʂɿ ə tɕi xa liɔ.

阿山 叶山 GEN 地址 ACC 记 下 PRF

阿山把叶山的地址记下来了。（汪文虎 2016）

在唐汪话里，“哈”标记的名词是受事，不会是施事。如果参考普通话里“给”的用法，我们就很容易看出，普通话里的“给”既可以作“把”，又可以作“被”。唐汪话里的“哈”在任何情况下都标记宾语，相当于普通话的“把”义，但从不标记施动者，即没有普通话的“被”义。换句话说，普通话里的“把”引出的主要是受事，“被”引出的主要是施事；但在唐汪话里，“哈”只标记受事，从不标记施事。

现在我们看看“哈”标记间接宾语的情况。在唐汪话中，间接宾语和直接宾语是同形标记；不论词序如何变化，“哈”需要标记受动者或接受方（间接宾语）。直接宾格和间接宾格/与格同形是甘肃、青海一带汉语的特点。而周边的蒙古族诸语（东乡、保安、土语）及安多藏语都是与格（间接宾格）和位格（标记地点词）同形（Xu 2015：224）。很明显，“哈”的直接来源不是来自非汉语的语言，而宾格和与格的标记模式却来自非汉语。换句话说，唐汪话及甘肃、青海一带的宾格标记“哈”，语音外壳是汉语的，但是标记模式是非汉语的。即神同形异。关于“哈”的来源，请参见余志鸿（1983）、意西微萨·阿错（2003）、都兴宙（2005）、Dede（2007）、杨永龙（2014）、Xu（2015）、周晨磊（2017）、徐丹（2018b）的讨论。总体来讲，大家都认为“哈”的直接来源是汉语，但对其演变过程则各持己见。此处恕不赘述。与格标记或间接宾格标记“哈”还能标记领有者。请看：

aʂɛ̃	xa	jəu	sɛ̃	kiɛ	aka	li.
阿山	DAT	有	三	CL	阿哥	PART

阿山有三个哥哥。（汪文虎 2016）

在唐汪话里表达某人具有什么东西时，占有者需用标记“哈/啊”。这一用法与蒙古语族诸语类似。请看几个句子：

蒙古语	Надад	ном	бий（Tserenpil and Kullmann 2008：85）
	我-与格	书	有
	我有书。		

东乡语	kawɑ̃-tə	qua	kaji	wɛ-nə.（阿·伊布拉黑麦先生提供）
	尕汪-与格	两	哥哥	有-持续
	尕汪有两个哥哥。			

从上面的句子我们很容易看出，蒙古语、东乡语的句子结构如出一辙，主语后都有与格标记，然后加宾语和动词“有”。2016年录音时汪文虎的句子和2017年阿·伊布拉黑麦提供的例句对“哥哥”一词的称呼虽然不同，但是句子结构与蒙古语族的语言一致。有意思的是，藏语也用同类句型表达占有意义。如：

rang　la　phrugu　yod　pas（拉萨藏语）

你　与格　孩子　有　疑问助词

你有孩子吗？

安多藏语在表达领有时，也用这个句型，即主语领有者后要加与格标记。很显然，拉萨藏语例中主语后面的ra/la是与格标记。众所周知，藏语用作格标记指明施动者，蒙古语用宾格标记指明受动者，藏语和蒙古语族诸语在标记施动和受动的策略不同。但它们在与格和位格标记上却完全一致：与格和位格用同形标记，即"与位同格"。唐汪话没有位格标记，即地点词后没有特殊的标记。唐汪话里的地点词后面用汉语里的后置词"里""上""下"等。唐汪话把东乡语里的句型整个照搬过来，形成了今天的格局。王双成告诉徐丹，青海话也是这样造句的，只不过，不一定用宾动语序，用动宾语序也完全可以。阿·伊布拉黑麦则认为，"尕汪-a有两个老哥哩"是变味了的唐汪话，但此处的VO语序可以接受。请看青海话的例句：

尕汪儿有两个哥哥lia。（王双成提供）

青海话受到安多藏语影响，在表达占有类意义时也用间接宾语标记。上面例句里的"儿"显然来自藏语的与位格标记-ra，句尾词-lia可以标记未来或持续意义。安多藏语和拉萨藏语都用ra或其变体如la标记间接宾语（安多藏语有九个不同的变体形式，取决于被标记词的最后一个音而采用不同变体）。甘肃、青海交界地区已经形成了语言联盟（徐丹2014，Xu 2015）。唐汪话这个句式应该是直接受到了东乡语的影响。由于蒙古语族诸语和藏语均用一个句型，所以藏语的影响应该是深层次的，而蒙古语则是后来占优势的语言（徐丹、贝罗贝 2018）。

在双宾语句中，"哈"可以标记直接宾语和间接宾语，如果其中一个用"哈"标记，另一个可以用"哈"或其变体标记。请详见徐丹（2014）的例句。

3. 从–比格

从–比格包括从格和比较标记。ɕiɛ（些）标记动作的出发点，表达"从""由"义。表达"从哪个地方来"时，必须用从格标记"些"。唐汪话里的比较标记也用从格标记"些"。请看几个例子：

aʂẽ　ʂʅ　jili　ɕiɛ　lɛ　xa　tɕi.

阿山　是　伊犁　ABL来　RES　的

阿山是从伊犁来的。（汪文虎 2016）

比较句的基本语序是：比较项 + 基准项 + 比较格 + 形容词：

ni　va　ɕiɛ　ʂə̃tshɛ　ta.

2SG　1SG+ACC　COMP　身材　大

你比我高。（汪文虎 2016）

前面已经说过，va是宾格位的“我”。

4. 工具格和伴随格（含对象）

工具格和伴随格用“拉”标记。当被标记的名词无生命时，“拉”可以被看作工具格。当被标记的名词有生命时，“拉”可以被看作伴随格。

vә jәupi la tʂʅtɕiɛ ɕiɛ tʂɛ.

1SG 油笔 INST 直接 写 PART

我是用圆珠笔写的。（汪文虎 2016）

aʂẽ jeʂẽ la lɛ liɔ.

阿山 叶山 COM 来 PRF

阿山和叶山来了。

“拉”在“油笔”后是工具格，表示动作凭借的工具或方式。“拉”在标记有生命的名词“叶山”后面时，是伴随格，表达和某人协同做某事。

二 代词

（一）人称代词

唐汪话的代词分主格和宾格。第一人称主格单数是vә/ʋә，宾格是va/ʋa。第一人称主格复数是am(u)，宾格是ama。第二人称主格单数是ni/n̥i，宾格是nia/n̥ia。第二人称主格复数是nimu，宾格是nima/niama。第三人称代词有两个形式，nә和tha。用作主格时不变，用作宾格时加宾格标记xa：nә xa/tha xa。宾格复数形式是nәm xa/tham xa。

由于第一和第二人称代词里宾格标记需要改变读音，所以比较容易听出来。唐汪话最初有可能是宾语位置的代词需要带标记“哈”，总是连用读快了就成了合音词。形成合音词后，由于宾格位置常需要标记，结果就发生了“过度标记”的现象。这表现出格标记发展的两个阶段：va和nia是vәxa和nixa的合音词，合音后，va和nia后又有“哈”标记①，如：vaxa“宾格我＋宾格”和niaxa“宾格你＋宾格 ”。请看例句：

nә va xa ta ke liɔ ji tũ.

3SG 1SG+ACC ACC 打 给 PRF 一 CL

他打了我一顿。

我们可以看到，上面例句里的第一人称代词单数在宾格已经变音，但仍有宾格标记“哈”。这种过度标记的例子在临夏市区也听得到。请比较王森（1993：192）记录的两个例子（解释完全照录作者原文）：

自行车我ŋa“我＋哈”的合音撞了。

① 如：ʋә n̥ia xa ɕiɛ phɑ̃我比你胖。

自行车把我撞了。

你东西哈我ŋa哈还给！

你把东西还给我！

在前一例中，宾格包含在变音ŋa里，在后一例中，变音ŋa又被宾格标记“哈”加强。这种过度标记与唐汪话的过度标记相同。

现在我们看一下河州话现有的记载，再对比唐汪话里代词的格。马树钧（1982：73）曾经指出，临夏话里的第一、第二人称代词单数分化成为两组，如“我”通常读ŋɤ，但在受事位置时读ŋa。作者认为，这是第一、第二人称代词单数和标志受事性质的“哈”产生了合音。但是这种合音只出现在动词前，不出现在动词后。由此我们可以看出，河州一带的宾格标记“哈”都只标记前置于动词的宾语（即OV语序），而不标记后置于动词的宾语（即VO语序）；结果只有前置于动词的第一、第二单数人称代词变音，而后置于动词的第一、第二单数人称代词不变音。这表明，ŋa确实是ŋɤ＋xa的合音词。仁增旺姆（1991：15）提出，河州话的第一人称单数代词和第二人称单数代词“已经形成了格的范畴”[①]，同样，ŋə用于“施动格”（相当于我们的“主格”），ŋa用于“受事格”（相当于我们的“宾格”）。根据李炜（1993：437），在甘肃临夏一代的方言里，人称代词单数做宾语时必须有“哈”，语音上主格和宾格发音不同。如“我”在主格位置是ŋə，宾格位置是ŋa，李炜认为a就是“哈”，“是固定在宾格人称代词里的”。王森（1993：192）在描述临夏市区的方言时也在用于宾语位置的ŋa“我”后注明是“我＋哈”的合音。下面我们把上述作者所描述的情况用表5-1列出，音标完全遵照作者原文的转写，然后给出它们的例句。

表5-1　唐汪话和河州话第一及第二人称代词单数

河州话和唐汪话比较	第一人称代词单数主格	第一人称代词单数宾格	第二人称代词单数主格	第二人称代词单数宾格	材料出处
临夏话	ŋɤ	ŋa	ȵi	ȵia[②]	马树钧（1982）
韩家集[③]话	ŋə	ŋa	ȵi	ȵa	仁增旺姆（1991）
临夏一带	ŋə	ŋa	ni	nia	李炜（1993）
临夏市区	未见记音	ŋa	未见记音	ȵia	王森（1993）
唐汪话	və	va	ȵi	ȵia	徐丹（2008）

① 仁增旺姆（1991）认为，河州话的表层形式是汉语的，但深层结构是非汉语的。他认为河州话是藏语的句子结构，汉语的语音和词汇。

② 这些学者文内的音标此处照录。

③ 在甘肃临夏回族自治州。

从上面五个不同的记录来看，可以认为河州话的第一人称代词和第二人称代词单数有“格”的标记。为什么第三人称代词单数不见这种主格与宾格有区分的记载呢？马树钧（1982：73）注意到，“他”作受事代词时，元音延长为thaː，其实是“他哈”的合音。仁增旺姆（1991）未谈及。李炜（1993）的记录也是主格的“他”念tha，但宾格的“他”要拉长元音读作thaː。王森（1993）未谈到此变化。唐汪话里nə（那）未和“哈”合成一个词，在大部分宾格都说成nəxa，有时能听到nə-a。读为tha的第三人称代词显然是汉语词。在宾格出现时如果没有“哈”标记，也需要长读。老式的唐汪话在宾格仍用nə＋xa。很显然，第三人称代词与宾格标记“哈”在不同地域有不同的表现，唐汪话里nə＋xa还未产生合音。这些事实说明，河州话里第一和第二人称代词单数的格是由合音而形成的。

现在我们对比一下河州话几个方言点的例子：

你n̥i我ŋa没说。（临夏话，马树钧）

你没告诉我。

我ŋɤ你n̥ia没叫。（临夏话，马树钧）

我没叫你。

这是他给你n̥i的。（临夏话，马树钧）

这是他给你的。

噢！你看我ŋɤ来了吗！（临夏话，马树钧）

噢！你是来看我的呀！

请注意，宾格的“我/你”只在动词前时发生音变，这与其他河州话中宾语前置于动词才加标记“哈”是相互佐证的。再如：

我ŋə你n̥a说ʂuə（韩家集话，仁增旺姆）

我对你说……

你n̥i我ŋa说ʂuə（韩家集话，仁增旺姆）

你对我说……

自行车我ŋa撞了。（临夏市区，王森）

自行车把我撞了。

我你n̥ia钱哈给了。（临夏市区，王森）

我给了你钱了。

唐汪话里，第一和第二人称代词单数的主格和宾格分得很清楚。第一、第二人称代词复数也有区分。“我们、你们”在主格位置念am(u)、nim，在宾格位置念ama或am-xa，niam、nim-xa。请看：

vә　niama　khẽ　lɛ　liɔ.

1SG　2PL + ACC　看　来　PRF

我看你们来了。

vә　nim　xa　khẽ　lɛ　liɔ.

1SG　2PL　ACC　看　来　PRF

我看你们来了。

从这一节的例子我们看出，唐汪话里第一和第二人称代词的格变是由“代词 + 哈”的合音造成的。现在第一和第二人称代词单数已形成格的范畴。过度标记“哈”与已含宾格标记的人称代词同现，这说明合音词已经形成一个新的范畴。

（二）疑问代词

唐汪话里的疑问代词有ake（谁）、ʂәma（什么）、ali/atha（哪里）。

唐汪话的疑问词系统和周边河州话、兰州话及西宁话都很相近。请先看几个例句：

nimu　akiɛ　tʂʅtɔ　li?

2PL　谁　知道　PART

你们谁知道？（汪文虎 2016）

aʂẽ　tsu　ʂʅma　tʂɛ?

阿山　做　什么　PART

阿山做什么？

在2016年调查的语料里，可以看到疑问代词阿个akiɛ（谁）可以有复数形式。比如：

ni　akiɛ　ma　tɕhĩ　xa　liɔ?

2SG　谁　PL + ACC　请　RES　PRF

你们都请了谁？

在讨论复数形式一节时，我们已经讨论过这个例子。这里的ma是复数加宾格的形式，普通话里不说“谁们”，而是用副词“都”表示复数概念。

唐汪话疑问代词系统的来源值得研究。唐汪话和河州话及周边城市常用a-系统的特指疑问词。先请比较一下普通话和唐汪话的疑问代词系统，如下表：

表5–2　普通话和唐汪话的疑问代词系统

唐汪话	ake	ʂәma	ali/atha	axui/ʂәma ʂʅxәu	am/am tʂɛ
对应普通话的词	哪个	什么	哪里	哪会儿/什么时候	哪么（着）
普通话	谁	什么	哪里/哪儿	什么时候	怎么样

从表中我们看到，唐汪话的疑问代词系统显然来自北方方言。除了“什么”一词是辅音开头的词，其他都是a-开头的疑问词，与北方话里的“哪”有着很规律的对应。“阿”是典型的疑问词语素。河州话也用这种疑问形式。例如：

你是阿一个？（见于《临夏方言》1996：179）

《临夏方言》的作者把“阿一个”转写为ai^{243}kə，下表也遵照作者的记音。我们很容易看到，唐汪话和河州话采用同一系统。兰州话、西宁话不属于河州话，但这两个地方的疑问词系统也很接近：

表5-3 唐汪话、河州话及周边城市的疑问代词系统比较

唐汪（甘肃）	ake 谁	ʂəma 什么	alɪ/atha 哪里	axuɪ/ʂəma ʂʅxəu 什么时候	a m / a m t ʂ ɛ 怎么样
临夏（甘肃）	a(i^{243}）kə	ʂʅq^{243}mə	a t'a^{42} ɕiə a ɕiə^{43} li	a（i）xuei	a məŋ tsa^{42}
兰州[①]（甘肃）	la kɤ/fei	sa	la ta	la xuei tsʅ / la xuei ɯ	la mən
西宁（青海）	fei	sa	atʂa/aḷ	a xu ɛ	a mɔ̃

上表中唐汪话和临夏话的语音对应是整齐的。唐汪话的疑问词演变与河州话也是平行的。兰州话和西宁话“谁”的语音变化遵循了西北方言另一个语音变化的规律。张成材（2006：134）指出，西北方言里至少15个城市或地区把“谁”读为fei。兰州和西宁尽管离河州话的地理范围很近，但语音演变并不相同。在河州话内部，语音演变也不一致，如乐都、民和、循化、同仁把“谁”也念成fei。参考《汉语方音字汇》（2003）20个点的调查，别的地方（北京、济南、太原、武汉、成都、合肥、扬州、苏州、温州、长沙、双凤、南昌、梅县、广州、阳江、厦门、潮州、福州、建瓯）都不见fei的读音，只有西安读fei音。《普通话基础方言基本词汇集》（1996）的作者们调查了全国93个方言点（但未包括浙江、江西、福建、广州及海南），但在甘肃、青海一带的调查点只有天水、兰州和西宁。最西北部有敦煌、哈密和乌鲁木齐。这些作者为我们提供了疑问代词读音的宏观轮廓。在93个调查点中，用“谁”系统的有48个，用“哪一个”系统的有55个（包括了“哪”读为边音-l的点）。综合前人的调查结果，我们知道“谁”读如fei的只限于西北地区。“哪一个”和“谁”在所调查的方言里基本上平分秋色。鉴于“哪一个”在汉语方言分布如此广泛，我们有理

① 兰州话的例子来自张文轩和莫超（2009）。

由认为，唐汪话和河州一带的“阿一个”来源于汉语，对应其他方言的“哪一个”。从目前掌握的材料看，唐汪话里a-系统的疑问词与汉语na-系统有比较整齐的对应。

疑问词a-系统在汉语方言里比较特殊。从《普通话基础方言基本词汇集》(1996)的作者们调查的结果看，只有西宁一个点用疑问词a-系统，别的地方都不同于西宁。河州话也是疑问词a-系统，可惜不在调查范围内。这表明在全国各方言里，a-这一疑问代词系统比较特殊。例如“怎么”在绝大部分地区(除了五个点)都是ts-或其变体z-、s-(怎、咋)起头的疑问词。只有西宁一个点用“阿么”。再如“哪里”，除了天水、西宁用“阿里”，其他方言点基本都用n-开头的疑问词。有的地方用l-，是因为n、l不分。这表明，甘肃和青海交界的地方语言比较特殊。唐汪话里一般不用元音起始的音节，在有语法功能的语素里，可以用语素a-起始的词。在元音起始的词里，一般都插入舌尖鼻音n-，如“安”读如nɛ̃，“饿”念nuə，“皮袄”读phinɔ等。如果一个词不是常用词，普通话的影响就很明显。如2016年发音人汪文虎在同一个语料录音里，在上一句话里将“俄语”里的“俄”读为nuə，下一句话里的“俄”又读为ə，这很说明问题。

(三)指示代词

唐汪话中的指示代词也用“这”“那”，只是发音和普通话相差较远。tʂʅ(这)念“只”，但也有人念成tʂə。nə(那)念“呢”。我们暂用“只”“呢”记录。兰州话里的“这”也念tʂʅ[①]。请看几个例子：tʂʅ ke n̥yçyva(只个女婿娃)、tʂʅ ke tçɪfɑ̃(只个地方)、nə ke miɔ(那个庙)。这些用法和北方其他方言差别不大。指示代词后面，量词不是必不可少的，如tʂʅ lɔxɛ̃(这老汉)、nə tçifɑ̃(那地方)、tha tçi tʂʅ jɑ̃(他底这羊)。

表示地点和时间的如“只里”“呢里”，“只会”“呢会”，用法和北方其他方言差别不明显。值得注意的是，唐汪话里的“呢”既是指示代词，又是第三人称代词。这点与蒙古语族语言如蒙古语、土语表现一致，蒙古语里的指示代词tər与第三人称代词同形，土语里的tər既是指示代词，又可以做第三人称代词(照那斯图 1981a：34)。这在世界其他语言里也能见到。

(四)第三人称领属标记ni

这一标记只用于第三人称单数，词序是“名词词组+ ni”，如“书ni”相当于“他的书”。这一用法与汉语大相径庭，与蒙古语的用法相近。值得注意的是，ni的这一用法在唐汪三合汉民话里没有发现。汉语的名词词组在表达领属关系时只有一种语序，即“领有者+的+所属”，如“我的马”，不能说“*马我的”；但唐汪话有两种表达方式，既有“领有者+的+所属”这种词序，又有相反的词序“所属+领有标记”，后者只限于第三人称

---

① 但“那”念la。

单数。偶尔能听到两个同用的例子，如nə tɕi apa ni（他的阿爸ni）。第一种词序显然源于汉语，即唐汪话的祖语，而第二种是受了蒙古语族语言的影响而产生的一种表达方式。这种并列的表达方式和词序也是唐汪话开始发生混合的一个标志。词缀ni的出现不是强制性的。我们先看几个例子：

ʂu ni phə xa tʂɛ.
书 领属 破 RES PART
他的书破了。

jɑ̃ ni phɔ kuə liɔ.
羊 领属 跑 RES PRF
他的羊跑了。

唐汪话的这个词缀ni显而易见来自东乡语。唐汪话被东乡语包围，周围又有土语、保安语，西北边还有东部裕固语。这一地区的语言交流极为频繁，且历史悠久。阿·伊布拉黑麦（1985）是第一个指出唐汪话有许多东乡语特点的作者。阿·伊布拉黑麦（1985：38）只给了一个第三人称领属标记ni的例子：ʃifuni[①]（他的媳妇），陈文指出，东乡语也用领属标记ni。

在东乡语里,ni用于第三人称，第一和第二人称也都有相应的用法，如-mini（我的）[②]、tʂɯni（你的）和-ni（他）（她的）。第一人称和第二人称复数用不同的后加词缀表达，第三人称复数仍用-ni，没有变化。如“他/们的马”都是mori-ni。我们在前面说过，唐汪话里偶尔能听到两个不同句式（领有者 + 的 + 所属 + ni）共现的例子，如前面说的nə tɕi apa ni（他的阿爸ni），这很可能也是受到了东乡语的影响。如东乡语可以说mini mori-mini（我的马-我的）（刘照雄 1981：44）。看来，唐汪话只是部分地借用了东乡语：第一和第二人称的后缀都没有借用，而只借来了第三人称领属后缀。仅此一点，已经相当大地改变了汉语的句法结构。

唐汪话第三人称领属标记ni在宾语位时，必须加宾格，只不过宾格标记常缩略为-a、-e，不易被捕捉到（阿·伊布拉黑麦先生来信告知）。请再看一个东乡语的领属标记（三个人称）的例子（刘照雄 1981：42—44）：

mori ni xoluwo.
马 领属标记 跑 + 体标记
他的马跑了。

---

① 此处照抄阿·伊布拉黑麦的转写。

② 东乡语里第一人称复数分包括式和排除式：-bidʑiənni, matanni。

人称领属标记的用法不但见于东乡语，也见于周边其他蒙古语族语言，如保安、土语、东部裕固语等；只是形式上有所不同。保安语和土语都用-nə作为领属标记，相当于东乡话的ni。如此看来，这一地区使用类似的方式标记领属意义，不应当是出于偶然。《中国的语言》（孙宏开、胡增益、黄行主编 2007）集中了中国学者几十年来研究的心血。我们从中选了一些例子（前两例），以资比较：

amə　nə　dadʑi　ginə.（保安语）

阿妈　领属标记　健康　否定词

他妈妈病了。

aama　nə　mudedʑ(ə)　(v)a.（土语）

阿妈　领属标记　知道　是

他妈妈知道。

une　nə　keedə　niɣe　wə?（东部裕固、照那斯图 1981b：22）

价格　领属标记　几个　一个　是

价钱是多少？

从上述例子我们看到，蒙古语族这几个语言由于地理位置接近，互相影响较大。尽管这些语言中这类词的用法有所区别，但其共同特点是显而易见的。下面我们对比一下唐汪话的人称领属标记和这些非汉语语言的用法：

表 5-4　唐汪话和周边非汉语的人称领属标记比较

	唐汪	东乡	土语	保安	东部裕固
第三人称领属	-ni	-ni	-nə	-nə	-nə
说明	只用于第三人称	mini（第一人称单数） matanni（第一人称复数包括式） bitʑiənni（第一人称复数排除式） tʂuni（第二人称单数） tani（第二人称复数） ni（第三人称单数/复数）	只用于第三人称	只用于第三人称	此处是主格第三人称领属形式。其他格位不计。

从表 5-4 可以看到，唐汪话的第三人称领属后缀无疑是非汉语成分，且来自周边语言。由于唐汪人回族和东乡人通婚，长期相处，受东乡语影响也是顺理成章的。如果暂时不考虑唐汪话，我们可以看到，在这几个蒙古语族的语言里，东乡、保安、土语更接近，而东部裕固和这些语言区别大些，但与现代蒙古语更接近。

（五）反身领属词缀nə

唐汪话可以在名词组后加后缀-nə表达所标记的名词词组为主语所领有，也可以称为“反身领有标记”。前面我们已经看到，第三人称领属标记ni紧邻前面的名词，而不涉及主语位置的名词或其他名词。后缀-nə可以和格标记同现，如xa-nə（宾–反身）、la-nə（工具–反身）、ɕiɛ-nə（从比–反身），有时还有xa-ɕiɛ-nə（宾–从比–反身）等。这个词缀与主语相连，指出领有者是主语，比较特殊。请看一些例子：

və　tɕa　li　nə　tɕhi　lɛ.

1SG　家　POST　反身　去　PART

我去自己家里。

nimu　phĩkuə　xa　nə　tʂhʅ　(ʂ)ã　tɕhi.

2PL　苹果　ACC　反身　吃　RES　去

你们吃你们自己的苹果。

ni　tʂhuã　xa　nə　ʂʅtɔ　ʑi　xa.

2SG　床　ACC　反身　收拾　一　CL

你把你自己的床收拾一下。

唐汪话里的反身领属标记nə不是强制性的。在唐汪三合汉民话里没有发现nə有类似用法。

表5–5　唐汪话和周边非汉语比较

	唐汪	东乡	土语	保安	东部裕固
反身领属	-nə	-nə	-naa	godʑiə	-an/-en/-on/-jan
说明	可以和格标记同现	除了宾格标记，可以和其他格标记同现	除了宾格标记，可以和其他格标记同现	用词汇形式	可以和格标记同现

在上表中，东乡语的反身领属是-nə，土族是naa，东部裕固是-an/-en/-on/-jan，现代蒙古语是-aa/ɔɔ/əə/oo，东部裕固的反身领属后缀无疑更接近蒙古语。土族语和东乡语的词缀明显和其他两个语言（蒙古、东部裕固）同源，只不过在发展过程中发生了变异。东乡、保安和土语在形成过程中似乎有一个断层，即这些语言很可能是操各种不同语言的人群受到蒙古语同化后改造出来的一种蒙古语变种，之后自行发展起来。东部裕固则更多地保留了蒙古语的特征，如元音和谐；但在其他三个语言中，“都没有元音和谐规律”（道布2007：1819）。我们猜想，这很可能是后来消失的。现代蒙古语不论是反身领属还是领属后缀都可以与格标记同现，这点和东乡、保安、土语不同。《中国的语言》（2007：1828）指出，

中国境内的蒙语其反身领属的后缀是-aan/ɔɔn/əən/oon，“这种附加成分可以接在宾格以外其他各种格附加成分后面”。但在蒙古国的语言教科书里，反身领属后缀可以加在任何格标记后面。其中，加在宾格标记后面的例子如：

би аавыгаа санаж байна.（Tserenpil and Kullmann 2008）

我 爸爸＋宾格标记＋反身领属 想着 有

我想我父亲。

通过上述实例我们看到，语言在借贷过程中，不可能是不变的，而这种经过变更的借贷再一次被其他语言借用，有时会变得面目全非，令人难以溯源。估计许多语言里的借贷都有类似的情况，甚至可以发生“循环借贷”的情况。

唐汪话也用词汇形式表达“自己”。如说“自己”时，用kuəẓə̃（个人）、kuəẓə̃tɕia（个人家）等。例如kuəẓə̃ tɕi nixa（自己的女儿）。请再看几个例子：

aʂɛ̃ kuəẓə̃ ɕyɛɕi xɔ tɕi bu ʂuə xɛ̃ ẓə̃tɕia ma tɕhikũ liɔ

阿山 个人 学习 好 的 NEG 说 还 人家 PL＋ACC 提供 PRF

ɕytuə tɕi pɑ̃tʂu.

许多 GEN 帮助

阿山不但自己学习好，还帮助别人。（汪文虎 2016）

pu ʂuə kuəẓə̃ tɕi niɛ̃ xa xɛ̃ ʂuə ẓə̃tɕia tɕi tɕhiɔ tha.

NEG 说 个人 GEN 眼 瞎 还 说 人家 GEN 桥 塌

不说自己眼瞎，还说别人的桥塌。（汪文虎 2016）

蒙古语族其他语言也用词汇形式表达“自己”。请看几个例子：

bi godʑianə giəjə!（东乡语，刘照雄 1981：53）

我 自己＋反身领属标记 做

我自己做吧！

bu ndʑeenaa-nə kələn ii.（土族语，照那斯图 2007：1853）

我 自己-领属标记 说 是

我是说我自己呢。

tɕĭ godʑiənə təmiŋgə dʑigaŋ təkə ndʑiə.（保安语，刘照雄 2007：1923）

你 自己＋领属标记 那么 小 不要 看

你不要把自己看得那么低。

tʃə ʤen mede!（东部裕固语，照那斯图 1981b：33）

你 自己 知道

你自己决定吧！

在上述例子里，东乡语里的godzia、保安语里的godziə很可能是从河州话借来的，临夏话今天用“个家”表示“自己”。青海五屯话也用gejhai“个家”（Janhunen et al. 2008：70）表示“自己”。根据《普通话基础方言基本词汇集》（1996）的说法，大部分方言用“自己”这个词，用“自个儿”的在北方也不少。用“个家”的只见于天水、兰州、西宁、乌鲁木齐。也就是说，“个家”的使用主要在西北。东乡语和保安语很可能是受了当地汉语的影响，而采用了“个家”。比较唐汪话与这几个语言，我们看到，唐汪话用“个人”表达“自己”。这种形式在93个调查点中，只见到四川成都和达县用这个词。这为唐汪人有部分祖先有可能来自四川提供了一个线索。在基本词汇里，唐汪话和北方话的某些词汇更相近。在这一节我们看到，唐汪话除了“个人”（自己）用汉语的词汇形式，其他反身领属及第三人称领属后缀完全是从非汉语借入的，并已经植入到唐汪话的句法结构中。我们也不应忽略，非汉语的语言也部分采用了汉语词汇表达同一概念，但这种词汇借贷较之唐汪话的构词形态的借贷，其深刻程度是不可同日而语的。

（六）泛指代词

唐汪话里的泛指代词用zə̃tɕia（人家）。例如：

nuʂʅ　zə̃tɕia　tɛ　thɛ　ʂã　ʂãtɕhi　tɕiəu　tʂhã　thuə　liɔ.

那样　人家　待　台　POST　上去　就　唱　RES　PRF

就这样，那个人一上台就唱开了。（汪文虎 2016）

tʂũxa　zə̃tɕia　phɛ̃　xa　ki　liɔ.

这样　人家　判　RES　CAUS　PRF

就这样法院给判决下来了。（汪文虎 2016）

tʂũxa　zə̃tɕiɛ　khua　tɕi　nə　ji　tʂã　tʂʅ　tʂhə　xa　liɔ　dɛ.

这样　人家　咵　地　那　一　CL　纸　扯　RES　PRF　INTER

就这样，那个人“咵”地一下扯下了告示。（汪文虎 2016）

泛指代词“人家”在许多汉语方言里都用。比如在《普通话基础方言基本词汇集》（陈章太、李行健主编 1996）里，93个调查点中91个都用“人家”作为泛指代词。前面我们已经看到的例句里zə̃tɕia ma tɕhikũ liɔ ɕytuə tɕi pã tʂu（人家们提供了许多的帮助），唐汪话里泛指代词“人家”可以加复数标记，这点和普通话很不相同。

三　数词

唐汪话的数词与普通话差别不大，但没有“俩”“仨”这样数词含量词的用法。唐汪话的数词系统与周边汉语方言相同。基数词、序数词、约数词、疑问数词等都非常一致，如sʅ ʂʅ（四十）、vu ʂʅ（五十）、pa ʂʅ（八十）、tɕhiɛ̃（千）、vɛ̃（万）、pevɛ̃（百万）、ji（亿）等。

分数表达也和汉语其他方言一致，如sε̃fə̃tʂʅji（三分之一）、sɿfə̃tʂʅji（四分之一）等。序数词如tɕi ji“第一”、tɕi ε（第二）、tɕi ʂʅ（第十）、tɕi ʂʅvu（第十五）等。唐汪“第”读如“记”。由于没有儿化音，“二”读ε。约数词表达如 tɕhiʂʅ tsuəjəu（七十左右），“九点左右”说成tɕiəu tɕiε̃ ʂʅ（九点时）。“左右”在唐汪话里还可以用“傍间”表示（请详见副词一节的例子）。唐汪话也说“约一百”。唐汪话里数词和日期结合不用量词。例如：

jijyε， εjyε， sε̃jyε， sɿjyε， vujyε

一月， 二月，三月， 四月， 五月

和普通话一样，如果用量词，表达的是时段概念：

və nə̃ tʂhɑ̃ liəu kiε jyε ʂuətʂə.

1SG 能 唱 六 个 月 说DUR

（他说）“我能唱六个月”。（汪文虎 2016）

唐汪话表达概数也同普通话一样，如用“数词＋多”。当数词“二”修饰其他词时要用“两”。例如：

liɑ̃tɕhiε̃ tuə zə̃

两千 多 人

两千多人

唐汪话的疑问数词也用“儿”“多少”。十以下用“儿”，以上偏用“多少”。例如：

nia tɕi kiε vava a?

2SG+DAT 儿 CL 娃娃 QUES

你有几个孩子？（汪文虎 2016）

“多少”既可以表达疑问，也可以表达“很多”，这点和蒙古语族的语言一致。请比较几个例子：

tha xa tuəʂɔ tɕhiε̃ jəu li?

3SG DAT 多少 钱 有 QUES

他有多少钱？（汪华提供）

tuəʂɔ zə̃ a jε̃sɿ liɔ.

多少 人 TOP 淹死 PRF

很多人都淹死了。（汪文虎 2016）

四 量词

唐汪话里的量词不丰富。虽然能接受普通话的量词，但在实际交流中，“个”是最常用的量词。请看几个例子：

aʂɛ̃ xa jəu sɛ̃ kiɛ aka li.

阿山 DAT 有 三 CL 哥哥 PART

阿山有三个哥哥。（汪文虎 2016）

请注意这个句子里的语序是“动宾”语序。再看几个句子：

tʂʅ kiɛ ʂə̃tshɛ ta.

这 CL 身材 大

这个个子高。（汪文虎 2016）

tʂʅ kiɛ ʂu-ə aʂɛ̃ jitɕĩ niɛ̃ vɛ̃ liɔ.

这 CL 书-ACC 阿山 已经 念 RES PRF

阿山已经念完这本书了。（汪文虎 2016）

tʂʅ ji pɑ̃ zə̃ tɕiɛ̃zə̃ na tʂɛ ji kiɛ xua.

这 一 CL 人 每人 拿 DUR 一 CL 花

这些人每人拿着一朵花。（汪文虎 2016）

从上面的例子中我们看到，唐汪话“个”用得很普遍。普通话说“一只鸟”“一只鸡”，唐汪话说“一个鸟”“一个鸡”；普通话说“一群羊”“一本书”“一滴油”，唐汪话说“一帮羊”“一个书”“一点油”。像普通话一样，抽象意义的名词也用“个”做量词，如“做料个梦”。名量词不算丰富，动量词也限于“遍”“次”“趟”。例如：

və petɕĩ tɕhi liɔ ji tshʅ.

1SG 北京 去 PRF 一 CL

我去过北京一次。

比较有特点的是，有动量词的词组，语序比较灵活。动量词可出现在动词前，也可以出现在动词后。例如：

və ʂu xa khɛ̃ liɔ liɑ̃ piɛ̃.

1SG 书 ACC 看 PRF 两 CL

我看了两遍书。

və ʂu xa liɑ̃ piɛ̃ khɛ̃ liɔ.

1SG 书 ACC 两 CL 看 PRF

我看了两遍书。

量词“个”有些时候可以重叠。例如：

akiɛkiɛ ɕiɛ̃ li tɕhi liɔ.

哪CLCL 县 POST 去 PRF

去了某个县。（汪文虎 2016）

这里的akiɛkiɛ相当于普通话里的“某个”，但是在这种句式里，普通话不能重叠“个”。

五 动词

唐汪话的动词不可重叠。唐汪话里的时体标记和汉语西北方言相似，但有自己的特点。虽然与青海西宁方言、甘肃临夏方言共享一些特点，但在许多细节上，这些地方的时体标记并不完全一致。本节我们先谈动词的时体表达方式、使动态和被动态，然后介绍几个有特征的动词，如“是”“有”“在”“说”，最后介绍一下助动词的情况。

（一）动词的时体表达

唐汪话的基础是汉语。句法上虽然受到了东乡语的影响，但到目前为止，基本句型还是以汉语为主；尤其在时体表达上，和汉语一致。汉语时体表达没有截然分开的两套形式。在有形态的印欧语言，时体分成两套系统，且截然分开。汉语的时间概念基本由副词、连词及语境表达。汉语的体词用“了”“着”“过”，唐汪话也相同。即唐汪话里动词的体貌词基本都具备，如已然体“料、哈”（了），持续体/进行体“寨”“着”结果体“过”。唐汪话的“料”与普通话的“了”用法比较接近，但是“寨”“着”“过”有许多不同之处，在不少地方甚至完全不同。唐汪话里的一些体标记与语气词重合，如“寨”“哩”。唐汪话里有“非亲见”体的表达。我们将逐一进行介绍。

1.“料”

唐汪话里的“料”在许多情况下相当于普通话的“了”，是一个体标记词，读liɔ，我们用“料”记录。liɔ表达“完成”意义，有时对应于普通话的“了$_1$”，表示完成意义，有时对应于普通话的“了$_2$”，表示事件发生了变化，有时还相当于普通话的结果补语“下”“完”“好”等。请看几个例子：

aʂɛ̃ ʂɔ̃ʂɔ̃ ə kɛ xa liɔ.

阿山 绳绳ACC 解 RES PRF

阿山把绳子解开了。（汪文虎 2016）

aʂɛ̃ jɛʂɛ̃ e ɕĩ tɕhi liɔ.

阿山 叶山ACC 寻 去 PRF

阿山去找叶山了。（汪文虎 2016）

2.“哈”

“哈”是一个同音异义的多功能的词。“哈”相当于“下”，表达“结果”意义。“哈”既可以用在已然的句子里，也可以用在未然的句子里，这是补语典型的特征，即补语成分不受时间的限制①，既可以在已然的句子里表达完成义，也可以在未然的句子里表达完成义。请看几个句子：

① 请比较普通话的句子：a你吃完再走吧。b他吃完了就走了。a句“完”用在未然语境，b句“完”用在已然语境。

aʂɛ̃ tsu xa xa li.
阿山 做 RES PRF PART
阿山做得了。（汪文虎 2016）
ʂə̃ʂə̃ xa kɛ xa liɔ.
绳绳 ACC 解 RES PRF
绳子被解开了。（汪文虎 2016）
aʂɛ̃ xasə a tɕhĩ xa liɔ.
阿山 哈森ACC 请 RES PRF
阿山请了哈森。（汪文虎 2016）

由于“哈”可以含有补语意义，因此可以用在动词后、体标记词“料”前，如“V哈料”。这与普通话里的“动词＋补语成分＋体助词”的结构是一致的。

唐汪话里的xa是一个多功能的语法词。除了担任宾格（直接、间接）标记、补语成分外，还可以标记话题、动量词、语气词等（详见徐丹 2014）。

3.“寨”和“着”

唐汪话里的tʂɛ“寨”和tʂə“着”分工不同。经常对应于普通话的“着”。我们先看“寨”的用法，再看“着”的用法。

（1）唐汪话里的寨tʂɛ表达未完成、正在进行、持续义。“寨”也可以表达过去时间里的一种常态或持续意义。“寨”还可以做语气词用，一般都在句尾出现。请看这几种用法的例子：

①“寨”表达正在进行。例如：
aʂɛ̃ tsu ʂʅma tʂɛ?
阿山 做 什么 DUR
阿山在做什么？（汪文虎 2016）

②“寨”表达一种常态或持续义。例如：
jɔ tʂə tʂhʅ tʂɛ ma tsəu tʂɛ.
要 CONV 吃 DUR PART 走 DUR
一边要饭一边流浪。（汪文虎 2016）

“寨”有语气词的功能，在某些句子里，既可以理解为持续体标记，也可以理解为语气词。其实，语气词和体标记有密切的联系。我们将在语气词一节谈及语气词“寨”。

（2）唐汪话里的“寨”“着”虽然都有表达“进行体”的功能，但二者区别很大。“寨”常表达动作的进行，表达一种动态，而“着”则表达一种状态的持续。“寨”常处于句末，“着”常做分句标志，处于两个句子之间。我们先比较几个例子，观察一下“着”的几种用法，然后介绍“着”做分句标记的例子。

①“着”表达状态。例如：

tʂʅ ji kiɛ lɔpɛ̃ a kɔɕĩ tʂə.

这 一 CL 老板 TOP 高兴 着。

这个老板高兴极了。（汪文虎 2016）

tʂʅ vupali tʂə.

这 无巴哩[1] 着

这个人很可怜（汪文虎 2016）

“着”和某些动词连用后，使这些动词具有状态动词或形容词的性质。如：“晕着”（发晕）、“羞着”（害羞）、“乐着”（高兴）、“鬫着”（ 软弱）。

根据情况，同一个动词后可以加“着”或“寨”。用“着”强调状态，用“寨”强调动态，请比较：

乏着——乏寨　　　高兴着——高兴寨。

“着”在唐汪话里用得很多，意义也有多种。V着V的用法可以表达动作同时进行，相当于“一边……一边”，如“我们大家喝着吃寨”。 许多用法有的在普通话里有相应的说法，有的没有相应的说法。

②“着”作分句标记。例如：

ɛ tɕia li mu nɛ̃ɕĩ tʂə tsuə pu xa.

INTER 家 POST TOP 困难 CONV 住 NEG RES

哎，家里穷，住不下去了。（汪文虎 2016）

mə tʂhɑ̃vɛ̃ tʂə tsɛ ʂɔ̃ tʂɛ ji tɕy mɛ̃.

NEG 唱完 CONV 再 剩 CONV 一 CL PART

没唱完，还剩一句。（汪文虎 2016）

aʂɛ̃ tsəu kuə liɔ tʂə, və jɛ tɕia li xuɪ liɔ.

阿山 走 过 PRF CONV，1SG 也 家 POST 回 PRF

阿山走后，我也回了家。（汪文虎 2016）

上面几种用法其实反映了同一种句式，即唐汪话里在两个动词同现时，中间必须插个“着”字。各种语义解释是随文而生的。真正的意义是句法限制，即唐汪话除了命令式，一般不允许光杆动词出现，尤其是在两个动词同现时。这点与河州话是一致的（请参见《临夏方言》1996）。也可以说，唐汪话里的任何动词出现，一般都需要有体标记。“着”常是

① 阿拉伯语词。

第一分句的标志，意味着还有下文。由于“着”的这种用法，故非持续动词（如“死”）后也可以后加分句标记“着”[①]。唐汪话里的“着”还用在一些固定词组里，如“阿木着”“阿木哩”。

我们用汉字“着”记录唐汪话，这个“着”既和汉语历史上固有的“著”有联系，又有蒙古语的痕迹。下面我们参考一下蒙古语族诸语言中“连接式副动词”的用法。下表来自道布（2007：1817）：

表5-6　蒙古语族诸语“连接式副动词”

副动词	蒙古	布里亚特	卡尔梅克	莫戈勒	中世纪	达斡尔	东部裕固	土族	东乡	保安
连接式	-ʤ	-ʤ -ʃa	-ʤĭ -ʧĭ	-ʤi -ʧi	-ʤu -ʧu	-ʤ	-ʤə	-dʑ	-dʐɯ	-dʑi

从上表我们看到，蒙古语族内部的一致性和承传性在连接词缀上还是相当整齐一致的。尽管我们不能说唐汪话里的“着”直接来自蒙古语族的语言，但是句法格式上是完全一致的。汉语里的“着”是一个存在已久的词。我们曾经指出，“隋唐以后，‘著（着）’表持续状态的功能得到长足的发展并日趋成熟了；‘V著’中的‘著’由‘附着’意义的空间词逐渐转化为表持续状态的时间词”（徐丹 1992a）。到了元代，由于蒙古语的影响，“V着V”句式更加普遍使用。这个句式从语音到功能都与蒙古语的连接式副动词相合。唐汪话及西北一些方言将这个音近、某些功能相似的词改造为一个词缀，既与现代汉语的“着”有所重合[②]，又与蒙古诸语的连接式副动词一致，这是语言接触并融合的一个范例。一般来说，外来的词缀或语法词很难找到一个音近、功能相似的词。比如唐汪话里的反身领属标记-nə、第三人称领属标记-ni、表界限义词缀-thala等，就很难融入汉语里。唐汪三合的汉民暂时未用这些词缀就是一个证明。从唐汪话的材料看语言接触，我们发现，一个语言在借用功能词时，完全可以忽略语音外壳而只采取其实质和内涵。如果是音近且义相似，那就是比较理想的状态。比如唐汪话里的“着”和五屯话里的“俩个[③]”。

4.“过”

唐汪话里的“过”常用作主要动词，如“过来”“过去”“过后”等。也像普通话那样可以表达经验体。例如：

---

① 在普通话里非持续动词后不能用持续体标记“着”，而唐汪话里用为分句标志的“着”没有这种限制。

② 关于西北方言“着”的研究，请参见宋金兰（1991）、仁增旺姆（1991）、贾晞儒（1993）、谢晓安等（1996）、罗端（2009）等。

③ 五屯话里“俩个”是工具格。

tɕiəu mə xuə kuə.

酒 NEG 喝 过

没喝过酒。

"过"在唐汪话里可以表达动作结果。"过"表达动作结果时，动词常具有非持续意义。请比较：

普通话 替换，扔掉，掉落，忘记，抛弃，迁走，离开

唐汪话 换过，撂过，跌过，忘过，撂过，搬过，走过

这种有果的体标记常和"给"同现，表达被动意义（请看动词的使动态和被动态一节的例句）。

5."哩"

唐汪话里的语气词有时有标记动词体的功能。其实这种功能是由语气词演化而来的。这里我们讨论一下"哩"。"哩"和"咧"是一种变体关系，故这里略去"咧"的例句。

语气词"哩"常被解释为表达未然体的标记词。其演化过程可以用下图表示：

语气词 > 正在发生 > 将要发生

很明显，未然的意义源于语气词。未然的意义是随文而生的。所以"哩"是一个多功能的词，其他功能都是从语气词衍生出来的。唐汪话的"哩/咧"既是语气词，又可以标记动词的体。"哩"常用在含未然意义的句子里。"动词 + 哩"常指将要发生某件事。由于"哩"常用在动作未发生的情景下，"哩"衍生出未然的意味。

唐汪话里的"哩"有时是一种带有体标记功能的语气词。此时"哩"的用法分为两种情况，第一种是表示将然意义；第二种是在某些固定的句式里作助词，用法有时相当于"着"。上节我们已经讨论过，此处不再重复。在下面的两个句子里，"哩"的作用是指出事件将要发生：

aʂẽ mĩtsɔ lɛ li.

阿山 明早 来 PART

阿山明早来。（汪文虎 2016）

tʂũʂʅ jɔ tʂɔ ji kiɛ tʂhɑ̃paʂʅ li.

这样 要 招 一 CL 唱把式 PART

就这样我们要招个唱戏的人。（汪文虎 2016）

我们已经说过，"哩"的这种标记"未然"意义的功能，是从语气词衍生出来的。请看下面表示肯定、疑问或缓和语气的"哩"的用法：

ʂʅniɛ ʂʅ vəmu tɕiəu nuə tutsʅ li.

失业 时 1PL 就 饿 肚子 PART

失业时我们就得饿肚子。（汪文虎 2016）

nimu tʂʅtɔ li u?

2PL 知道 PART NEG

你们知道吗？

tʂʅ tʂhã ji xa li.

这 唱 一 CL PART

你唱一下吧。（汪文虎 2016）

（二）动词的使动态和被动态

和其他汉语方言一样，唐汪话也有使动态和被动态，都用“给”字句表达。

唐汪话里的“给”主要有三种用法：做主要动词，表达使动意义，表达被动意义。在许多汉语方言里，给类动词都与使动、被动意义相关（徐丹 1992b）。唐汪话里“给”具有相同的功能应属普遍性的句法现象。不过，唐汪话里的“给”在句法形式上也有其特殊之处。

1.“给”做主要动词

“给”做主要动词句子很多，此处只举两例：

tʂũxa tɕhiɛ̃ jɛ pu ki.

这样 钱 也 NEG 给

就这样不给工钱。（汪文虎 2016）

thɛ̃ tɕi xəuthəu ki tɕiɛ̃.

炭 GEN 后头 给 电

开始烧炭，后来有了电。（汪文虎 2016）

唐汪话可以在主要动词“给”后再加上引出受益者的语法词“给”，即“给给”。这时“给给”的读音可以是kiki/kɪkɪ/keke，也可以是 khaki，其中的kha是老式的念法。这点与普通话不同，但和西北许多地方相同[①]，如甘肃的兰州、白银、榆中、靖远都说“给给他了”[②]。

2. 表达受益的“V给”。例如：

və niama ʂuə ki kiɛ kutɕĩ.

1SG 2PL+ACC 说 给 CL 古今

我给你们讲个故事。（汪文虎 2016）

ɕĩtɕiɑ̃ tɕi nə kɛ̃phuthɔ fɑ̃ ke liɔ tɕi kiɛ.

新疆 GEN 那 干葡萄 放 给 PRF 几 CL

① 请参见公望（1986）、延俊荣（2006）、王东（2008）的文章。

② 请详见《甘肃方言概况》第61页。

再放上几粒新疆的葡萄干。（汪文虎 2016）

普通话在表给予义的动词后可加上“给”引出受益者，如“送给”“寄给”“做给”等。唐汪话在这点和普通话相同，而且主要动词比普通话丰富得多。语法助词“给”在唐汪话里用法非常灵活，只要是动作可以含受益方，“给”就可以出现。动作可以是具体动作，也可以是抽象动作；语序可以是OV，也可以是VO。

3.“给”的使动用法（相当于“使”“让”“叫”）。例如：

tɕi tʂə tɕĩlɛ ʂʅ tatɕia xua tɕi zɑ̃ ki liɔ mɛ̃.

挤 CONV 进来 时 大家 “哗” 地 让 CAUS PRF PART

他挤进来时大家“哗”地给他让开一个道。（汪文虎 2016）

nuə ʂʅ ʂʅma tʂhʅ ke li?

饿 时 什么 吃 CAUS PART

饿的时候让他们吃什么呢？（汪文虎 2016）

表达受益的“给”和使动意义的“给”表现形式上一样，都是“V给”，但内涵不同。受益“给”前面的动词常是双宾语句，而在使动句里没有这个句法限制。所以，使动句里的动词可以是不及物动词，如“去”“走”“浪（玩）”“跳”等。唐汪话里“给”相当于“使”“让”“叫”的用法在词组里也有所反映，即普通话里许多双音动词在唐汪话里表现为使动词组。请看下面的唐汪话：

合上给（混合）	炸哈给（鼓起来）	惊着跳给（惊跳）
连上给（连接）	翻过给（弄翻）	弯哈给（弄弯）
脏哈给（弄脏）	坏哈给（破坏）	灼着热给/打着热给（烧热）
长给（伸开）	满足给（使满足）	选给（选举）
惹给（招惹）		

4.“给”的被动用法①。例如：

liɑ̃ kiɛ kɑ̃ ɑ̃② phə kuə ki liɔ.

两 CL 缸 ACC 破 过 CAUS PRF

两个缸被砸破了。

jiʂɑ̃ mɔ̃ liɔ kuə ki tʂɛ.

衣裳 PL 撂 过 CAUS PART

① 唐汪话里的被动句也可以用“受事主语句”，如“今个一个纸扯哈料满”（2016 汪文虎：今天那张布告被人扯下来了）。

② 此处的“缸”长读为kɑ ɑː。ɑ是宾格标记xa的变体。

衣裳都扔了。

各类语言表达被动意义时，都趋于用有结果义的体标记词标记动词[1]。比如普通话说“树被风刮倒了”，不能说“*树被风刮了”，需要用补语给出结果才行。唐汪话也不例外。所以，结果体标记“过”常出现在表达被动意义的“给”前。在这类句式里，如果“过”没出现，一般会有其他成分出现，如动词“坏”做补语、动量词做补语等。

上面例子中“给”的几种用法在普通话乃至北方话都普遍存在。唐汪话里“给”的语法化也应遵循普遍规律，即被动意义的用法是通过“让、叫”句引申而来的。徐丹（1992b）曾经提出，使成意义的词与被动标志相通，是被动标志的一个重要源泉，最明显的例子是“让”“叫”。唐汪话里没有“被”，而是通过“给”表达。这点与许多方言都是一致的，即一个具有“使、让、叫”意义的词，常兼作被动标志，这种用法分布得很广。甘肃大部分方言用“教”或“叫”做被动标记，也是出于同样的道理。唐汪话的特殊点在于：“V给”既表达使动义，又表达被动义；表达被动义时动词常被结果体“过”标记，表达使动意义就没有这个句法限制。这与普通话的“把字句”“被字句”一般须表达“有果”“达成”的句法限制是相通的。

（三）特殊动词的用法

在这节，我们将介绍动词“是”“有”“在”“说”等。“是”“有”这两个动词在任何语言里都是比较特殊的。这里我们分别进行讨论。

1. 系词“是”

系词“是”也常被称为“判断词”。唐汪话一般用“NP_1+NP_2+是”的句型，相当于普通话的“NP_1+是+NP_2”。由于唐汪话的主要语序是OV，系词处于句末应属正常现象。从现在得到的语料看，唐汪话里的“是字句”实际上有三种表达方式：

（1）NP_1+NP_2+是

（2）NP_1+是+NP_2+是

（3）NP_1+是+NP_2

第（1）种句式是地道的唐汪话。（2）类句式和（1）类一样普遍。（3）类句式显然是受了普通话的影响，在对比的情况下常可以听到，如“呢（他）是老师，我是学生”。有文化的唐汪人趋于用普通话“是字句”的语序。比如在汪文虎先生录制的100个语法句子里，六例普通话“是字句”全部被译成第三种句式，即“NP_1+是+NP_2”。这是因为他是在翻译普通话的例句。如果以同一个录音人的故事录音为参考标准的话，那么唐汪话“自然”

① 比如在有形态的语言（英语、法语等）里，如果被动句的主要动词是动作动词，助动词一般不用现在时态，要用过去时态，以表示已然、有果，即已然体常与被动式匹配。

的句式还是第一种。

在唐汪话在（1）（2）两个句式里，肯定语气或加重语气有时用ʂhei，很可能是系词“是”和肯定语气“唉”的合音。暂且用“晒”记录。判断“晒”是合音的理由是，“晒”只用于肯定、认可的语境里，而且只在完句时或句末出现。若是假定的语境，就不用“晒”，而是仍用“是”①。请看一些实例：

tʂʅ　liəu　kiɛ　jyɛ　ʂʅ?

这　六　CL　月　是

这是六个月吗？

kɔʂʅ　ʂɑ̃　ɛtɛ　ɕiɛ　tɕi　ʂʅma　ʂʅ?

告示　POST　现在　写　GEN　什么　是

告示上写的是什么？（汪文虎 2016）

tɕhiɑ̃　ʂɑ̃　tɕhiɛ　tʂɛ　ji　tʂɑ̃　tʂʅ　ʂuə　ʂʅ　kɔʂʅ　ʂhei　ʂuə.

墙　POST　贴　DUR　一　CL　纸　说　是　告示　是＋哎　说

听说墙上贴着一张纸，说是告示。（汪文虎 2016）

唐汪话里，“是……是”这种句式反映出唐汪话还处于变动之中。这种混合句式不但见于唐汪话，也出现于周边非汉语的语言里。Li（1983）早已发现，保安语里，系词也有上述三种语序。

刘照雄（1981）曾经指出，东乡语里，系词“是”的句法位置开始像汉语一样，语序是NP＋是＋NP。这种渐变的语序值得我们注意，这说明，西北一带的汉语和非汉语交融已久，汉语和非汉语相互影响已经非常深刻。

2. 动词“有”

我们在前面介绍唐汪话宾格标记时已经讨论了“有字句”的用法。此处略做一些补充。唐汪话表达占有意义时，占有者需要用与格标记（间接宾语标记）标出。唐汪话里的直接宾格和与格标记同形，都用“哈”表示。表达占有义时，占有者需要用与格标记，这点和甘肃、青海一带的安多藏语、蒙古诸语一致。前面已经说过，这个用法和青海汉语也一致。如果没有领有者，可以不用与格标记。请看几个例句：

va　jəu　liɑ̃　kiɛ　vava　li.

1SG＋DAT　有　两　CL　娃娃　PART

我有两个孩子。（汪文虎 2016）

aʂɛ̃　xa　jəu　sɛ̃　kiɛ　aka　li.

① a我但老师是，我就不去去。（如果我是老师，我就不去。）

b* 我但老师晒，我就不去去。

阿山　DAT　有　三　个　阿哥　PART

阿山有三个哥哥。（汪文虎 2016）

唐汪话的"有"还可以相当于"在"。这个用法无疑是从周边非汉语（东乡语）借来的。东乡语"在、有"用同一种形式uai-nə表达。东乡语里"不在""没有"也用一种方式表达，都是ui-。"有"和"在"相通是从蒙古语传承来的。蒙古语"有""在"都用bεεn表示，如"我在家""我有儿子"。这里的"在"和"有"都用同一个动词形式表达。否定式有多种形式，也可以在"在""有"后面加上否定标记-gue，即bεεxgue。请看唐汪话"有"等同于"在"的几个例子：

nə　tɕia　li　jəu　li.

3SG　家　POST　有　PART

他在家。（汪小珊 2017）

aʂɛ̃　lε　tɕi　ɕiɛ̃tsɿ　və　mə　jəu.

阿山　来　GEN　先前　1SG　NEG　有

阿山来时，我不在。（汪文虎 2016）

唐汪话这点与大部分汉语方言完全不同，汉语里的"在"和"有"是分得很清楚的。上面例句里的"有"或"莫有"是表达"在"或"不在"的意思。唐汪话里"有"的一些固定用法有的与普通话相近，有的则完全不同。例如："有钱汉"＝"有钱人"；"有阵势"＝"有心病"等。唐汪话里的"有钱汉"已经彻底变成了一个固定词组，比如说一位妇女有钱，也说成是"有钱汉"。"有阵势"的意思和普通话大相径庭。普通话说"有阵势"表示"有场面、有架势"，而唐汪话则是"有心结、有心病"的意思。唐汪话用同一个语音形式表达，但不意味着来源就是这个词。其来源还要进一步调查。

总之，唐汪话里的"有"由于受到了非汉语的影响（这里主要是东乡语的影响），"有"的两个用法和蒙古语诸语一致。一是表达占有意义时，占有者要用与格标记指明，二是动词"有"相当于"在"。从这点来看，尽管唐汪话里的东乡语借词不多，但在句法上却发生了质的变化。

3. 动词"在"

在我们整理的2007年到2013年调查的唐汪话材料里，未见到"在字句"。发音人各年龄段、各社会阶层都有，主要有农民，其次有学生。在2016年汪文虎录音的例子里却出现了两例"在字句"。为此，我们又请教了几个唐汪人，他们认为是受普通话影响的句子。很可能是由于是语保项目规定的句子里，普通话影响了发音人。录音人为了"翻译"这些句子而用唐汪口音造了句子。在此，我们一并拿出来，介绍给读者。汪文虎先生录音时，唐汪的老师汪华在场辅助录音，也没有提出反对意见。这表明，唐汪人，尤其是受过教育的唐汪人可以接受这类句子。下面是汪文虎先生在2016年为语保项目录音的例子。有的句子用了“在”，有的没有用。这里的译文句子是让录音人翻译的统一的例句。

aʂɛ̃ tsɛ petɕĩ niɛ̃ʂu tʂɛ.

阿山 PRE 北京 念书 DUR

阿山在北京上学。（汪文虎 2016）

aʂɛ̃ alɛthɛ li kũtsuə tʂɛ.

阿山 阿勒泰 POST 工作 DUR

阿山在阿勒泰工作。（汪文虎 2016）

在“在北京上学”这个句子里，发音人用了普通话的句型，即“在字句”，后一句是唐汪话的惯用说法。即后置词“里”代替前置词“在”。

4. 动词“说”

动词“说”也是一个很有特色的动词。这里我们介绍两种用法。一个是引出直接引语的用法，一个是作为未亲见体标记的用法，表示是听说来的或以前流传的故事。引出直接引语的“说”有三种常见的语序，一是“说 + 直接引语”，二是“直接引语 + 说”，三是“说 + 直接引语 + 说”。

我们先看第一种情况。例如：

aʂɛ̃ ʂuə tʂɛ mĩtsɔ tsɛ pu lɛ.

阿山 说 DUR 明早 再 NEG 来

阿山说他明天不来。（汪文虎 2016）

aʂɛ̃ ʂuə tʂɛ, thamu tsu xa xa tɕi, vəmu jɛ tsu xa xa li.

阿山 说 DUR 他 PL 做 RES 下 GEN 1PL 也 做 RES 下 PART

阿山说：“他们做得了，我们也做得了。”（汪文虎 2016）

从搜集到的句子看，用“说 + 直接引语”句型时，语体标记词多用“寨”，似乎提醒听话人，下面的话是直接引语。当引完直接引语后，“说”后往往用“着”标记，请看实例：

və nə̃ tʂhɑ̃ liəu kiɛ jyɛ ʂuə tʂə.

1SG 能 唱 六 CL 月 说 DUR

“我能唱六个月。”他说。（汪文虎 2016）

上面例句里的“说着”是在讲故事时插入的，表示是在叙述故事，是非亲见的情况。从句式上看，除了“说寨 + 直接引语”“直接引语 + 说着”外，第三种方式是“说 + 直接引语 + 说”。请看两个例句：

ni ʂuə ʂʅ tʂhɑ̃ liəu kiɛ jyɛ li ʂuə!

2SG 说 是 唱 六 CL 月 PART 说

你说你能唱六个月！（汪文虎 2016）

tɕhiẽtɕhi jypɔ ʂã ɕiajy li ʂuə tʂɛ mə ʂuə.

天气 预报 POST 下雨 PART 说 DUR NEG 说

天气预报里没说"要下雨"啊。(汪文虎 2016)

当用第三人称做"说"的主语，句子又以"说"结尾时，句子很容易被理解为非亲见情况。句型"说+直接引语+说"在口语里常听得到。动词"说"后置是受了东乡语的影响。现代蒙古语、东乡语动词"说"出现在引语后。这样就不难解释为何唐汪话的"说"可以放在引语后面。汉语大部分方言的动词"说"用在引语前，但在西北一些地区（如西宁，和其他青海地区）动词"说"在引语后出现。不少学者（程祥徽 1980，Dede 2003）都发表过文章。青海西宁方言、青海甘沟话不同程度受到了藏语、土语的影响。安多藏语与拉萨藏语一样，"说"动词在引语后出现。西宁、甘沟等地也是"说"出现在引语后面。我们看到，这些方言受不同的非汉语影响，而结果却是相同的。原因之一是这些语言（蒙古族各语言和安多藏语各方言）在"说类动词"上表达方式雷同，即"说"动词后置于直接引语。我们看到，在甘肃、青海地区，非汉语对汉语的影响极其深远，以至汉语的句法结构开始发生了变化。这种影响是双向的。东乡语也受到了汉语深刻的影响，据包萨仁（2006）的研究，在东乡语里，动词"说"开始趋于前置于直接引语。这表明唐汪话里的这种并存句式是这种影响的结果，但还不是最后的结果。在讲述某事，即不是重复说话人的话时，"说"后可以出现其他体标记词，如"说哩""着""寨""料""时""给寨"等。例如：

nə zə̃ atʂatʂa tɕi phɔ tʂə tɕhi liɔ tʂə kuəzə̃ tɕi

那 人 快速 地 跑 CONV 去 PRF CONV 个人 的

lɔpɛ a ʂuə ki liɔ…

老板 DAT 说 给 PRF

那个人急忙跑到自己的老板那里说……（汪文虎 2016）

用在直接引语前的"说"和句末的"说"性质不同。直接引语前的"说"和其他动词一样，做一般动词用。动词"说"用在引语前是典型的汉语句型。在引语后加动词"说"的句式来自非汉语，这类"说"动词可以说已经开始语法化了，即可以被看作是表示引语的标记。句末的"说"有时标记引语，有时表示消息来源不确定。"说"的意义几乎丧失。但句末的"说"仍然部分保留了动词的性质，因为"说"后面可以被体标记词修饰。

唐汪人在引用直接引语或表示非亲见事件时还常用"……说是"结尾。有时对应于普通话的"说道"，有时相当于"听说"，也可以不译。例如：

nimu lia tɔtɕi amutɕi kɛ jisɿ ʂuəʂɿ?

2PL 俩 到底 什么 CL 意思 说是

你们俩到底是什么意思？（汪文虎 2016）

tɕhiã ʂã tɕhiɛ tʂɛ ji tʂã tʂʅ ʂuə ʂʅ.

墙 POST 贴 DUR 一 CL 纸 说 是

听说墙上贴着一张纸。（汪文虎 2016）

“说是”紧跟在直接引语后，很像是给引语打引号。在目前搜集到的语料里，“说着”比“说是”使用更普遍。二者作用相同，即用在直接引语后或非亲见的事件后，所以在故事里常能听到。

（四）助动词

唐汪话很少用助动词，“可以”“得”“能”在过去的田野调查和2016年补录的材料中都很少出现。即在其他语言用助动词的时候，唐汪人改成别的句式来表达同样的意义。比如，2016年录音人汪文虎在录“我得去”时，说成“我去哩”。再如，他在翻译句子“阿山做得了”时，说“阿山组哈哈哩”。这里的“组”是“做”，用普通话转写是“做下下”。普通话里“V得了”的句式在唐汪话里是“V哈哈哩”。唐汪话不用“得dé”,也不用“得děi”。现在看看助动词“要”和“会”。这两个词都是助动词，但他们和主要动词同现时语序不同，即“要 + 主要动词”“主要动词 + 会”。由于受普通话的影响，有的人也用普通话的语序。阿・伊布拉黑麦先生告诉徐丹，“会 + 主要动词”的语序不是地道的唐汪话。

1.“要”

“要”可以做主要动词，如“钱也不给时优素福也要哩。（2016汪文虎：老板不给钱，优素福硬要）”。“要”做助动词的例子：

tha jɔ ɕyɛ nuəjy li.

3SG 要 学 俄语 PART

他要学俄语。（汪文虎 2016）

jɔ tʂɔ ji kiɛ tʂhãpaʂʅ li.

要 招 一 C 唱把式 PART

我们要招个唱戏的人。（汪文虎 2016）

2.“会”

上面例句里的助动词“要”的语序和普通话一样，是“要 +V”。但“会”的语序相反，在唐汪话里是“V+ 会”。在我们搜集的语料里，两种词序都有。请看几个实例：

ʂu mə niɛ̃ xa ɕĩ jɛ ta pu xuɪ jɛ ɕiɛ pu xuɪ mɛ̃.

书 NEG 念 RES 信 也 打 NEG 会 也 写 NEG 会 PART

没有念过书，不会打信也不会写啊。（汪文虎 2016）

nə zə̃ ɕi xuɪ tʂhã pala?

那 人 戏 会 唱 PART

那个人会唱戏吧？（汪文虎 2016）

aʂɛ̃ tɕiɛ̃ kuətʂhu tɕi xua a xuɪʂuə/ʂuə xuɪ li.

阿山 每 各处 GEN 话 ACC 会说/说 会 哩

阿山会说几种语言。（汪文虎 2016）

上面的例子均为2016年汪文虎先生录制的例子。第一例用的是唐汪话语序“V+(不)会”，但第二例用的是普通话语序“会+V”,第三例用了两种语序，他自行纠正时改成了“V+会”语序。正像阿·伊布拉黑麦先生所说，“V+会”应该是唐汪话“正常”的语序。这种并存的句式说明唐汪话还在变动。助动词“要”和“会”采用不同的语序也说明了这点。

3.“能”

现在我们看“能”的例句。“能”的语序和普通话无异。例如：

ni nə̃ tʂhɑ̃ tɕi kiɛ jyɛ?

2SG 能 唱 几 CL 月

你能唱几个月？

və nə̃ tʂhɑ̃ liəu kiɛ jyɛ.

1SG 能 唱 六 CL 月

我能唱六个月。（汪文虎 2016）

六 形容词

唐汪话的形容词不用“很”修饰。常用“形容词+得很”及“动词+着+不成”的形式表示程度。

有的形容词是西北一带常用的词，如“干散”（能干，利落），有的借自东乡语，如vəjɛ“好”（来自蒙古语）。

形容词重叠的形式一般都是“ABB+的”（“的”念tɕɪ），如“脆生生的”“白呱呱的”“肉烘烘的（胖）”“肥墩墩的”“黑乌乌的”“红啾啾的”“宽展展的”“膻腥腥的”“晴朗朗的”，或“AA+的”，如“纯纯的”“静静的（寂静）”“凉凉的（凉快）”“亮亮的（明亮）”。在“AA+的”这种重叠的形式中，第二个音节拖得很长，这点与河州一带完全一致，如“凉快”，唐汪话说liã^{2}liã^{44}: tɕɪ^{44}（凉凉的），第一个音节一般缩短而第二个音节明显拉长。这种“AA+的”用法很普遍，在河州话和西宁话都有这种现象。这种形容词重叠的词组用在动词前可以做副词使用。

形容词可以重叠成四字组。例如：“白白洒洒”（犹豫不决）、“左里右里”（犹豫不决）等。

七 副词

这里我们介绍一下唐汪话里的副词。

先介绍一下副词的句法位置，再谈几个比较有特点的副词。多数副词是从汉语传承下来的，有的是从东乡语借来的。唐汪话里副词的句法位置和河州话及周边地区表现一致。即唐汪话里的副词常在宾语前出现，语序是“副词 + O + V”。普通话在某些情况下也可以前置宾语（用“把字句”或话题形式），但语序一般是 O + 副词 + V，即副词必须前置于动词且紧邻动词。普通话的宾语和副词的语序和唐汪话正好相反。唐汪话 OV 之间除宾格标记“哈”外，一般不再插入其他成分。唐汪话说“常书哈看寨”，不能说“* 书哈常看寨”；普通话要说“常看书”。受教育程度高的人由于受到普通话的影响，有时两种词序都用。语序“副词 + O + V”也不是绝对的，如果用 VO 语序，就能听到和普通话同样语序的句子。

唐汪话里“就”有不同的用法和语义。有时相当于普通话表达“只”义的“就”，如：“就是一毛九”（只有一毛九）。在很多情况下，唐汪话里的“就”和普通话的“就”用法平行：

nuʂʅ　zə̃tɕia　tɛ　thɛ　ʂɑ̃　ʂɑ̃tɕhi　tɕiəu　tʂhɑ̃　thuə　liɔ.

那样　人家　待　台　POST　上去　就　唱　RES　PRF

就这样，那个人一上台就唱开了。（汪文虎 2016）

唐汪话表示“刚、刚刚”用 tɕiɑ̃（记作“将”）表达。这与西北许多方言一致，如 tɕiɑ̃ lɛ（刚来）。（汪文虎 2016）。

唐汪话表示“现在、马上”用借自东乡语的 ətə/ɛtɛ/atə。例如：

kɔʂʅ　ʂɑ̃　ɛtɛ　ɕiɛ　tɕi　ʂʅma　ʂʅ?

告示　POST　现在　写　GEN　什么　是

告示上写的是什么？（汪文虎 2016）

tɕiəuʂʅ　ɛtɛ　tɕi　xua　la　ʂuə　ʂʅ　və̃mĩ　pala.

就是　现在　GEN　话　INST　说　是　文明　PART

用现在的话来说就是文明啦。（汪文虎 2016）

最后一例中“话”后面的“拉”是工具格，这是受了东乡语的影响。蒙古语族的语言在“讲……话”的后面要加工具格。

唐汪话表示程度时不用普通话里程度副词“很”“太”等，而是用其他方式表达，比如用“形容词 + 得很”及“动词 + 着 + 不成”的格式，还用借自东乡语的“起宁”（非常）等。我们分别看一下这些不同的表达方式：

vəjɛ　tɕi　xə̃.

好　得　很

好得很。（汪文虎 2016）

fɑ̃tsʅ li tsɛ kɛ̃tɕĩ tʂə ʂuəputʂhə̃.

房子 POST 再 干净 CONV 说不成

屋里干干净净。（汪文虎 2016）

“动词 + 着 + 不成”这个格式有两个意思，一个是相当于普通话里的“V不成”，一个就是表达程度的用法。另外，在录故事时，我们还记录到了“起宁”。这个词来自东乡语的tɕhinin（特别、确实）（徐丹 2014：364）。例如：

jikua khɛ̃ ʂʅ jəutɕhiɛ̃xɛ̃ tʂə jikua tɕhinĩ.

一挂 看 是 有钱汉 CONV 一挂 特别

看他们两个人都非常有钱的样子。（唐淑华 2014）

唐汪话里还有些副词比较特殊。如pɑ̃tɕiɛ̃“傍间”（左右，大约）。在马国忠、陈元龙（2001）编著的《东乡语汉语词典》里，作者们认为baŋdʑiən（差不多）来自汉语“半截”[①]。请看一个唐汪话的例子：

aʂɛ̃ pɑ̃tɕiɛ̃ tʂha xuə vɛ̃ ʂʅ tɕiəutɕiɛ̃ ʂʅ lɛ li pa?

阿山 大概 茶 喝 完 是 九点 时 来 PART PART

阿山大概喝完茶什么的九点左右会来吧？（汪文虎 2016）

再看一个借自东乡语的副词“卓把”（东乡语是dʐoba,“主要”的意思）。例如：

nuʂʅ ji kiɛ tʂujɔ ʂʅ ɑ̃ tʂuəpa ʂʅ

这样 一 CL 主要 是 PART 卓把（主要）是

amu lia zɔ ki xa li.

1PL COM zɔ[②] CAUS CL PART

主要是让大伙高兴一下。（汪文虎 2016）

唐汪话里表示范围的副词有“一挂”（河州话记作“一呱”），意思是“一起、一块儿、总共、都”。还有从东乡语里借来的“满”（东乡语里是maŋ），意思是“都、全部”，“见”（东乡语里是dʑiən），意思是“全部，所有，每”。请先看唐汪话和河州话的例句（河州话的例句来自《临夏方言》）。

唐汪话：

ɛ ʂakiɛ jɛ pu tʂʅtɔ jikua jɔthəu li.

INTER 啥个 也 NEG 知道 一挂 摇头 PART

（人们）什么都不知道，都摇头呢。（汪文虎 2016）。

① “傍间”还可以做形容词用，如“小唐和小汪的个子傍间寨”（小唐和小汪的个子差不多）（汪华2017年提供）。

② zɔ在兰州方言里是“高兴、兴奋”的意思。见张文轩、莫超（2009：183）。

tʂũxa liɑ̃ kiɛ zə̃ jikua ʂə̃ma li kɔ tɕhi liɔ.
这样 两 CL 人 一挂 什么 PART 告 去 PRF
就这样，两个人一起去衙门告状。（汪文虎 2016）
河州话（临夏话）：
清明一过，庄稼们就一呱种开了。
树上的果子一呱红下了。

现在看来自东乡语表示“全部、都”的情况。“满”在唐汪话里也是一个多功能的同形异义词。“满”可以做语气词、话题标记，或做副词用。从东乡话里借来的maŋ相当于汉语的“都”[①]。由于唐汪话不分前后鼻音，所以念成“满”（有人记作“蛮”）。现在看几个“满”表示“都”的句子：

vava mə̃ jikua mɛ̃ lɛ liɔ.
娃娃 PL 一挂 都 来 PRF
孩子们都来了。（汪文虎 2016）

唐汪话里另一个从东乡语借来的范围副词是“见”（东乡语是dʑiən），也表示“全、都”和“每”义。请看一些例句：

aʂɛ̃ tɕiɛ̃ kuətʂhu tɕi xua a ʂuə xuɪ li.
阿山 每 各处 的 话 ACC 说 会 PAR
阿山会说几种语言。（汪文虎 2016）
tʂʅ ji pɑ̃ zə̃ tɕiɛ̃ zə̃ na tʂɛ ji kiɛ xua.
这 一 CL 人 每 人 拿 DUR 一 CL 花
这些人每人拿着一朵花。（汪文虎 2016）

现在再看几个表示“快”“急忙”“赶紧”义的副词或副词用法。一个是“赞赶”，一个是“啊眨眨”。清人满语曾有“赶趱”的用法（即“急行”），我们怀疑这里的“赞赶”很可能来自“赶趱”。另一个表示“急忙”的词是“啊眨眨”，来源不详。汪华老师告诉我们，“啊眨眨”只能用在“跑”“走路”这类情况下能用。现在请看例句：

ni tsɛ̃kɛ̃ tʂʅ zə̃ a tɕiɔ tʂə lɛ.
2SG 赶紧 这 人 ACC 叫 CONV 来
你赶快把这个人叫来。（汪文虎 2016）
nə zə̃ atʂatʂa tɕi phɔ tʂʅ tɕhi liɔ.
那 人 快速 地 跑 CONV 去 PRF
那个人急忙跑去……（汪文虎 2016）

① 阿・伊布拉黑麦先生告之，唐汪话里有些“满”相当于“都”。

八 连词

唐汪话的连词有自己的特点。唐汪话不用普通话里最常用的连词“和”“跟”，而是用伴随格标记la表示，或用上面说过的副词“一挂”“一搭”表示。例如：

asɛ̃ jɛʂ̥ɛ̃ la ʂʅ̥ thũɕyɛ.

阿山 叶山 INST 是 同学

阿山和叶山是同学。（汪文虎 2016）

aʂ̥ɛ̃ jɛʂ̥ɛ̃ la lɛ liɔ.

阿山 叶山 INST 来 PRF

阿山和叶山来了。（汪文虎 2016）

再如，唐汪话表达选择问句“……还是……”时，用“……哩木（是）……哩”表达。例如：

aʂ̥ɛ̃ tɕhi limu xasə̃ tɕhi li?

阿山 去 哩木 哈森 去 PART

阿山去还是哈森去？（汪文虎 2016）

唐汪话表达“与其……不如”句式时，用从东乡语借来的后缀thala表达。这个后缀还表达“到某地点/时间”的意义（请看第三章的第三节）。此处只介绍“与其……不如”的例子：

ʂ̥u xa niɛ thala xuə xa tsu tɕhi li.

书 ACC 念 与其不如 活 ACC 做 去 PART

与其读书还不如干活去。（阿·伊布拉黑麦 1985）

tsuə thala ʂ̥ui li.

坐 与其不如 睡 PART

与其坐着还不如睡觉。（阿·伊布拉黑麦 1985）

唐汪话表达“如果”时，常用“动词 + 时”或“但 + 动词 + 时”表达“如果”。也有人用普通话和唐汪话混合的句式“如果……的话时”。“但”实际上是从东乡语里借来的，意思是“如果”。例如：

aʂ̥ɛ̃ pu tɕhi ʂʅ̥ ne və tɕhi.

阿山 NEG 去 时 那 1sg 去

如果阿山不去，那我去。（汪文虎 2016）

像普通话里的句式“只有……也”“不管……”“因为……所以”等句式，唐汪话基本不用同等句式。普通话里的“除了/不仅……还”，唐汪话用别的方式表达，比如用“……不说，还……”。例如：

tʂʅ kiɛ vava piɛ̃ xuɑ̃ tɕi xa pu ʂuə ʂʅ xɛ̃ thəu tũɕi li.

这 CL 娃娃 编 谎 底 ACC NEG 说 时 还 偷 东西 PART

这个孩子除了撒谎还偷东西呢。（汪小珊 2017）

唐汪话里的“就”有一些特殊用法值得注意。如常把副词“就”后置于ʂʅ（我们暂且写作“是”），以至形成了惯用语“是就”“中是就”这类惯用语，它们起到承上启下、连接句子的作用。请看几个例句：

tʂhũʂʅ tɕiəu liɑ̃sɛ̃tɕhiɛ̃ kiɛ.

中是 就 两三千 CL

这样就两三千人。（汪文虎 2016）

tʂũʂʅ ɛ xuə pu kuə tʂũʂʅ tɕiəu vɛthəu tʂhutɕhi liɔ.

中是 PART 活 NEG RES 中是 就 外头 出去 PRF

就这样活不下去了，就这样到外头打工去了。（汪文虎 2016）

唐汪人讲故事时，常用“中是/中哈”（这样的话，这样就）、“奴是/弄是”（那样，那样的话）、“是就”（这样）起始第二个句子。这些短语无疑起了连接句子的作用。汪文虎在2016年录制的一个2300多字的小故事里，用了10次“中是”、7次“奴是”、5次“中哈”。由此可见，这些词在唐汪话里的使用频率非常高。当然，根据发音人的习惯不同，他们的用词也略有区别，有的偏好“是就”，有的偏好“中是就”,有人说成“弄是”，有人说“奴是”。

九　语气词

唐汪话里的语气词非常丰富。有些语气词还起了标记动词体的作用，如“哩”“哈”“寨”等。许多语气词和普通话相同，但很多语气词是普通话里没有的。不过，也有的能在其他西北方言中找到，这些语气词是“啊/哈”“吧”“啥/洒”“呗”“欸/唉”“晒”“寨”“哩/咧”“满”“罢啦”“兰”“的”“可是”。其中，“啊”“哈”“唉”“欸”“哩”“咧”在普通话里也存在，但其他的语气词就比较有特色了。“晒”比较特别，唐汪话里的这个系词在肯定句的末尾出现时常和“唉”发生合音，有强调意味。我们姑且把“晒”也放在语气词的范围里。我们把2016年补充调查的例句也放在这里一并介绍。

（一）“啊”“哈”

ɔ tʂʅ ʂʅ kutɕĩ tɕi mĩtsɿ a.

哦 这 是 古今 GEN 名字 PART

哦，这是故事的名字。（汪文虎 2016）

tʂə̃tʂũ tʂɛ ʂʅ a ji kiɛ ʂʅtsɿʐə̃ ʂʅ xa tsɿ

正（这）中 DUR 时 PART，一 CL 识字人 识 RES 字

tɕi kiɛ zə̃ tɕi tʂə tɕĩlɛ liɔ.

GEN CL 人 挤 CONV 进来 PRF

正在这时啊，一个识字的人挤进来了。（汪文虎 2016）

və ɕi kɛ tɕhi jyɛ tɕi sɿ xa.

1SG 心 甘 情 愿 地 死 PART

我心甘情愿地死啊。（唐淑华 2010）

“啊”“哈”是语气词，也是话题标记。“啊”“哈”是一种变体关系。前面我们已经论及话题标记“啊”“哈”。这两个词的句法位置，是话题标记惯常的位置。所以这种词就成了话题标记理想的候选成分。曾经提出（Xu 2015），唐汪话里的宾格标记“啊、哈”，模式借自东乡语，但其语音形式来自汉语。演变途径就是话题标记。因为话题标记和宾格标记同形，句法位置也相同，所以当动词是及物动词时，有时候很难确定是宾格标记还是话题标记。

（二）“吧”

aʂɛ̃ pɑtɕiɛ̃ tʂha xuə vɛ̃ ʂʅ tɕiəutɕiɛ̃ ʂʅ lɛ li pa.

阿山 左右 茶 喝 RES 是 九点 时 来 PART PART

阿山大概喝完茶什么的9点左右会来吧。（汪文虎 2016）

东乡语也有这个语气词，记为ba。刘照雄（1981）认为，这个语气词表达请求、呼吁的语气，可用于各个人称。请看他的例子（83）：

Matan hantu jawujə ba!

咱们 同 走 吧

咱们一块儿走吧！

（三）“啥”

nə mə lɛ ʂa?

3SG NEG 来 PART

他没来吧？

və nima ʂuə liɔ ʂa.

1SG 2PL+DAT 说 PRF PART

我和你们说了啊。

东乡语也有这个语气词，记为ʂa。刘照雄（1981）指出，这个叹词可用于各个人称，表达催促的语气。请看他的例子（1981：85）：

ai, tʂɯ irə ʂa!

哎，你 来 啥

哎，你来呀！

（四）“呗”

ji kiɛ kɑ̃ liɑ̃ khuɛ pe.

一 CL 缸 两 块 PART

一个缸两块钱吧。

tsɔɕiɛ ma ji kiɛ lɔxɛ̃ pe.

早些 PART 一 CL 老汉 PART

从前啊，有一个老汉。

（五）“欸”“唉”

ɛ ni xɔxɔ tɕi tʂɛ mu?

INTER 2GS 好好 地 DUR PART

唉，你这不是好好的吗？

ɛ tʂʅ amutʂɛ liɑ̃ kiɛ ɕifu ʂa?

INTER 这 怎么 两 CL 媳妇 PART

唉，怎么成了两个媳妇了？

（六）“晒”

“晒”是“是”和“唉”的合音：

nə kuəzə̩ nə ʂʅ lɔpɛ ʂɛ.

3SG 个人 反身 是 老板 PART

他是自己的老板。

tɑ̃vɑ̃ ʂʅ kiɛ tshutsɿ ʂɛ.

唐汪 是 CL 村子 PART

唐汪是个村子。

（七）“寨”

“寨”在一些场合也可以理解为语气词，也可以理解为“持续体”标记。这点和普通话里的“呢”相似。请看：

aʂɛ̃ tsu ʂʅma tʂɛ?

阿山 做 什么 PART/DUR

阿山做什么呢？（汪文虎 2016）

aʂɛ̃ nia tɔ̃ tʂɛ.

阿山 2SG+ACC 等 PART/DUR

阿山等你呢。（汪文虎 2016）

（八）“哩”“咧”

vǝ jɛ tɕhi li.

1SG 也 去 PART

我也去哩。（汪文虎 2016）

tʂũʂʅ jɔ tʂɔ ji kiɛ tʂhɑ̃paʂʅ li.

这样 要 招 一 CL 唱把式 PART

就这样我们要招个唱戏的人。（汪文虎 2016）

（九）“满”

nǝ pu tuǝ tɕi ɕiɛ mɛ̃ nimu xɛ̃ tʂɑ̃ li mɛ̃.

那 NEG 多 的 些 PART，2PL 还 挣 PART PART

那些钱不多嘛，你们还要挣呢嘛。（汪文虎 2016）

tʂʅ ʂɑ̃ ɕiɛ xa tɕi ʂʅma mɛ̃?

这 POST 写 RES GEN 什么 PART

这上面写的是什么呀？（汪文虎 2016）

（十）“罢啦”

唐汪话有时在动词后面用pala结尾，如sʅpala（极端）。没有实意，只是加强语气[①]。如“埋哈罢啦”（埋了呗）、“tɕhi罢啦”（去呗）、“饭吃罢啦”（吃饭呗）。我们在不同的人讲述的故事中都发现这种用法。这种用法很可能来自中古汉语的“罢了”；现在还广为运用，但是意义有所变化[②]。根据Coblin（2003：219）的研究，在18世纪中叶的《清文启蒙》里已有类似的用法，写为“罢咧”。“罢咧”的用法很可能来自中古汉语的“罢了”。刘宁（2010：6）指出，从宋元到晚清，“罢了”的用例非常频繁，他找到400多例。“罢啦”的来源应该是“罢了”。有意思的是，东乡语也有这个语气词bala。从东乡语形成的时期和历史看，这个词很有可能是东乡语从汉语借入的，在今天的唐汪话里语法化为一个道地的语气词。现在请看唐汪话里“罢啦”的几个例子：

nǝ xutu ɕiɑ̃ pala!

那 糊涂 香 PART

那真是香啊！（汪文虎 2016）

tɕhixǝu zǝ pala thutʂʅ mu xɔ pala.

气候 热 PART 土质 PL 好 PART

气候热，土质也好啊。

① “罢啦”有一个同音异义词，如：这衣裳你翻罢啦穿上寨。（这衣服你穿反了）

② 请参见太田辰夫（1987）对“罢了”的历时论述。

（十一）"兰"

这个语气词表示征求意见，"兰"韵尾长读：

və khɛ kua lɛ̃.

1SG 看 下 PART

让我看看。（马雨琪 2013）

tha tʂʅ ke ji khəu lɛ̃.

3SG 吃 CAUS 一 口 PART

给他尝尝。（汪小姗 2017）

（十二）"的"

tə或tɛ（的）在唐汪话的口语里有时可以表达不高兴、不耐烦的口气。这种用法比较特别，很可能借自东乡语里表示厌烦的语气词ətə[①]。在以往的语料里，我们没有记录到ətə做语气词结尾的句子。根据阿·伊布拉黑麦先生的提示，我们又请教了汪小姗及其家人。汪小姗说，下面句子里的"的"可以换成ətə而意思不变：

ni tʂʅ xui thala tsu ʂəma tʂɛ tə?

1SG 这 会 直到 做 什么 DUR PART

一直到这会你在干什么？

və nə ali tɕhi tə?

1SG 能 哪里 去 PART

我能去哪里啊？

"的"有时表达的意思是在陈述一个事实。例如：

tʂũxa zə̃tɕiɛ khua tɕi nə ji tʂã tʂʅ tʂhə xa liɔ tə/tɛ.

这样 人家 咵 地 那 一 CL 纸 扯 RES PRF PART

就这样，那个人"咵"地一下扯下了告示。（汪文虎 2016）

（十三）"可是"

唐汪话的故事里，还有一些语气词很有特色。比如"可是"，它并不是普通话里的转折连词"可是"，而是一种语气词。"可是"常处于句末，表达确认语气，用来转述别人的话，表示"就是这样"，"故事就这么说的"。这个语气词和前面提到的句尾动词"说"功能相同，可看作是一种非亲见体的标记词。在标注的时候有时可以不译。请先看几个例句：

ji kiɛ lɔ nɛnɛ ji kiɛ lɔxɛ liɑ̃ kiɛ zə̧ khəʂʅ…

一 CL 老 奶奶 一 CL 老汉 两 CL 人 PART

① 阿·伊布拉黑麦先生在2017年法国巴黎东亚语言研究所年会语言接触工作坊发言稿里指出唐汪话里有语气词ətə，来自东乡语。

（传说）有一个老奶奶和一个老汉两个人……（唐米乃 2010）

amutɕi kiɛ kɔʂ̩əu ʂʅ khəʂʅ?

怎样 CL 高手 是 PART

（这人）是什么样的高手呢？（汪文虎 2016）

在2017年法国巴黎东亚语言研究所年会举办的语言接触工作坊上，阿·伊布拉黑麦先生指出，k'ə̥ʂʅ来源于东乡语的后置词k'ɯʂʅ（说是）。这就很好地解释了唐汪话里的这个"可是"。前面我们已经说过，唐汪话常用"说是"结尾，表达是听说的（引出直接引语）。"说是"比"说着"少见，"可是"比"说是"少见。一些唐汪发音人说，这个句尾的"可是"没有实义。看来"可是"的语法作用和"说是"应当是一致的。下面的例子是阿·伊布拉黑麦先生提供的，音标照录：

唐汪话 a. zə̥̃tɕia yɛ̃-a tʂ'uliɔtʂə k'ɔ̃ luə tɕ'iliɔ jixa k'ə̥ʂʅa

人家 院啊 出 料着 康乐 去料 一哈 可是

东乡语 b. əʁɔ̃ tʂ'ujɔ̃ kiə-tənə niə k'ɔ̃lo ətʂ'ʅ-wə k'ɯʂʅ

他 出 院 一 康 乐 去

他说是（说是他）出院以后去了一趟康乐。

唐汪话 a. tsuəkiə-tɕi nə zə̥̃ ʂʅ apa-ni ʂɪ k'ə̥ʂʅ.

昨个底 呢 人 是 阿爸ni 晒 可是

东乡语 b. utʂ'uʁutu-k'u hə k'ũ ʂʅ apa-ni wə k'ɯʂʅ.

昨天 那 人 是 父亲 是 可是

说是昨天那个人是他的父亲（昨天那个人据说是他的父亲）。

上面的两对例子清楚说明了"可是"的来源。唐汪话里的"可是"借自东乡语，表达"听说""据说"。

在这节我们看到，唐汪话的语气词不少和东乡语几乎完全一致，如"吧""啥""满""罢啦""的""可是"。如果"满""的""可是"来自东乡语，其他几个语气词很可能是汉语固有的。"兰"这个语气词也值得注意。阿·伊布拉黑麦先生在2017年2月21日给徐丹的来信中指出："语气词的'满''兰'，我觉得记作'嘛'、'来'更为科学，因为都没有鼻化成分"。从我们记录的语料（包括2016年和2017年增补的材料）看，这个问题可能来自唐汪话里的鼻化音和非鼻化音可以是一对自由变体，如"满"与"嘛"、"兰"与"来"等。在搜集到的故事里，其他例子如"奴是"与"弄是"、"木"与"们"、"这木"与"中木"、"这中""正中"等。这种现象在徐丹调查的甘肃永登薛家湾话里也是如此，即鼻化音和非鼻化音不都形成对立，有时候是自由变体（徐丹 2016：24）。这很可能是西北方言前后鼻音不分而引起类推的结果。

第二节

短 语

本节介绍唐汪话的名词性短语和动词性短语。名词性短语的核心不一定是名词，还可以是代名词，如人称代词、可独立充当论元的指示词和疑问代词。动词性短语指动词可以占据核心位置的短语。我们主要讨论并列短语、动量短语、连动结构和动补结构。

一　名词性短语

名词性短语指可以像名词一样充当论元的短语，我们主要讨论同位短语、并列短语。

（一）同位短语

唐汪话的同位语结构为“专名＋类名”，例如：

thãvã　tʂhuɛ̃　　vã　lɔsʅ

唐汪　川　　汪　老师

唐汪川　　汪老师

（二）并列短语

名词短语的并列是无标记的。例如：

tʂʅkiɛ　tɕiathĩ　li　jəu　ji　kiɛ　nɛ̃　tɕi　ji　kiɛ　ny　tɕi.

这个　家庭　里　有　一　个　男　的　一　个　女　的

这个家里有一个男的和一个女的。

və　xasə̃　aʂɛ̃　mɛ̃　tɕiɛ̃　lɔ.

我　哈森　阿山　TOP　见　PRF

我见了哈森和阿山。

（三）修饰性短语

修饰性短语又可分为两类：一类是有核修饰性短语，如“指称、量化成分 + 核心”、“形容词、名词、介词短语等 + 核心”等，一类是无核修饰性短语，如数量短语、指量短语、“底”字短语等。

1. 指称类修饰语。可以构成“指示词 + 量词 + 名词”。例如：

tʂʅkiɛ phĩkuə tʂhʅ xɑ̃ liɔ.

这个 苹果 吃 COMM PRF

吃到了这个苹果。

也可以不用量词，直接用“指示词 + 名词”。例如：

tʂʅ ɕifu kə̃ xɑ̃ tʂə ləuʂɑ̃ ʂɑ̃ liɔ.

这 媳妇 跟 COMM PROG 楼上 上 PRF

这媳妇跟上了上楼了。

və tɕiɑ̃ tʂʅ lv xɑ̃ ɕiɛ tɕhi pa.

我 刚刚 这 驴 POST ABL 骑 结束

我刚刚从这驴上下来。

2. 量化成分做修饰语。例如：

və nə xa jiɕiɛ phĩkuə sũke liɔ.

我 他 ACC 一些 苹果 送给 PRF

我给他送了一些苹果。

“数词 + 量词”充当定语也是量化成分做定语的表现。例如：

ji kiɛ lɔxɛ̃ sɛ̃ kiɛ vava

一 个 老汉 三 个 娃娃

一个老汉 三个孩子

3. 性质类修饰语。

主要用表示性质的形容词修饰名词。例如：

ka va ta ʂhu

小 娃 大 树

小孩子 大树

kuɛ vava

乖 娃娃

乖孩子

4. 领属定语

领属语和被领属语之间的关系无论是可让渡的还是不可让渡的，都需要加上标记

“底”。例如：

nə tɕi ɕũtɕi

他 GEN 兄弟

他的兄弟

və tɕi ama

我 GEN 妈妈

我的妈妈

ni tɕi vatsɿ phə xa tʂɛ

你 GEN 袜子 破 COMM PART

你的袜子破了。

və nə tɕi ʂu xa khɛ̃ liɔ.

我 他 GEN 书 ACC 看 PRF

我看了他的书。

如修饰性短语没有核心名词，但也可以像名词一样充当论元的短语，可称为无核修饰性短语。比如“底”字短语：

sɿmu tɕili ɕiɛ tə kə liɑ̃ sɛ̃ khəutɛ liɑ̃ʂʅ mɛ̃

四五亩 地里 ABL 得到 PART 两 三 口袋 粮食 PART

tsɛ tuə tɕi məjəu mɛ̃.

再 多 的 没有 PART

从四五亩地里可以收获两三口袋粮食，没有更多的。

tʂʅ ʂuɑ̃kuə akiɛ tatɕi akiɛ katɕi.

这 双胞胎 谁 大的 谁 小的

这对双胞胎哪一个是大的，哪一个是小的。

tʂhuɛ̃tɕi jɛ phə tʂə.

穿的 也 破 PART

穿的也破。

第一例中“多的”指“多的粮食”；第二例的“大的”“小的”分别指“大的双胞胎”或“小的双胞胎”；第三例的“穿的”指“穿的东西”。

数量短语和指量短语也都可以单独充当论元。例如：

aʂɛ̃ jəu liɑ̃kiɛ ɕũtɕi li, jikiɛ ɕiɛ̃xɑ̃ kũtsuə tʂɛ,

阿山 有 两个 兄弟 PART 一个 县上 工作 PROG

jikiɛ ɕuəɕiɔli niɛ̃ʂu tʂɛ.

一个 学校里 念书 PROG

阿山有两兄弟，一个在县上工作，一个在学校念书。

tʂʅkiɛ jɛ pãxa liɔ

这个 也 绑下 PRF

这个也绑起来了。

二 动词性短语

（一）并列结构

动词可以构成并列关系。一般采用无标记并列。例如：

nə thɑxa tʂə khɛ̃ ʂu tʂɛ.

他 躺下 PROG 看 书 PROG

他躺着看书。

tha tʂhã kə khɛ̃ ʂu tɕi mɛ̃ nɛ.

他 唱 歌 看 书 的 TOP 爱

他喜欢唱歌和看书。

第一例是“躺哈着”和“看书”两个动词短语的并列。第二例是“唱歌”和“看书”的并列。

对于普通话等用并列连词“并”“和”等连接的动词短语，唐汪话常将之扩展为复句，使用框式连词。请参考后文对并列复句的介绍。

（二）动补结构

总体而言唐汪话的动补结构不发达，当两个表示相继动作的动词连用时，唐汪话不允许两个动词直接相连，而要在第一个动词后加上“着”。例如：

na tʂə tɕhilɛ

拿 着 起来

拿起来

phɔ tʂə kuəlɛ

跑 着 过来

跑过来

thiɔ tʂə ɕiatɕhy

跳 着 下去

跳下去

上例中，唐汪话需要使用“着”，而对应的普通话的翻译不用“着”，在唐汪话中都是不合法的表达。“着”在该结构中的功能是分句标志，因此“V着V”主要构成的是连动式而不是动补式。

另一些在普通话中的动补结构在唐汪话中可以用致使结构表达。例如：

tsã xa ki lɔ

脏 下 给 PRF

弄脏了

fɛ̃ kuə ki

翻 过 给

打翻

但唐汪话仍存在动补结构，补语类型主要有结果补语、趋向补语和程度补语。

1. 结果补语

一般为形容词，直接位于动词之后，表达动作的结果。这种动补结构可称为黏合式动补结构。例如：

kɑ̃ xa ta phə ki lɔ.

缸 ACC 打 破 给 PRF

缸被打破了。

还有一类组合式动补结构，动词和补语之间需插入标记“着”或“底”。例如：

və tʂɑ̃ tʂə kɔ.

我 长 着 高

我长得高。

fa tʂə tsəuputũ liɔ.

累 着 走不动 PRF

累得走不动了。

nə tusəniɛ xa tsuəxa tɕi khuɛ.

他 作业 ACC 做下 地 快

他作业做得快。

2. 趋向补语

表示趋向的“上”“下（念“哈”）”“来”“去（念“起”）”都可以作为补语，其中“上/下”主要用在已然事件，趋向义不明显。由于在动词后高频使用，沾染上一定完成体标记的功能。例如：

və yuɛtʂhi naxɑ̃ tʂə lɛ liɔ.

我 钥匙 拿上 着 来 PRF

我拿上钥匙来了。

və tshũxa tɕi tɕhiɛ̃ tuətɕixɔ̃.

我 存下 的 钱 多得很

我存的钱多得很。

aʂɛ̃ xasə̃ tɕhĩxa liɔ.

阿山 哈森 请下 PRF

阿山请了哈森。

“下”还有能性情态的用法。例如：

aʂɛ̃ tsuəxa li.

阿山 做下 PART

阿山做得了。

“来”和“去”可以直接附在动词之后，表示“来做某事”或“去做某事”。例如：

tha likixa tɕi lɔxɛ̃ mɔ̃xɑ̃ jɔ tʂə tʂhʅ lɛ.

她 离给下 的 老汉 门上 要 着 吃 来

与她离婚的男人上门来要吃的了。

aʂɛ̃ jɛʂɛ̃ ɕỹ tɕhi liɔ.

阿山 叶山 寻找 去 PRF

阿山去找叶山了。

其中，“V来”表达的是“先来后V”，和普通话对应表达的顺序相反（如“跑来”是“先跑后来”）。唐汪话如果要表达“先V后来”义，则用连动结构（如“跑着过来”）。

3. 程度补语

常以形容词直接作为程度补语。例如：

aʂɛ̃ tə liɔ jibɛ kɔɕĩ xuɛ liɔ.

阿山 得 PRF 一百 高兴 坏 PRF

阿山得了一百分，高兴坏了。

（三）动量短语

这类短语是对动作进行的量化，其语序比较灵活，用在动词的前后皆可。例如：

və petɕĩ tɕhi liɔ sɛ̃tshʅ.

我 北京 去 PRF 三次

我去了北京三次。

və petɕĩ sɛ̃tshʅ tɕhi liɔ.

我 北京 三次 去 PRF

我去了北京三次。

第三节

语序

唐汪话存在两种语序，OV（宾语＋动词）和VO，OV是常见的语序。唐汪话的基本词汇来自汉语，句法形式有的来自汉语，如河州（临夏）一带的方言，有的来自非汉语。唐汪话的语序基本上是SOV，这与蒙古语、藏语的基本语序一致，但SVO的句式也存在。

20世纪60年代Greenberg（1963）开拓和发展了语言类型学。语序问题一直是语言类型学家关注的问题。根据以往的研究，VO 和OV 语序是人类语言最普遍的语序，在Haspelmath等人建立的世界语言地图册里，众多语言的语序为我们提供了有价值的参考数据。在该网站提供的材料里，OV语序的语言是713个，VO语序的语言是705个，语序没有明显倾向的有101个。中国境内汉语各方言的语序基本都是VO，但是非汉语的语言，呈现两种基本状况：除侗台、苗瑶语支[①]是VO语序外，其他语支基本是OV语序。中国北方的阿尔泰诸语言也是OV语序。唐汪话被东乡语包围，附近还有保安语、土语等。现在的唐汪话的基本语序是OV。从以往学者调查过的河州话（甘肃临夏回族自治州一带）看，这一地区的主要语序都是OV语序。这些地区也都用“哈”“啊”标记宾语。“哈”在上述地区可以标记宾语，这点基本和唐汪话重合，如“哈”标记宾语的介绍和研究，除了阿·伊布拉黑麦（1985）描写的唐汪话外，还见于临夏话（马树钧 1982，李炜 1993）、循化县托坝话（马树钧 1984）、青海汉语（李克郁 1987）、河湟汉语（贾晞儒 1990）、临夏市区话（王森 1993a）、夏河（拉卜楞）话（中岛干起 1992）、甘沟话（Zhu et al. 1997，杨永龙 2014）、青海湟水方言（Dede 2007）等。这表明，甘肃和青海交界的地区基本语序是OV，并用宾语标记“哈”表示。上述地区与蒙古语族的各语言有接触，而且和藏语（安多）也有接触。接触后产生的语言现象很类似，只是语音选择有所不同。

---

① 有人主张是语系，不是语支。

（一）唐汪话OV和VO两种语序

唐汪话的基本语序是OV，但也有VO语序。宾语标记“哈”可以各种形式出现，有时“哈”成了“啊”，或前置宾语最后一个音节的韵尾被拉长，这些表面上不同的语音成分其实都是“哈”的变体。徐丹（2014）统计了一个2000多字的短篇故事，算上重复出现的句型，VO语序有19个，OV语序有34个。OV语序是主要语序。用VO语序时，不用宾格标记“哈”，宾语在动词前面时，绝大部分场合用“哈”或其变体（“啊”或拖长声调）标记。我们说“绝大部分”，是因为在语境十分清楚时（受事者不具有＋人的语义特征），在他们有的口语句子里，宾语可以没有任何标记。在我们2016年调查到的材料里，VO语序的句子很多，这很可能与发音人汪文虎先生的文化水平有关。汪先生是东乡县黑石山小学的教员，参过军，文化水平为高中（当时从小学到高中是九年制）。现在我们看几组句子：

jɑ̃ ɛtɛ tʂhʅ tshɔ tʂɛ.
羊 现在 吃 草 DUR
羊吃草呢。

jɑ̃ ɛtɛ tshɔ xa tʂhʅ tʂɛ.
羊 现在 草 ACC 吃 DUR
羊吃草呢。

nə khɛ xa liɔ ʂu.
3SG 看 RES PRF 书
他看了书。

nə ʂu xa khɛ xa liɔ.
3SG 书 ACC 看 RES PRF
他看了书。

在唐汪话里，上面两组句子都成立。tʂɛ“寨”是一个表达动词体的词，可以表示“正在”“持续”等义。nə“呢”在唐汪话里既是指示代词，又是第三人称代词“他”。“下”读音xa“哈”与宾格标记同音。相当于普通话的“下”“掉”等义，此处仍用“哈”表示。“了”念liɔ。在汪文虎先生录制的一百个句子里，“是字句”全部用了VO语序，“有字句”大部分也用了VO语序。此处仅举几例：

aʂɛ̃ ʂʅ kiɛ xɔʐə̃ ʂe.
阿山 是 CL 好人 PART
阿山是个好人。

aʂɛ̃ ʂʅ taɕyɛʂə̃.
阿山 是 大学生
阿山是大学生。

如果除去“是字句”“有字句”，其他句子里动词和宾语的语序常见的仍是OV语序。举几个例子：

aʂɛ̃　jili　tɕhi　liɔ.

阿山　伊犁　去　PRF

阿山去了伊犁。

aʂɛ̃　xasə̃　a　tɕhĩ　xa　liɔ.

阿山　哈森　ACC　请　RES　PRF

阿山请了哈森。

宾语在动词前的句子里，常被宾格标记“哈”标记。在语流中，“哈”常被简化为“啊、唉”等音。王森（1993a：194）发现临夏市区就用“加重和拉长读音的方式表示宾语”。这点与唐汪话完全相同。更多OV语序的例子请详见后面的语料。

（二）动词和副词的语序

唐汪话里的副词常在宾语前出现，语序一般是O+副词+V。我们在副词一节已经谈过。请再看几个例句：

nə　tʂhɑ̃　ʂu　xa　khɛ　tʂɛ.

3SG　常　书　ACC　看　DUR/PART

他常看书。

kuətɕhi　ʂʅ　tsɛ　lu　mə　jəu.

过去　时　再　路　NEG　有

过去后再没有路了。

və　petɕi　tɕhi　kuə　xɛ　tɕhiɛ̃tɕĩ　tɕhi　kuə.

1SG　北京　去　过　还　天津　去　过

我去过北京还去过天津。

这几个句子里的副词“常”“再”“还”都在宾语前出现。唐汪话OV之间除宾格标记“哈”外，一般不再插入其他成分。唐汪话说“常书哈看寨”，普通话要说“常看书”。受教育程度高的人由于受到普通话的影响，有时两种词序都用。但是否定副词不同于其他副词，要紧邻动词，不能在“否定词+动词”之间插入宾语。例如：

zə̃　mə　tɕiɛ　ke.

人　NEG　见　CAUS

不让人见。

唐汪话里的动词和副词的语序和河州话（临夏）如出一辙，和《临夏方言》及谢晓安等（1990，1996）记录到的语言事实很相似。

第四节

句子

一　句子成分

本节只讨论简单句的句子成分。

（一）主语

主语是执行句子的行为或动作的主体，通常位于句首。由于唐汪话有格标记，因此也可以结合形式来定义主语，即句子中使用零标记的论元。充当主语的词语主要有名词、指量短语、代词等，动词偶尔也可做主语。

1. 名词做主语。例如：

aʂɛ̃　ʂʅ　jɛɛkhɔ̃　tɕi　aka.

阿山　是　叶尔肯　的　哥哥

阿山是叶尔肯的哥哥。

2. 指量短语做主语。例如：

tʂʅ　kiɛ　ʂɔ̃tshɛ　ta.

这　个　身材　大

这个身材高。

3. 人称代词做主语。例如：

və　petɕĩ　tɕhi　liɔ.

我　北京　去　PRF

我去了北京。

4. 动词主语。例如：

tsuətɕĩ tʂə li tsuətɕĩ ʂʅ ɕiəuɕĩ tʂə li.

坐静 PROG PART 坐静 是 修行 PROG PART

静坐呢，静坐是修行。

（二）宾语

宾语是谓语动词的接受者。从形式上看，唐汪话的宾语通常是可以附加宾格标记“哈/啊”的论元。做宾语的主要也是名词性成分，不再枚举。本节重点讨论宾语的语序及宾格标记的使用。

唐汪话基本语序是SOV，也有SVO，后者常出现于“不强调宾语有所指”和“宾语不确指”时。也就是说，当宾语无定或不被强调时，通常位于动词之后。例如：

və tʂhʅ fɛ̃ tʂɛ.

我 吃 饭 PROG

我在吃饭。

və tɔtsʅ la tɕhiɛ zʐ̩əu liɛ.

我 刀子 INST 切 肉 PART

我用刀切肉。

aʂɛ̃ jəu sɛ̃ kiɛ aka li.

阿山 有 三 个 哥哥 PART

阿山有三个哥哥。

其余情况下，宾语一般位于动词之前，并且根据需要，附加宾格标记“哈”。“哈”的用与不用遵循一个总的原则，即区分施事和受事，尤其当施事和受事的生命度相同时，“哈”必须出现。例如：

kavɑ̃ kali xa taxa liɔ.

小王 小李 ACC 打下 PRF

小王打了小李。

当施和受事区分明确时，“哈”可以不出现。例如：

və phĩkuə tʂhʅ liɔ.

我 苹果 吃 PRF

我吃了苹果。

在SVO语序中，受事依靠在动词之后的语序自然地和施事区分时，所以“哈”不出现。

除去“哈”，唐汪话还有“把”“哈”同现的句式。例如：

tha pa nə kiɛ pɑ̃ xa naxɑ̃ tʂə.

他 把 那 个 棒子 ACC 拿上 PROG

他拿起了棒子。

（三）表语

表语是说明主语的身份、性质、品性、特征和状态等的成分。表语和宾语的位置相当，也可以出现在动词的前或后。例如：

aʂɛ̃　ʂʅ　jɛɛkhɔ̃　tɕi　aka.

阿山　是　叶尔肯　的　哥哥

阿山是叶尔肯的哥哥。

aʂɛ̃　ʂʅ　taɕyɛsɔ̃.

阿山　是　大学生

阿山是大学生。

thɑ̃vɑ̃　tshũtsɿ　sʅ　ɛ.

唐汪　村子　是　PART

唐汪是村子。

ɕiakhəu　kũpe　tɕi　jikiɛ　tʂhuɛ̃ʂuə　ʂʅ.

峡口　拱北　的　一个　传说　是

是峡口拱北的一个传说。

还有一类“是……是”同现句，例如：

ni　ʂʅ　akə　ʂʅ?

你　是　谁　是

你是谁？

跟“把……哈”同现句一样，“是……是”同现句也体现了唐汪话基本语序中OV语序和VO语序的混合。

注意，表语和宾语虽然位置相当，但句法属性不一，不能等同看待。比如宾语可以被关系化，而表语不可。

（四）状语

状语是句子谓语的修饰成分，提供谓语所描述的动作的时间、地点等相关信息。

1. 地点状语

地点状语可以以名词的形式出现，也可以加表示方位的后置词（如“里”），出现在动词之前。例如：

phĩkuə　xa　nɔ　xuəxuəli　tʂuɑ̃xɑ̃　ki　liɔ.

苹果　ACC　我　盒子里　装上　给　PRF

我把苹果装到盒子里了。

və tɕiɑ̃ ɕyɛɕiɔ li ɕiɛ lɛ liɛ.

我 刚刚 学校 里 ABL 来 PART

我刚从学校里来。

也可以出现在名词（常为宾语）之前。例如：

və nəmu tɕi kɑ̃tɕhɛ̃ ɕiɛ jɑ̃ xa mɛxa liɔ.

我 他们 的 跟前 ABL 羊 ACC 买下 PRF

我从他们那里买了羊。

2. 时间状语

时间状语可以放在句首。例如：

mĩtsɔ ni thəu ʂu xa.

明天早上 你 头 梳 一下

明早你梳一下头。

也可以放在主语之后。例如：

aʂɛ̃ tɕĩtɕhiɛ̃ lɛ.

阿山 今天 来

阿山今天来。

还可以出现在定语的位置，但起状语的功能，可视为“伪定语”。例如：

sɛ̃ niɛ̃ tɕi kũ taxa liɔ.

三 年 的 工作 打下 PRF

打了三年的工。

从结构上看，“三年”修饰的是“工”，但意义上修饰的是整个行为“打工”。

3. 方式状语

方式状语出现在动词之前。例如：

nimu liɑ̃kiɛ liɑ̃kiɛ tɕi tɕĩ.

你们 两个 两个 地 进入

你们两个两个地进。

tiɛ̃xua kualala tɕi ɕiɑ̃ tʂə.

电话 呱啦啦 地 响 PROG

电话“呱啦啦”地响着。

二 句类

（一）陈述句

陈述句的语气平稳，没有特殊的句法表现。例如：

aʂẽ tɕi aka lɛ liɔ.

阿山 的 哥哥 来 PRF

阿山的哥哥来了。

uauamu jikua lɛ liɔ.

孩子们 全部 来 PRF

孩子们都来了。

（二）疑问句

疑问句最主要的分野是是非问和特指问，前者可以肯定或否定来回答，后者不可。

1. 是非问

是非问句是在陈述句的基础上加上句末的疑问语气词构成的。例如：

nə va jəu jitɕiẽ li mu?

他 我 DAT 有 意见 PART PART

他对我有意见吗？

aʂẽ lɛ liɔ mu?

阿山 来 PRF PART

阿山来了吗？

“木”应该是“吗”的音变形式，而“吗”在历史上是由否定词“无”发展来的，类似的演变也发生在唐汪话的共时层面，即否定词“不”有时也可放在句末。例如：

ni tsuəniɛ ɕiɛ tɕhi li pu?

你 作业 写 去 PART 不

你去写作业吗？

是非问句还可以用提高句末语调的方式来构成。例如：

aʂẽ lɛ liɔ?

阿山 来 PART

阿山来了？

2. 特指问

特指问是针对某一成分，采用疑问代词进行的提问，疑问代词位于被代替成分的位置上，无需移位。从被提问成分的语法位置看，可以有如下几种情况：

ni ʂʅ akə ʂʅ?

你 是 谁 是

你是谁？（提问主语）

aʂẽ tsuə ʂʅma tʂɛ?

阿山 做 什么 PART

阿山是做什么的？（提问宾语）

akə tɕi ɕifu?

谁 的 媳妇

谁的媳妇？（提问领属语）

ni akə xa na pɔ̃ ʂu ki ki liɔ?

你 谁 DAT 那 CL 书 给 AUX PRF

你给了谁那本书？（提问接收者）

ni nə xa ʂɔ̃mə ki ki liɔ?

你 他 DAT 什么 给 AUX PRF

你给了他什么？（提问客体）

从被提问成分的语义看，可以有这样一些情况：

ali tɕi pəkutshɔ ja?

哪里 的 玉米草 PART

哪里的玉米草？（提问地点）

lɛ̃tʂəu ɕiɛ petɕĩ tɕhi namə tʂə tɕhi liɛ?

兰州 ABL 北京 去 怎么 着 去 PART

从兰州到北京怎么走？（提问方式）

ni tsuəkə ɛ̃mu tʂə mo lɛ?

你 昨天 怎么 着 没 来

你昨天怎么没来？（提问原因）

ni tɕikiɛ uaua jəu?

你 几个 孩子 有

你有几个孩子？（提问数量）

3. 选择问

还有一种问句形式为选择问，即发问者提供若干选项供回答的问句形式。它和是非问与特指问的划分依据不同，不好和前两者放在一个平面上讨论。如果从句子的功能来看，“A or B?”式选择问需要回答者做出具体回答，和特指问一致；“A or NEGA”式选择问需要回答者做出肯定或否定的回答，和是非问一致。所以不妨也可将选择问分为特指选择问（“A or B?”式）和是非选择问（“A or NEGA”式）。

（1）特指选择问，例如：

ni ʂuɪ xuə liɛ mu ʂʅ tʂha xuə liɛ?

你 水 喝 PART PART 是 茶 喝 PART

你喝水还是喝茶？

“是”相当于普通话的“还是”，为选择连词。而当“是”也省略时，原本用于是非问句的句末疑问语气词“木”就成为两个小句之间的连接项，在一定程度上脱离了原有功能，带上一定的选择连词的功能。例如：

ni khẽ ʂu liɛ mu khẽ tɕiẽʂʅ liɛ?

你 看 书 PART PART 看 电视 PART

你看书还是看电视？

aʂẽ tɕhɿ li mu xaʒə̃ tɕhi li?

阿山 去 PART PART 哈山 去 PART

阿山去还是哈森去？

上两例的“木”各只出现一次，并且用于两个小句之间，在结构上有进一步发展为选择连词的可能。

（2）是非选择问，例如：

aʂẽ tsɛ lɛ li pu lɛ?

阿山 再 来 PART 不 来

阿山还来不来？

（三）祈使句

唐汪话的祈使句在语序上有一个特点，即宾语需要放在动词之前。例如：

ni ʂu xa khẽ?

你 书 ACC 看

你看书。

ni phĩkuə xa tʂhʅ?

你 苹果 ACC 吃

你吃苹果。

另一个特点是祈使句一般不用体标记。例如：

ni kẽtɕĩ ʂã?

你 赶紧 上

你赶紧上。

ni pɔ tɕĩ?

你 不要 进

你别进去。

三 句式

（一）存现句

唐汪话的存现句使用“有”为存现动词，可以同时表示“有”和“在”。例如：

aʂẽ xɛ mo lɛ tɕi ɕiẽtsɿ vəmu tʂʅli tʂʅtʂũ tũɕi məjəu.

阿山 还 没 来 的 时候 我们 这里 这种 东西 没有

阿山还没来的时候，我们这儿没有这种东西。

mutshũ tɕi pɑ̃pɑ̃li jəu kiɛ ka kəukəu li.

牧村 的 旁边 有 个 尕 沟沟 PART

牧村的旁边有一条深沟。

aʂẽ lɛ tɕi ɕiẽtsɿ və mə jəu.

阿山 来 的 时候 我 没 有

阿山来的时候，我不在。

（二）差比句

唐汪话差比句的结构为“比较项＋基准＋比较标记＋比较结果”。例如：

katʂɑ̃ kavɑ̃ ɕiɛ ta.

小张 小王 比 大

小张比小王大。

ni və xaɕiɛ ʂə̃tshɛ ta.

你 我 比 身材 大

你比我高。

其中，前一例是单独用离格标记“些”，后一例则用与格标记“哈”和离格标记“些”构成复合式比较标记。唐汪话差比句的比较主体和属性主体可以分离（刘丹青 2012），如例5；比较主体是“你”和“我”，属性主体则是“身材”（是“身材大”而非“你/我大”）。

（三）双及物结构

双及物结构包含一个施事者论元（agent/A）、接受者论元（recipient/R）客体论元（theme/T）和一个三价动词。唐汪话双及物结构的基本语序是ARTV，但T有时也可以出现在动词之后，R不能用在动词后。例如：

ni tũɕi xa və xa xuẽ ki.

你 东西 ACC 我 DAT 还 AUX

你把东西还给我。

nə və xa xua xa ki jikiɛ.

他 我 DAT 花 ACC 给 一个

他给了我一朵花。

na pɔ̃ ʂu ni akə a ki ki liɔ?

那 本 书 你 谁 DAT 给 AUX PRF

那本书你给谁了?

唐汪话的与格标记和宾格标记同形(皆为"哈"),上两例中,加在R之后的"哈"是与格标记,加在T之后的"哈"是宾格标记。而R和T如果只有一个有标记时,只有R需要加与格标记。如最后一例只在"你"后加上与格标记。这可能是由于R通常和A一样,都是有生体,需要用格标记加以区分。

(四)受益者结构

唐汪话双及物结构的动词常为"V给"这样的复合动词,如"你东西哈我哈还给"(你把东西还给我);但"V给"也可以自然地用在受益者结构(benefactive constructions)、致使结构(causative constructions)和被动结构(passive constructions)当中。尤其是双及物结构和受益者结构难以区分。例如:

və nə xa mɔji a tʂʅ ki tʂɛ.

我 他 DAT 毛衣 ACC 织 给 PART

我给他织毛衣/我织毛衣给他。

nə nə xa tsuə ki fɛ̃ tʂɛ.

他 他 DAT 做 给 饭 PART

她给他做饭/她做饭给他。

一般认为,汉语普通话及部分方言可以用"给N"的位置来区分N是接受者还是受益者:当"给N"位于V之前时,N一般理解为受益者(如"我给他织毛衣");当"给N"位于V之后时,N为接受者(如"我送花给他"/"我送给他花")。但唐汪话的"给"只能和V一起使用,不能移动位置,因此若想引出受益者等,依然也用"V给",从而产生结构歧义。

(五)致使结构

"V给"同样可构成致使结构。致使结构是使动词增价的重要结构,一般会给动词增加被致使者(causee)论元。唐汪话可以用"V给"能产性地构成致使结构。例如:

və nə xa ʂuə ki thɑ̃vɑ̃ xua.

我 他 DAT 说 给 唐汪 话

我让他说唐汪话。

lɔsʅ vəmɔ̃ xa lɑ̃ ki tɕhi tʂɛ.

老师 我们 DAT 玩 给 去 PART

老师让我们去玩。

tʂʅ nɛ̃tɕi jɔ pu tsuə ki jɔ tsəu ki li.

这 男的 要 不 住 给 要 走 给 PART

这男的不让她住，让她走。

上述例句中，由于“给”的使用，使得原有动词增加了被致使者论元。例如，上述第一个例句的动词“说”原本是二价动词，含有施事和说话内容两个论元，加上“给”后，又增加了被致使者论元“呢”。余例类推。

（六）被动

“V给”还可以用于表示被动。例如：

jikiɛ xuaphĩ xa tasui ki tʂɛ.

一个 花瓶 ACC 打碎 给 PART

一个花瓶被打碎了。

ɕiɔvɑ̃ xa ɕiɔli ta ki liɔ ji tũ.

小王 ACC 小李 打 给 PRF 一 CL

小王被小李打了一顿。

ʂutʂʅtʂʅ tuəkuə ki liɔ.

树枝 砍 给 PRF

树枝被砍了。

从上述例句可见，唐汪话被动结构的构成方式为：将宾语提至句首，并在动词上加上“给”，即“OSV‘给’”。

唐汪话的“给”有上述诸多用法并不奇怪，汉语方言中普遍存在“给予＞受益者＞致使＞被动”的演变链条，唐汪话的“给”也发展出这些功能。但不同的是，普通话及其他诸多方言中，“给”是作为介词有上述用法，而唐汪话的“给”更像是加在动词上的附核标注（head marking）。

关于唐汪话的被动结构，还有一点需要说明，即：如果动词不加“给”，且单纯用OSV语序，那么就很难说其就是被动结构，而更像是受事话题的前置。这是因为典型被动句的表现包括：

1. 受事被提到主语位置；

2. 动词有形态变化。

而唐汪话的受事即使被提至句首，仍然不改其宾语的身份（附加宾格标记），动词也没有变化。“OSV‘给’”的O也是宾语，但至少“给”为动词带来了变化，整个结构更接近于典型的被动式。

四　复句

复句之间的关系主要可分为联合关系和主从关系。

（一）联合关系

并列关系又可分为并列、选择、转折、递进等。

1. 并列复句

并列复句的两个小句之间可以不用任何标记，是为无标记并列。例如：

vә jã xa mɛ liɔ jikiɛ niәu xa mɛ liɔ jikiɛ.
我 羊 ACC 买 PRF 一个 牛 ACC 买 PRF 一个
我买了一只羊，买了一头牛。

aʂɛ̃ jәu liãkiɛ ɕũtɕi li jikiɛ ɕiɛ̃xã kũtsuә tʂɛ
阿山 有 两个 兄弟 PART 一个 县上 工作 PART
jikiɛ ɕyɛɕiәli niɛ̃ʂu tʂɛ.
一个 学校里 念书 PART
阿山有两个兄弟，一个在县上工作，一个在学校里念书。

也可以用“还”“也”连接。例如：

nә tsuәniɛ xa tsuәxa tɕi khuɛ xɛ kɛ̃sɛ̃.
他 作业 ACC 做下 地 快 还 好
他作业做得又快又好。

vә petɕĩ tɕhi kuә xɛ thiɛ̃tɕĩ tɕhi kuә.
我 北京 去 过 还 天津 去 过
我去过北京，还去过天津。

nә mɛ liɔ kiɛ piɔ vә jɛ piɔ xa mɛ liɔ kiɛ.
他 买 PRF 个 表 我 也 表 ACC 买 PRF 个
他买了个表，我也买了个表。

或者采用框式的“也……也”“一头里……一头里”等连词。例如：

ni jɛ tɕhi vә jɛ tɕhi.
你 也 去 我 也 去
你也去，我也去。

tha ʂu jɛ nɛ khɛ̃ kuә jɛ nɛ tʂhã.
他 书 也 爱 看 歌 也 爱 唱
他爱看书和唱歌。

tha jiʂã jɛ ɕi tʂɛ kuә jɛ tʂã tʂɛ.
他 衣裳 也 洗 PART 歌 也 唱 PART
他一边洗衣裳，一边唱歌。

tha jithəuli ɕi uɛ̃ tʂɛ jithəuli kuə jɛ tʂhɑ̃ tʂɛ.

他 一边 洗 碗 PART 一边 歌 也 唱 PART

他一边洗碗，一边唱歌。

“还”“也”出现的位置不同（“还”用在宾语之前，“也”用在动词之前），作用也稍有差别：用“还”并列的小句，主语和动词一致，宾语有所不同，如“我北京去过，还天津去过”（我去过北京，还去过天津）；用“也”并列的小句，既可在主语上有区别，如“呢买料个表，我也表哈买料个”（他买了个表，我也买了个表）；也可能在整个VP上有别，如“他书也爱看，歌也爱唱”（他爱看书和唱歌）和“他衣裳也洗寨，歌也唱寨”（他一边洗衣裳，一边唱歌）。

2. 选择复句

陈述句的选择关系可以用“或者（说）”和thala，前者表无倾向性的选择，例如下第一例；后者表一种有倾向性的选择关系，thala所附的小句是不倾向于被选择的。例如：

xuətʂə ʂuə aʂɛ̃ tɕhi xuətʂə ʂuə jeʂɛ̃ lɛ.

或者 说 阿山 去 或者 说 叶山 来

或者阿山去，或者叶山来。

tsuə tʂə tʂhʅ thala xɛ puzu mɛtʂə tʂhʅ tsəu.

做 着 吃 CONJ 还 不如 买着 吃 走

与其做饭吃，不如买着吃。

lɑ̃ tɕhi thala və tɕiali tsuə ʂʅ xɔ.

玩 去 CONJ 我 家里 住 COND 好

比起去逛，我还是愿意待在家里。

3. 转折复句

唐汪话不使用转折连词，复句之间转折的意味是通过句子之间的转折语义自然表现出来的。例如：

khɛ̃ ʂʅ aʂɛ̃ fama tɕi xɔ̃ rɔ̃kɔmata nə sũrɔ̃ fa.

看 COND 阿山 厉害 得 很 人高马大 他 怂人 PART

（虽然）看起来阿山很厉害，人高马大，（但）他是怂人。

4. 递进复句

可用“S1不说……还S2”表递进关系。例如：

aʂɛ̃ kuəzɔ̃ ɕyɛɛɕi xɔ tɕi puʂuə xɛ zɔ̃tɕia ma thikũ

阿山 自己 学习 好 的 不说 还 人家 PL.DAT 提供

liɔ ɕytuə tɕi pɑ̃tsu.

PRF 许多 的 帮助

阿山不仅自己学习好，还为他人提供了很多帮助。

（二）主从关系

主从复句主要分为状语从句、补足语从句和关系从句。

1. 状语从句

（1）时间状语从句

从句末使用后置连词“时”或“先自”。例如：

jikiɛ kuɛ̃khəu ʂ̩ãthɕi ʂʅ tɕiəu sɛ̃thiɔ lu.

一个 关口 上去 COND 就 三条 路

上到一个关口的时候就三条路。

xui jithã niãtɕia ʂʅ ni və tɕiəu tɕiɛxã liɔ tsəu.

回 一趟 娘家 时 你 我 就 接上 PRF 走

回娘家的时候，你把我接走。

aʂ̩ɛ̃ xɛ mo lɛ tɕi ɕiɛ̃tsɿ vəmu tʂʅli tʂʅtʂũ tũɕi mojəu.

阿山 还 没 来 的 时候 我们 这里 这种 东西 没有

阿山还没来的时候，我们这儿没有这种东西。

aʂ̩ɛ̃ lɛ tɕi ɕiɛ̃tsɿ və mojəu.

阿山 来 的 时候 我 没有

阿山来的时候，我不在。

（2）条件状语从句

从句的句末也使用后置连词“时”。例如：

lɛ̃tʂəu ɕiɛ petɕĩ thɕi ʂʅ amə tʂə tɕhi liɛ?

兰州 ABL 北京 去 COND 怎么 着 去 PART

如果要从兰州到北京，怎么去？

aʂ̩ɛ̃ puthɕi ʂʅ na və tɕhi.

阿山 不去 COND 那么 我 去

如果阿山不去，那我去。

条件状语从句还可以用“但……就”“只有……也”“不管……”等作为连词。例如：

və tɛ̃ lɔsɿ ʂʅ və tɕiəu putɕhi.

我 但 老师 是 我 就 不去

我如果是老师，我就不去。

tʂʅjəu aʂ̩ɛ̃ tɕhi vəmu jɛ tɕhi.

只有 阿山 去 我们 也 去

只有阿山去，我们才去。

pukuɛ̃　aʂ̩ɛ̃　tɕhiputɕhi　vəmu　jikua　tɕhi.

不管　阿山　去不去　我们　都　去

无论阿山去不去，我们都去。

（3）原因状语从句

使用连词“因为”。例如：

jĩve　aʂ̩ɛ̃　tʂ̩hʅtɔ　liɔ　sʅtɕhĩ　jikua　tɛ̃vu　liɔ.

因为　阿山　迟到　PRF　事情　都　耽误　PRF

因为阿山迟到了，事情都耽误了。

（4）结果状语从句

使用连词“所以”。例如：

tʂ̩ʅʂ̩ʅ　ʂ̩ʅ　mojəu　biɛ̃biɛ̃　tɕi　suəji　ɕyɛɕi　jɛ　ʂ̩ʅ　vu　tʂ̩ʅtɕĩ　tɕi.

知识　是　没有　边界　的　所以　学习　也　是　没　止境　的

知识是没有边界的，所以学习也是无止境的。

2. 补足语从句

补足语从句是以句子充当论元，主要体现为主语从句和宾语从句。例如：

tʂ̩ũ　tʂ̩ə　tsuə　ʂ̩ʅ　pu　tʂ̩ũ.

这么　着　做　COND　不　可以

这么做是不行的。

tsuəkə　tɕhĩʂ̩uə　aʂ̩ɛ̃　jɛʂ̩ɛ̃　ʂ̩uətʂ̩ə　tha　jɔ　ɕyɛ　əy　li.

昨天　听说　阿山　叶山　说着　他　要　学　俄语　PART

昨天听说阿山和叶山说他（阿山）要学俄语。

前一例中的“这么着做”是主语从句，后一例中的“他要学俄语哩”是宾语从句。两种从句都没有明显的标句词。

3. 关系从句

关系从句是用于修饰名词性成分的小句，该小句的特点是和主句有共有论元。请看例句：

（1）提取主语

fɛ̃　xa　tsuəxa　tɕi　z̩ə̃　tsəu　liɔ.

饭　ACC　做好　的　人　走　PRF

做好饭的人走了。

petɕĩ　ɕiɛ　lɛxa　tɕi　z̩ə̃　tuə　tɕi　xə̃.

北京　ABL　来下　的　人　多　得　很

从北京来的人很多。

（2）提取宾语

tʂʅ ʂʅ nəmɔ̃ tɕia tɕiɑ̃ kɛxa tɕi fɑ̃tsɿ ʂɛ.

这 是 他们 家 刚 盖下 的 房子 PART

这是他们家刚盖好的房子。

① 提取间接宾语（接受者）

və ʂu xa kixa tɕi nakiɛ zɔ̃ jitɕĩ tsəu liɔ.

我 书 ACC 给下 的 那个 人 已经 走 PRF

我给他书的那个人已经走了。

② 提取直接宾语（客体）

və aʂɛ̃ xa kixa tɕi na pɔ̃ ʂu mojəu kuə ki liɔ.

我 阿山 DAT 给下 的 那 本 书 没有 过 给 PRF

我给了阿山的那本书丢了。

（3）表语不能被提取

aʂɛ̃ ʂʅ lɔsɿ

阿山 是 老师

阿山是老师。

此例中的表语“老师”不能被提取，说成“是阿山的老师”。

领属语作为内嵌于名词性短语的成分，也不太好被提取出来。例如：

aʂɛ̃ tɕi ʂu tuə.

阿山 的 书 多

阿山的书多。

此例中的领属语“阿山”也不好被提取，说成“书多底阿山”。

可见，唐汪话的关系化操作的模式为“XY→X底Y”。其中，Y是被关系化的成分，居末，X是句中其他成分，“底”是关系从句的标记。

关系从句虽然也是小句，但毕竟是更加内嵌的成分，所以可能有不同于独立小句的表现。一个表现是关系从句不能自由地使用语气词。

第六章 语料

第一节

语法例句

001　**阿山是叶尔肯的哥哥。**

aʂɛ̃　ʂʅ　jɛːkhə̃　tɕi　aka.

阿山　是　叶尔肯　GEN　哥哥

002　**孩子们都来了。**

vava　mə̃　jikua　mɛ̃　lɛ　liɔ.

孩子　PL　一起　都　来　PRF

003　**阿山有三个哥哥。**

aʂɛ̃　xa　jəu　sɛ̃　kiɛ　aka　li.

阿山　DAT　有　三　CL　哥哥　PART

004　**阿山是大学生。**

aʂɛ̃　ʂʅ　taɕyɛʂə̃.

阿山　是　大学生

005　**阿山的哥哥来了。**

aʂɛ̃　tɕi　aka　lɛ　liɔ.

阿山　GEN　哥哥　来　PRF

006　**阿山去了伊犁。**

aʂɛ̃　jili　tɕhi　liɔ.

阿山　伊犁　去　PRF

007　**阿山请了哈森。**

aʂɛ̃　xasə̃　a　tɕhĩ　xa　liɔ.

阿山　哈森　ACC　请　RES　PRF

008 **阿山来自伊犁。**

aʂẽ ʂʅ jili ɕiɛ lɛ xa tɕi.

阿山 是 伊犁 ABL 来 RES 的

009 **阿山在北京上学。**

aʂẽ tsɛ petɕĩ niẽʂu tʂɛ.

阿山 PRE 北京 念书 DUR

010 **我是用圆珠笔写的。**

və jəupi la tʂʅtɕiɛ ɕiɛ tʂɛ.

1SG 油笔 INST 直接 写 DUR

011 **a. 您有几个孩子？ b. 我有两个孩子。**

nia tɕi kiɛ vava a.

2SG/DAT 几 CL 娃娃 PART

va jəu liɑ̃ kiɛ vava li.

1SG/DAT 有 两 CL 娃娃 PART

012 **阿山的孩子在北京读书。**

aʂẽ tɕi vava tsɛ petɕĩ niẽʂu tʂɛ.

阿山 GEN 娃娃 PRE 北京 念书 DUR/PART

013 **我是学生。**

və ʂʅ kiɛ niẽ xa ʂu tɕi ɕyɛʂə̃.

1SG 是 CL 念 RES 书 GEN 学生

014 **你比我高。**

ni va ɕiɛ ʂə̃tshɛ ta.

2SG 1SG/DAT ABL/COMP 身材 大

015 **阿山他们人多。**

aʂẽ thamu zə̃ tuɔ.

阿山 3PL 人 多

016 **这个高。**

tʂʅ kiɛ ʂə̃tshɛ ta.

这 CL 身材 大

017 **这个高一些。**

tʂʅ kiɛ kəu tɕi kɔ ɕiɛ.

这 CL 够 的 高 些

018　**屋里干干净净。**

fɑ̃tsɿ li tsɛ kɛ̃tɕĩ tʂə ʂuəputʂhɔ̃.

房子 POST 再 干净 CONV 说不成

019　**阿山解开了绳子。**

aʂɛ̃ ʂɔ̃ʂɔ̃ ə kɛ xa liɔ.

阿山 绳绳 ACC 解 RES PRF

020　**绳子被解开了。**

ʂɔ̃ʂɔ̃ xa kɛ xa liɔ.

绳绳 ACC/TOP 解 RES PRF

021　**阿山解开了衣服。**

aʂɛ̃ jiʂɑ̃ niəutsɿ a kɛ khɛ liɔ.

阿山 衣裳 纽子 ACC 解 RES PRF

022　**阿山帮他解开了绳子。**

aʂɛ̃ tha a pɑ̃ tʂə ʂɔ̃ʂɔ̃ a kɛ xa liɔ.

阿山 3SG DAT 帮 CONV 绳 ACC 解 RES PRF

023　**阿山叫人解开了绳子。**

aʂɛ̃ zɔ̃ a tɕiɔ tʂə ʂɔ̃ʂɔ̃ a kɛ xa liɔ.

阿山 人 ACC 叫 CONV 绳绳 ACC 解 RES PRF

024　**这本书阿山已经读完了。**

tʂʅ kiɛ ʂu ə aʂɛ̃ jitɕĩ niɛ̃ vɛ̃ liɔ.

这 个 书 ACC 阿山 已经 念 RES PRF

025　**游行的人群开始走了。**

jəuɕĩ tɕi zɔ̃mu khɛʂʅ tsəu khɛ liɔ.

游行 GEN 人 PL 开始 走 开 PRF

026　**阿山在做什么？**

aʂɛ̃ tsu ʂʅma tʂɛ.

阿山 做 什么 PART

027　**阿山能做得了。**

aʂɛ̃ tsu xa xa li.

阿山 做 RES 下 PART

028　**阿山把叶山的地址记下来了。**

aʂɛ̃ jeʂɛ̃ tɕi tɕitʂʅ ə tɕi xa liɔ.

阿山 叶山 GEN 地址 ACC 记 RES PRF

029 阿山来了。

aʂɛ̃ lɛ liɔ.

阿山 来 PRF

030 阿山懂得很多种语言。

aʂɛ̃ tɕiɛ̃ kuətʂhu tɕi xua a xuiʂuə/ʂuəxui li.

阿山 见 各处 GEN 话 ACC 会说/说会 PART

031 阿山在等您。

aʂɛ̃ nia tə̃ tʂɛ.

阿山 2SGACC 等 DUR

032 阿山明天要来。

aʂɛ̃ mĩtsɔ lɛ li.

阿山 明早 来 PART

033 阿山去了。

aʂɛ̃ tɕhi liɔ.

阿山 去 PRF

034 阿山没有去。

aʂɛ̃ mə tɕhi.

阿山 NEG 去

035 如果阿山不去，那我去。

aʂɛ̃ pu tɕhi ʂʅ, ne və tɕhi.

阿山 NEG 去 时，那 1SG 去

036 但愿您不要忘了我。

nuʂʅ, ni va amutʂʅ mɛ̃ pɔ vã kuə mɛ̃ tɕiəu.

这样 2SG 1SG ACC 怎么着 PART NEG 忘 过 PART 就

037 你去了，我也去了。

ni tɕhi liɔ, və jɛ tɕhi li.

2SG 去 PRF 1SG 也 去 PART

038 你也去，我也去。

ni jɛ tɕhi, və jɛ tɕhi.

2SG 也 去 1SG 也 去

039 阿山来了吗？

aʂɛ̃ lɛ liɔ mu?

阿山 来 PRF PART

040 你昨天怎么没来呀？

ni tsuəkiɛ amutʂʅ mə lɛ?

2SG 昨天 怎么着 NEG 来

041 是阿山去呢，还是哈森去呢？

aʂɛ̃ tɕhi limu xasɔ̃ tɕhi li?

阿山 去 还是 哈森 去 PART/QUES

042 阿山是个好人哂。

aʂɛ̃ ʂʅ kiɛ xɔzə̃ ʂe.

阿山 是 CL 好人 是＋PART

043 阿山和叶山他们俩是同学。

asɛ̃ jɛʂɛ̃ la ʂʅ thũɕyɛ.

阿山 叶山 COM 是 同学

044 知识是无边际的，因此，学习也是无止境的。

tʂʅʂʅ ʂʅ mə jəu piɛpiɛ tɕi, suəji ɕyɛɕi jɛʂʅ vu tʂʅtɕĩ tɕi.

知识 是 NEG 有 边边 的 所以 学习 也是 NEG 止境 的

045 好孩子。

kuɛ vava.

乖 娃娃

046 太好了。

xutu xɔ.

非常 好

047 刚来。

tɕiɑ̃ lɛ.

刚 来

048 听说昨天那个阿山跟叶山说他要学俄语。

tsuəkiɛ tɕhĩʂuə aʂɛ̃ jɛʂɛ̃ ʂuə tʂə tha jɔ ɕyɛ nuəjy li.

昨天 听说 阿山 叶山 说 CONV 3SG 要 学 俄语 PART

049 阿山刻苦学习了俄语。

aʂɛ̃ tʂha-a-ɕiɑ̃-ɑ̃ liɔ tʂə ɕyɛ əjy tʂɛ.

阿山 刻苦 PRF CONV 学 俄语 PART/DUR

050 他家有成麻袋成麻袋的粮食。

thamu tɕia jəu jimatɛ jimatɛ tɕi liɑ̃ʂʅ li.

3PL 家 有 一麻袋 一麻袋 GEN 粮食 PART

051 阿山近来总是穿着一件满是道道儿的衣衫。

aʂɛ̃ tʂʅ jiɕiɑ̃ tʂhuɛ̃ xa tɕi ji tɕiɛ̃ ʂʅ jəu tɔtɔ tɕi jiʂɑ̃.

阿山 这 一向 穿 RES GEN 一 CL 是 有 道道 GEN 衣裳

052 阿山大概喝完茶什么的9点左右会来吧。

aʂɛ̃ pɑ̃tɕiɛ̃ tʂha xuə vɛ̃ ʂʅ tɕiəutɕiɛ̃ ʂʅ lɛ li pa.

阿山 大概 茶 喝 RES 时 九点 时 来 PART PART

053 电话“叮铃铃”地响着。

tɕiɛ̃xua kualala tɕi ɕiɑ̃ tʂə.

电话 叮铃铃 地 响 PROG

054 今天相当地暖和诶。

tɕĩkiɛ pavɛ kiɛ ʐə.

今天 非常 CL 热

055 这伙人人手一支花儿。

tʂʅ ji pɑ̃ ʐə̃ tɕiɛ̃ ʐə̃ na tʂɛ ji kiɛ xua.

这 一 CL 人 每 人 拿 DUR 一 CL 花

056 你们两个两个地进。

nimu liɑ̃ kiɛ liɑ̃ kiɛ tɕi tɕĩ.

2PL 两 CL 两 CL 地 进

057 发生了一大堆如此这般的趣事儿。

faʂə̃ liɔ tʂʅmu tuə tɕi zɔ ʂʅtɕhĩ.

发生 PRF 这么 多 的 有趣 事情

058 你都请了谁?

ni akiɛ ma tɕhĩ xa liɔ.

2SG 那个 PL/ACC 请 RES PRF

059 老太婆哭啊哭啊哭瞎了双眼。

lɔanɛ khu tʂə khu tʂə niɛtɕĩ jɛ khu xa liɔ.

老太婆 哭 PROG 哭 PROG 眼睛 也 哭 瞎 PRF

060 你们知道阿山来不来吗?

nimu tʂʅtɔ li pu aʂɛ̃ tsɛ lɛ li pu lɛ?

2PL 知道 PART NEG 阿山 再 来 PART NEG 来

061 你们谁知道阿山这次去没去阿勒泰?

nimu akiɛ tʂʅtɔ li, aʂɛ̃ tʂʅ ji tshʅ alɛthɛ tɕhi liɔ mə jəu?

2PL 哪个 知道 PART 阿山 这 一 CL 阿勒泰 去 PRF NEG 有

062 **阿山必定获胜。**

aʂɛ̃ khə̃tɕĩ ʂə̃li li.

阿山 肯定 胜利 PART

063 **阿山或许会来。**

aʂɛ̃ xuəɕy ʂʅ lɛ li.

阿山 或许 是 来 PART

064 **阿山来了。**

aʂɛ̃ lɛ liɔ.

阿山 来 PRF

065 **阿山来了诶。**

aʂɛ̃ lɛ liɛ.

阿山 来 PART

066 **我去。**

və tɕhi.

1SG 去

067 **我想去。**

və ɕiɑ̃ tɕhi.

1SG 想 去

068 **我得去。**

və tɕhi li.

1SG 去 PART

069 **你去。**

ni tɕhi.

2SG 去

070 **阿山不错。**

aʂɛ̃ zə̃ xɔ̃.

阿山 人 不错

071 **阿山去伊犁，叶山从伊犁回来。**

aʂɛ̃ jili tɕhi li, jɛʂɛ̃ jili ɕiɛ lɛ liɔ.

阿山 伊犁 去 PART 叶山 伊犁 ABL 来 PRF

072 **阿山不仅自己学习好，还为他人提供了很多的帮助。**

aʂɛ̃ kuəzə̃ ɕyɛɕi xɔ tɕi bu ʂuə, xɛ̃ zə̃tɕia ma tɕhikũ

阿山 个人 学习 好 的 NEG 说 还 人家 PL/ACC 提供

liɔ ɕytuə tɕi pãtʂu.
PRF 许多 GEN 帮助

073 **阿山有两个弟弟，一个在县里工作，一个在学校上学。**
aʂɛ̃ jəu liãkiɛ ɕỹtɕi li, ji kiɛ ɕiɛ̃ ʂã kũtsuə tʂɛ, ji
阿山 有 两个CL 兄弟 PART 一 CL 县 POST 工作 DUR 一
kiɛ ɕyɛɕiɔ niɛ̃ʂu tʂɛ.
CL 学校 念书 DUR

074 **或者阿山去，或者叶山来。**
xuətʂə ʂʅ aʂɛ̃ tɕhi, xuətʂə ʂʅ jɛʂɛ̃ lɛ.
或者 是 阿山 去 或者 是 叶山 来

075 **阿山来之前，我们这里没这种东西。**
aʂɛ̃ xɛ̃ mə lɛ tɕi ɕiɛ̃tsʅ, vəmu tʂʅli tʂʅ tʂũ tũɕi mə jəu.
阿山 还 NEG 来 GEN 时候 1PL 这里 这 种 东西 NEG 有

076 **阿山来时，我不在。**
aʂɛ̃ lɛ tɕi ɕiɛ̃tsʅ və mə jəu.
阿山 来 GEN 时候 1SG NEG 有

077 **阿山走了之后，我也就回了家。**
aʂɛ̃ tsəu kuə liɔ tʂə, və jɛ tɕia li xuɪ liɔ.
阿山 走 RES PRF CONV 1SG 也 家 POST 回 PRF

078 **阿山和叶山来了。**
aʂɛ̃ jɛʂɛ̃ la lɛ liɔ.
阿山 叶山 COM 来 PRF

079 **阿山老师来了。**
aʂɛ̃ mu tɕi lɔʂʅ lɛ liɔ.
阿山 PL GEN 老师 来 PRF

080 **阿山找了叶山。**
aʂɛ̃ jɛʂɛ̃ e ɕĩ tɕhi liɔ.
阿山 叶山 ACC 寻 去 PRF

081 **阿山写了一篇文章。**
aʂɛ̃ ɕiɛ liɔ ji phiɛ̃ və̃tʂã.
阿山 写 PRF 一 CL 文章

082 阿山是好人。

aʂɛ̃ ʂʅ kiɛ xɔzə̃.

阿山 是 CL 好人

083 牧村的旁边是一条深山沟。

mutshũ tɕi pãpã li jəu kiɛ ka kəukəu li.

牧村 GEN 旁边 里 有 CL 小 沟沟 PART

084 阿山今天来。

aʂɛ̃ tɕĩkiɛ lɛ li.

阿山 今天 来 PART

085 阿山在阿勒泰工作。

aʂɛ̃ alɛthɛ li kũtsuə tʂɛ.

阿山 阿勒泰 POST 工作 DUR

086 阿山是坐飞机来的。

aʂɛ̃ fetɕi a tsuə ã tʂə lɛ liɔ.

阿山 飞机 ACC 坐 RES CONV 来 PRF

087 阿山在我们家待了3天。

aʂɛ̃ amu tɕi tɕia li tsuə liɔ sɛ̃ tɕhiɛ̃.

阿山 1PL GEN 家 POST 住 PRF 三 天

088 阿山得了一百分高兴坏了。

aʂɛ̃ tə liɔ jipɛ fə̃, zɔ xuɛ liɔ.

阿山 得 PRF 一百 分，高兴 坏 PRF

089 阿山说他明天不来。

aʂɛ̃ ʂuə tʂɛ, mĩtsɔ tsɛ pu lɛ.

阿山 说 PROG 明早 再 NEG 来

090 听说，那个阿山用15年时间把他的孩子培养成了一名国际知名学者。

tɕhĩʂuə, aʂɛ̃ jỹ liɔ ʂʅvu niɛ̃ tɕi ʂʅtɕiɛ̃, tha tɕi

听说 阿山 用 PRF 十五 年 GEN 时间 3SG GEN

vava phejã tʂhə̃ liɔ kiɛ

孩子 培养 RES PRF CL

kuətɕi ʂã jəu mĩʂə̃ tɕi ɕyɛtʂə.

国际 POST 有 名声 GEN 学者

091 阿山把他的饭吃了。

aʂɛ̃ tha tɕi fɛ̃ e tʂhʅ ʂɑ̃ liɔ.

阿山 3SG GEN 饭 ACC 吃 RES PRF

092 很好。

vəjɛ tɕi xɔ̃.

好 得 很

093 夜。

vɛ̃ ɕitɕia.

晚 夕家

094 这样做是不行的。

tʂũtʂə tsu ʂʅ pu tʂũ.

这么着 做 是 NEG 行

095 因为阿山迟到，整个事情被耽误了。

jĩve aʂɛ̃ tʂhʅtɔ liɔ, ʂʅtɕhĩ jikua tɛ̃vu liɔ.

因为 阿山 迟到 PRF 事情 全部 耽误 PRF

096 如果阿山去，那么我们也去。

ʐukuə aʂɛ̃ tɕhi, na vəmɔ̃ jɛ tɕhi.

如果 阿山 去 那 1PL 也 去

097 只有阿山去，我们才去。

tsʅjəu asɛ̃ tɕhi, vəmu jɛ tɕhi.

只有 阿山 去 1PL 也 去

098 无论阿山去不去，我们都去。

pu kuɛ̃ aʂɛ̃ tɕhi pu tɕhi, vɔmu jikua tɕhi.

NEG 管 阿山 去 NEG 去 1P 一起 去

099 看来阿山虽说是人高马大，但是见识短。

khɛ̃ ʂʅ aʂɛ̃ fama tɕi xɔ̃, ʐɔ̃kɔmata, nə sũʐɔ̃ fa.

看 时 阿山 高大 得 很 人高马大 那 怂人 PART

100 阿山说：“他们做得了，我们也做得了。”

aʂɛ̃ ʂuə tʂɛ, thamu tsu xa xa tɕi, vəmu jɛ tsu xa xa li.

阿山 说 PROG 3PL 做 下 下 PART 1PL 也 做 RES 下 PART

第二节

话语材料

一 谚语

01 tsəu kuə tɕhiɛ̃kuɛ̃ ɕiɑ̃ tɕhiɛ̃kuɛ̃.

走 过 前官 想 前官。

走过前官想前官（以前的官在任时不觉得有多好，但后上任的还不如以前的，于是人们开始想念他。）

02 ɕi li ɕi li jijɑ̃ tɕi tɕhi li

惜 哩 惜 哩 一样 地 去 哩。

惜哩惜哩一样地去哩。（平时舍不得，但最终都会用光。）

03 tɕỹtsɿ jijɛ̃ pɛpu zɛ̃ lɛ̃.

君子 一言 白布 染 蓝

君子一言，白布染蓝。（君子说的话不能轻易更改。）

04 kəutsɿ tsuɪ tʂhʅ thũ tɕhiɛ̃ɕia, tʂʅtʂhɑ̃tsɿ tshũphunɛ̃ɕĩ.

钩子 嘴 吃 通 天下 直肠子 寸步难行

钩子嘴吃通天下，直肠子寸步难行。（“钩子嘴”比喻有话不直说、办事圆滑的人；“直肠子”比喻心直口快的人。形容说话委婉、办事圆滑的人在社会上吃得开，心直口快的人在社会上混不开。）

05 lɑ̃ tʂhʅ tɕi veʂəu, xuə li thɑ̃ tɕi ʂuɪʂəu.

狼 吃 GEN 围手 河 POST 躺 GEN 水手

狼吃的围手（猎手），河里躺的水手。（狼吃掉的是猎人，河里淹死的往往是会游泳的人。）

06 vakuɛ̃ pu li tɕĩkhəu phə, tsʅjɔ lɛ tɕi xuɪʂu tuə.
瓦罐 不 离 井口 破 只要 来 的 回数 多
瓦罐不离井口破，只要来的次数多。

07 mɛmɛ xɔ tsu, liɛ̃ʂəu nɛ̃ ta.
买卖 好 做 联手 难 搭
买卖好做，联手难搭。（做生意很简单，但很难交到生意场上的合伙人。）

08 zə̃ tʂhʅ təutsʅ mə tɕĩ, kaly a ʂuə ʂʅ pu ɕĩ.
人 吃 豆子 NEG 劲 尕驴 DAT 说 时 不 信
人说吃豆子没劲，（对）尕驴说（它）不信。（比喻立场不同，一方很难理解另一方的处境。）

09 tsəulu fɑ̃ tɕiɛ, tʂhʅfɛ̃ fɑ̃ jɛ.
走路 防 跌 吃饭 防 噎
走路防跌，吃饭防噎。

10 ma vu jɛtshɔ pu fe, zə̃ vu vɛtshɛ pu fu.
马 NEG 夜草 NEG 肥 人 NEG 外财 NEG 富
马无夜草不肥，人无外财不富。

11 mə jəu tɕĩkɑ̃tsuɛ̃, pu lɛ̃ phuətɕiaʂʅ.
NEG 有 金刚钻， NEG 揽 破家什
没有金刚钻，不揽瓷器活儿。

12 pɛzʅ li ʂazə̃ zə̃ pu khə̃, vɛ̃ɕi li ʂazə̃ tɕhiɛ̃ pu khə̃.
白日 POST 杀人 人 NEG 肯 晚夕 POST 杀人 天 NEG 肯
白天杀人人不肯，夜里杀人天不肯。（比喻做坏事不会得逞。）

13 ɕiɔʂʅ ʂʅ taʂʅ tɕi kə̃, taʂʅ veliɔ ji miɔ tʂə̃.
小事 是 大事 GEN 根 大事 为了 一 CL 针
小事是大事的根，大事为了一根针。（大事都是从小事引起的，大事追根到底都是一些鸡毛蒜皮的小事引起的。）

14 pu ʂuə kuəzə̃ tɕi niɛ̃ xa, xɛ̃ ʂuə zə̃tɕia tɕi tɕhiɔ tha.
不 说 个人 GEN 眼 瞎 还 说 人家 GEN 桥 塌
不说自己的眼瞎，还说别人的桥塌。（形容不从自身找原因，总是怪罪他人。）

15 tsuɪ li tʂhʅ məmə, ɕĩ li jəu ʂu.
嘴 POST 吃 馍馍 心 POST 有 数
嘴里吃馒头，心里有数。

16 tshũ li mɛ pu tʂhu tshũ li tɕi xuə.

村 POST 卖 NEG 出 村 POST GEN 货

村里卖不出村里的货。

17 tse vu tsã, nĩ sɿ kã.

贼 NEG 赃 硬 似 钢

贼无赃，硬似钢。（没有赃物，贼会死不承认。）

18 tɕia liɔ kuɛ̃xuɛ̃ tã niãtsɿ, tɕia liɔ thutɕia fɛ̃ tʂhãtsɿ.

嫁 PRF 官宦 当 娘子，嫁 PRF 屠家 翻 肠子

嫁了官宦当娘子，嫁了屠夫翻肠子。

19 vɛ̃vu pu khə litɕia tsu.

万物 NEG 可 外行 做

任何事情不能由外行的人来做。

20 luəthuə tɕi puətsɿ tsɛ tʂhã tʂhʅ pu liɔ kəʂɛ̃ tɕi tshɔ.

骆驼 GEN 脖子 再 长 吃 NEG RES 隔山 GEN 草

骆驼的脖子再长吃不了隔山的草。（形容鞭长莫及。）

21 tɕhỹ ʂʅ tɕhỹ, pɔ tʂuəpĩ.

穷 是 穷 NEG 着病

穷是穷，别生病。

22 ʂə tsuɛ̃ tɕi khulũ a ʂə tʂʅtɔ.

蛇 钻 GEN 窟窿 ACC 蛇 知道

蛇钻的窟窿蛇知道。（形容对自己的情况最熟悉。）

23 jəuɕĩ ʂʅ xa niɛ̃tɕĩ li thã niɛ̃luə li.

有心 时 瞎 眼睛 POST 淌 眼泪 PART

有心时瞎子眼睛里流眼泪。（只要动了感情，瞎子眼睛里也会流出眼泪。）

24 niɛ̃ kuə tɕhiɛ̃ piɛ̃ puzu̧ ʂəu kuə ji piɛ̃.

眼 过 千 遍 不如 手 过 一 遍

眼过千遍不如手过一遍。

25 xɔ sɿ tɕi tɕhĩtɕhi ji tũ fɛ̃.

好 死 GEN 亲戚 一 CL 饭

再好的亲戚一顿饭。（到了很好的亲戚家，对方把你当成贵客好好地招待一顿美味的饭菜，但不会天天如此。言下之意是在别人家做客时间长了就不受优待，因此不能长待。）

26 jəu zəu tɕi pətsɿ pu tsɛ tʂətʂə ʂã.
有 肉 GEN 包子 NEG 在 褶褶 POST
肉包子里的肉不在褶褶上。

27 tʂukuəliã nə̃tɕhianə̃suɛ̃, sɿmaji xũfutɕhitɕhiɛ̃.
诸葛亮 能掐能算 司马懿 洪福齐天
诸葛亮能掐能算，司马懿洪福齐天。

28 tɕhiɛ zə̃ tʂha pu liɔ tʂɿzə̃ tɕi tɕhiɛ̃.
铁 人 差 NEG PRF 纸人 GEN 钱
铁人差不了纸人的钱。（强势的人欠账也得还。）

29 pu tɕhĩ lɔzə̃ jɛ̃, tʂhɿkhuɪ tsɛ niɛ̃ tɕhiɛ̃.
NEG 听 老人 言 吃亏 在 眼 前
不听老人言，吃亏在眼前。

30 tɕi pu niɔniɔ, jəu kiɛ tʂhutʂhutɔtɔ.
鸡 NEG 尿尿 有 个 出处道道
鸡不尿尿，有个出处道道。（鸡没有尿道，但鸡平常也喝水，它的尿肯定是通过其他的通道排出的。形容有些事情发展成意想不到的结果，里面一定有让人捉摸不透的原因。）

31 zə̃ pu tshuə ʂɿ tʂhə̃ɕiɛ̃ li, ma pu tshuə ʂɿ tʂhə̃ lũ li.
人 NEG 错 时 成仙 PART 马 NEG 错 时 成 龙 PART
人不错时成仙哩，马不错时成龙哩。

32 tatʂhu pu ta tɕiəuzə̃ li, ɕiɔtʂhu pu ɕiɔ ʂəutɕhỹ li.
大处 NEG 大 丢人 PART 小处 NEG 小 受穷 PART
大处不大丢人，小处不小受穷。（应该花钱的地方不花钱会丢人，在不该花钱的地方花钱会变穷。）

33 xuəʂã xɔ ʂɿ tʂɛ̃ tʂə ʂɔɕiã li.
和尚 好 时 站 着 烧香 PART
和尚好时站着烧香。（和尚不严厉，上香的人就不那么规矩。）

34 ji kiɛ lɔtʂhu xɛ ji kuə thã.
一 CL 老鼠 害 一 锅 汤
一个老鼠害一锅汤。

35 ʂə jəu tuə tʂuã, khulũ jəu tuə ta.
蛇 有 多 壮 窟窿 有 多 大
蛇有多壮，窟窿有多大。（形容胆子越大，越容易闯祸。）

36 ʂutʂhu xɔ tʂhʅfɛ̃, ʂə̃tʂhu xɔ tʂə̃tɕhiɛ̃.
熟处 好 吃饭 生处 好 挣钱
熟处好吃饭，生处好挣钱。

37 tãmiɛ̃ tɕi jɛxu, pemiɛ̃ tɕi lã.
当面 GEN 野狐 背面 GEN 狼
当面的野狐，背地的狼。（指在人面前装得很斯文、很善良，可是在背后干尽坏事。）

38 taʐə̃ tɕi miɛ̃ xɔtɕiɛ̃, ɕiɔʐə̃ tɕi kuɛ̃ nɛ̃kuə.
大人 GEN 面 好见 小人 GEN 关 难过
君子的面好见，小人的关难过。

39 tɕhiãthəu ʂã tɕi tshɔ, liãmiɛ̃ tɔ.
墙头 POST GEN 草 两面 倒
墙头上的草，两面倒。

40 niəu pu tɕi niəu, ʂʅ sũniəu.
牛 NEG 抵 牛 是 怂牛
牛不抵牛，是怂牛。（面对其他牛的攻击不敢抵角迎战的牛是怂牛。意为受到别人的欺辱时不能示弱。）

41 mɛ̃phĩ tu jã, pɛ̃ phĩ kuã tã.
满瓶 NEG 漾 半 瓶 咣 当
满瓶不溢，半瓶晃荡。

42 tɕhima tɕi phɔ thuə liɔ, tsəulu tɕi thɔ tə̃ liɔ.
骑马 GEN 跑 脱 PRF 走路 GEN 套 蹬 PRF
骑马的跑掉了，走路的套蹬了。（形容该抓的人没抓到，不该抓的人却倒霉了。）

43 kãtɔ tu pha pətsʅ tʂuã.
钢刀 NEG 怕 脖子 壮
钢刀不怕脖子粗。

44 ɕiɛ̃thɔ ɕiɛ̃kuə tʂhʅ ji kiɛ, pu tʂhʅ suɛ̃pali pɛ̃ petəu.
鲜桃 鲜果 吃 一 CL，NEG 吃 酸巴梨 半 背篼
宁可吃一个鲜桃鲜果，不吃半背篼酸梨。

45 khɛ̃ tʂuãtɕia ʂʅ ʐə̃tɕa tɕi xɔ, khɛ̃ vava ʂʅ kuəʐə̃ tɕi xɔ.
看 庄稼 是 人家 GEN 好 看 娃娃 是 个人 GEN 好
看庄稼是别人的好，看娃娃是自己的好。

46 jɛ xu me ta xa, sɔ zə̥ xa liɔ.
野 狐 NEG 打 RES 骚 惹 RES PRF
野狐没打着，惹了一身骚。

47 xatsɿ suɛ̃ tɕi xɔ, tʂhə kulu ʂ̥ã phə̃ ʂ̥ã liɔ.
瞎子 算 得 好 车 轱辘 POST 碰 RES PRF
瞎子算得好，车轱辘碰上了。（瞎子会算命，但还是会出车祸。形容人也可能在自己在行的事情上失败。）

48 lɔtʂhu sɿ ʂ̥ɿ ɕyɛme thũ li.
老鼠 死 时 血脉 通 PART
老鼠死时血脉相通。（老鼠死前会发信号，让周围的老鼠警惕。）

49 atɕiəu ʂ̥ɿ niãtɕiə, tɕiəmu ʂ̥ɿ piezə̥̃ tɕi jathəu.
阿舅 是 娘舅 舅母 是 别人 GEN 丫头
舅舅是娘舅，舅妈是别人的丫头。（形容有血缘关系的亲过没有血缘关系的。）

二 歌谣

1. 我爱我的唐汪川

və ɛ və tɕi thãvãtʂhuɛ̃
1SG 爱 1SG GEN 唐汪川
我爱我的唐汪川

ɕiã xuajyɛ̃ ɕiã xuajyɛ̃
像 花园 像 花园
像花园，像花园

thuəlatɕi pə̃pu tsɛ thutɕi ʂ̥ã
拖拉机 奔跑 在 土地 POST
拖拉机奔跑在土地上

thãvã ʂ̥ɿ xɔ tɕifã
唐汪 是 好 地方
唐汪是好地方

thuəlatɕi pə̃pu tsɛ thutɕi ʂ̥ã
拖拉机 奔跑 在 土地 POST

拖拉机奔跑在土地上

thãvã ʂʅ xɔ tɕifã

唐汪 是 好 地方

唐汪是好地方

və ɛ və tɕi thãvãtʂhuɛ̃

1SG 爱 1SG GEN 唐汪川

我爱我的唐汪川

ɕiã xuajyɛ̃ ɕiã xuajyɛ̃

像 花园 像 花园

像花园，像花园

tɕhitʂhə lapa pipi ɕiã

汽车 喇叭 哔哔 响

汽车喇叭哔哔响

thãvã ʂʅ xɔ tɕifã

唐汪 是 好 地方

唐汪是好地方

tɕhitʂhə lapa pipi ɕiã

汽车 喇叭 哔哔 响

汽车喇叭哔哔响

thãvã ʂʅ xɔ tɕifã

唐汪 是 好 地方

唐汪是好地方

və ɛ və tɕi thãvãtʂhuɛ̃

1SG 爱 1SG GEN 唐汪川

我爱我的唐汪川

ɕiã xuajyɛ̃ ɕiã xuajyɛ̃

像 花园 像 花园

像花园，像花园

tɕhiɛ̃ ʂã tɕi fetɕi ɕykhũ li lã

天 POST GEN 飞机 虚空 POST 浪

天上的飞机高空中飞

thãvã ʂʅ xɔ tɕifã

唐汪 是 好 地方

唐汪是好地方

tɕhiɛ̃ ʂã tɕi fetɕi ɕykhũ li lã

天 POST GEN 飞机 虚空 POST 浪

天上的飞机高空中飞

thãvã ʂʅ xɔ tɕifã

唐汪 是 好 地方

唐汪是好地方

2. 十送哥哥

və sũ və tɕi takə tamə̃ vɛ

1SG 送 1SG GEN 大哥 大门 外

我送我的大哥（在）大门外

tamə̃ vɛ tʂã tɕi lu tɕiəutshɛ

大门 外 长 GEN 绿 韭菜

大门外长的绿韭菜

tɕhĩtshɛ tɕiəutshai kiɛjã tɕi tshɛ ja

青菜 韭菜 各样 GEN 菜 PART

青菜韭菜各种菜

tʂũmu xɔ tɕi zə̃tshɛ nali lɛ

这么 好 GEN 人才 哪里 来

这么好的人才从哪里来?

tɕhĩtshɛ tɕiəutshai kiɛjã tɕi tshɛ ja

青菜 韭菜 各样 GEN 菜 PART

青菜韭菜各种菜

tʂũmu xɔ tɕi zə̃tshɛ nali lɛ

这么 好 GEN 人才 哪里 来

这么好的人才从哪里来?

və sũ və tɕi takə xuãjãphə

1SG 送 1SG GEN 大哥 黄羊坡

我送我的大哥（在）黄羊坡

xuãjã tɕi phə ʂã xuãjã tuə

黄羊 GEN 坡上 POST 黄羊 多

黄羊坡上黄羊多

ji tʂʅ xuãjã liã tʂʅ kuə ja

一 CL 黄羊 两 CL 羔 PART

一只黄羊两只羊羔呀

ɕĩ ʂã tɕi meme tə̃ kəkə

心 上 GEN 妹妹 等 哥哥

心上的妹妹等哥哥

ji tʂʅ xuãjã liã tʂʅ kuə ja

一 CL 黄羊 两 CL 羔 PART

一只黄羊两只羊羔呀

ɕĩʂã tɕi meme tə̃ kəkə

心上 GEN 妹妹 等 哥哥

心上的妹妹等哥哥

və sũ və tɕi takə ʂaliəuphə

1SG 送 1SG GEN 大哥 沙柳坡

我送我的大哥（在）沙柳坡

ʂaliəu tɕi phe ʂã ʂaliəu tuə

沙柳 GEN 坡 POST 沙柳 多

沙柳坡上沙柳多

ʂəu tʂua tʂhu kiɛ ʂaliəu tʂe khu ji tʂhã ja

手 抓 RES CL 沙柳 CONV 哭 一 CL PART

（用）手抓住一枝沙柳哭一场

jitutsʅ tɕi kiɛ lueʂui vã ɕia luə

一肚子 GEN CL 泪水 往 下 落

一肚子的泪水往下流

ʂəu tʂua tʂhu kiɛ ʂaliəu tʂe khu ji tʂhã ja

手 抓 RES CL 沙柳 CONV 哭 一 CL PART

（用）手抓住一枝沙柳哭一场呀

jitutsɿ tɕi kiɛ lueʂui vã ɕia luə
一肚子 GEN CL 泪水 往 下 落
一肚子的泪水往下流
və sũ və tɕi takə tɕhĩʂuixə
1SG 送 1SG GEN 大哥 清水河
我送我的大哥（在）清水河
tɕhĩʂui tɕi xə li ji tui e
清水 GEN 河 POST 一 对 鹅
清水河里（有）一对鹅
kũ e tʂẽtʂhʅ fe kuə xə ja
公 鹅 展翅 飞 过 河 PART
公鹅展翅飞过河
ʂəɕia tɕi kiɛ mu e tɕiɔ kəkə
剩下 GEN CL 母 鹅 叫 哥哥
剩下的母鹅叫哥哥
kũ e tʂẽtʂhʅ fe kuə xə
公 鹅 展翅 飞 过 河
公鹅展翅飞过河
ʂəɕia tɕi kiɛ mu e tɕiɔ kəkə
剩下 GEN CL 母 鹅 叫 哥哥
剩下的母鹅叫哥哥

3．身上的尘土脸上的汗

ɛjəu aja ʂə ʂã tɕi thãthu a niẽ ʂã tɕi xẽ ja
INTER INTER 身 POST GEN 淌土 PART 脸 POST GEN 汗 PART
哎哟哦！身上的尘土啊脸上的汗呀
ɛjəu niẽ ʂã tɕi xẽ ja aka və ja lɛ xa tɕi kalu jyẽ
INTER 脸 POST GEN 汗 PART 哥哥 1SG PART 来 下 GEN 小路 远
哎哟脸上的汗呀，哥哥我从很远的地方来
ɛjəu aja tsuɪ ʂã tɕi ɕyɛtɕia ma tɕyɛ ʂã tɕi phɔ ja
INTER INTER 嘴 POST GEN 血痂 PART 脚 POST GEN 泡 PART
哎哟哦！嘴上的血痂嘛，脚上的泡呀

ɛjəu tɕiəu tʂʅ kiɛ xua ja ɕiɑ̃ tʂə ja aka tɕi ɕĩ nuɛ̃

INTER 就 这 CL 话 PART 想 DUR PART 哥哥 GEN 心 暖

哎哟，就这个话呀！想着让哥哥的心暖

4．上山里个米罗（蝴蝶）们下山来

ʂɛ̃ ʂɑ̃ tɕi kiɛ miluə mu ɕia ja ʂɛ̃ lɛ ja

山 POST GEN CL 蝴蝶 PL 下 PART 山 来 PART

山上的蝴蝶们（飞）下山来呀

ake tɕi pɛmutɛ̃ ja

阿哥 GEN 白牡丹 PART

哥哥的白牡丹呀

ɕia ʂɛ tʂe jaxəja ji tuə

下 山 CONV PART 一 朵

（飞）下山来呀（是/像）花儿一朵

ɕiɑ̃ və tɕi xuaɚ ma ʂui lɛ ja

想 1SG GEN 花儿 TOP 水 来 PART

就像我的花儿被水浇灌

ʂɛ̃tshɛ mu tɕiəu jəu tɕiu tʂe a niɛ ja jəu pɛ ja

身材 TOP 就 又 俊 CONV PART 脸 PART 又 白 PART

身材又好脸又白

ake tɕi pɛmutɛ̃ ja

阿哥 GEN 白牡丹 呀

哥哥的白牡丹呀

ɕĩ ʂɑ̃ tɕi xuaɚ ja xa ɕiɑ̃ a tɕi xua mu mɛ̃ lɛ ja

心 POST GEN 话 PART TOP 向 1SG GEN 花 PL PART 来 PART

心上的话向我的花儿说呀

ɕĩ ʂɑ̃ tɕi kiɛ xuaɚ xa ɕiɑ̃ a tɕi xua mu mɛ̃ lɛ ja

心 POST GEN 个 话 TOP 向 1sg GEN 花 PL PART 来 PART

心上的话向我的花儿说呀

三 故事

1. 牛形山的鸽子洞

ε, xɔ, ε çiãtsε və tçiã kε tatçia ʂuə ji kiε kutçĩ. tʂʅ kiε kutçĩ
哎 好 PART 现在 1SG 讲 给 大家 说 一 CL 古今 这 CL 古今
tçiəuʂʅ niəuçĩʂẽ tçi pɔkuə tũ. tʂʅ kiε pɔkuə tũ tçi lεjyε tatçia tçhĩʂuə
就是 牛形山 GEN 鸽子 洞 这 CL 鸽子 洞 GEN 来源 大家 听说
kuə, tçiəuʂʅ pu thε tʂʅtɔ. tʂʅtɔ tçi zə̃ pu tuə. suəji və tçĩkiε kε
过 就是 NEG 太 知道 知道 GEN 人 NEG 多 所以 1SG 今天 给
tatçia ʂuə ji xa. tʂʅ kiε niəuçĩʂẽ tçi pɔkuə tũ tçi tʂʅ kiε lεjyε ʂã,
大家 说 一 CL 这 CL 牛形山 GEN 鸽子 洞 GEN 这 CL 来源 POST
tʂʅ kiε tçhĩkhuã.
这 CL 情况

现在我给大家讲一个故事，这个故事的名字就是“牛形山的鸽子洞”，大家都听说过鸽子洞的来历，但是不够熟悉，知道的人不多。所以，今天我给大家讲一下，牛形山的鸽子洞的来历是怎么个情况。

tçhĩʂuə ʂʅ kutε tçi tʂʅ kiε thãvã, ε, ʂe ʂuə ʂʅ tʂʅ kiε ʂɯtshɔ fẽtʂə̃
听说 是 古代 GEN 这 CL 唐汪 哎 谁 说 是 这 CL 水草 反正
ʂʅ mɔʂə̃. ʂukuə mu jε tuə, kuakuə mu jε tuə, xẽʂʅ kiε xɔ tçifã. tʂʅ tçifã
是 茂盛 树棵 PL 也 多 瓜果 PL 也 多 还是 CL 好 地方 这 地方
tçi zə̃ jε tshũmĩ. εtε tçi xua la ʂuə ʂʅ sutʂʅ mu jε kɔ pala.
GEN 人 也 聪明 现在 GEN 话 INST 说 是 素质 TOP 也 高 PART
nε kiε nε çiẽtsʅ tʂʅ kiε ʂẽ ʂã çiε tsəu tʂə ji tçhiɔ lu. vã nẽ
那 CL 那 时候 这 CL 山 POST ABL 走 CONV 一 CL 路 往 南
tsəu ʂʅ tʂʅ niəuçĩʂe ʂã tçhi. suənuəpa ʂã tçĩkuə tavẽthəu. tsε tɔ xuətʂəu
走 时 这 牛形山 POST 去 锁诺巴 POST 经过 大弯头 再 到 河州
tçhi tçi xua sʅ.
去 GEN 话 是

听人们说古代的唐汪水草很茂盛，树木也多，瓜果也多，还是个好地方。这地方的人也聪明，用现在的话来说，就是素质也高。上到锁南镇，经过大弯头，往南走，就到了牛形山。上到锁南镇，经过大弯头，再到河州。

tɕiəu tʂũtʂe tsəu tʂə paʂʅtuə li lu. paʂʅ li lu ʂʅ tɕiəu xuətʂəu tɔ
就 这么着 走 PROG 八十多 里 路 八十 里 路 时 就 河州 到
tʂɛ. nə vã, kuə thəuxuə thəuxuə li kuə tɕhi. vã lɛ̃tʂəu tsəu tɕi xua
PART 那 往 过 洮河 洮河 POST 过 去 往 兰州 走 GEN 话
ʂʅ jɛ tɕiəu tɕiʂʅli lu ʂʅ jɛ tɕiəu tɔ tʂə. tɛ̃ tʂʅ təlu ʂʅ ʂujy ji kiɛ
是 也 就 几十里 路 时 也 就 到 PART 但 这 道路 是 属于 一 CL
tʂʅɕiɛ̃. tshũ lɛ̃tʂəu tɔ xuətʂəu tɕi xua ʂʅ ji kiɛ tʂʅɕiɛ̃, jɔ tɕĩkuə thãvã li.
直线 从 兰州 到 河州 GEN 话 是 一 CL 直线 要 经过 唐汪 PART

就这样走八十多里路，（走）八十多里路就到了河州。往兰州走，要渡过洮河。如果往兰州走，几十里路也就到了。但是，这道路是一条直线。从兰州到河州是一条直线，要经过唐汪。

nɛ kiɛ ʂʅtɕiɛ̃ zə̃khəu ʂəu, tʂuãtsʅ mu ɕi. nə kiɛ thufe jɛ tuə. thãvã li
那 CL 时间 人口 少 庄子 PL 稀 那 CL 土匪 也 多 唐汪 POST
jəu tʂhə̃tɕhiã li, tʂhə̃tɕhiã a. kɛ̃tsɔtsɔ tɕi zə̃ mu tsəulu ʂʅ tɕiəu
有 城墙 PART 城墙 PART 赶早早 GEN 人 PL 走路 时 就
pɛ̃ta tɛ xalɛ ʂʅ. tʂhə̃mə̃ ta kuə liɔ tɔ liɔ ʂamu xalɛ khə̃xi tɕi ɕiɛ̃tsʅ,
邦达 待 下来 时 城门 打 RES PRF 到 PRF 沙母 下来 傍晚 GEN 时候
jikua suəjəu tsəu xa lu tɕi zə̃ mu tɕiɛ̃ li tʂhu xa liɔ.
全部 所有 走 RES 路 GEN 人 PL 店 POST 住 RES PRF

那个时候人口少，村庄稀疏，土匪也多。唐汪有城墙。人们在大清早赶路时，邦木达（穆斯林一天中最早的一次礼拜）一结束，城门就打开了。到了沙母（穆斯林一天中第四次礼拜）结束，就是傍晚的时候，所有赶路的人都住到旅店里了。

kuɛ̃tsʅ li mu tʂhʅ khɛ fɛ̃ liɔ. tʂhə̃mə ji kuɛ̃ ʂʅ tsɛ vethəu tʂhu
馆子 POST TOP 吃 开 饭 PRF 城门 一 关 时 再 外头 出
pu xa liɔ. tsɛ tɕiəu ʂali tɕhi pu xa. tɕhi pu xa ma xɛ̃ʂʅ pɔɕiɛ̃
NEG 下 PRF 再 就 哪里 去 NEG 下 去 不 下 TOP 还是 保险
tʂɛ tɛ. tʂhə̃ lithəu tsuə xa liɔ tha pɔɕiɛ̃ tʂɛ. tʂhə̃mə kuɛ̃ xa liɔ
DUR PART 城 POST 住 RES PRF 它 保险 DUR 城门 关 RES PRF
tʂhə̃tɕhiã xɛ̃jəu ʂəu tɕi zə̃ li.
城墙 还有 守 GEN 人 PART

到馆子里吃晚饭，一旦城门关闭，城外就出不去了，哪儿都去不了。虽然出不了城，但是保险。住在城里，保险。城门关闭了，还有城墙，而且还有守城的人。

jikua tatɔ ma pe ʂɑ̃ liɔ tʂe. miɔtsʅ ma na ʂɑ̃ liɔ
全部 大刀 PL+ACC 背 RES PRF CONV 矛 PL+ACC 拿 RES PRF

tʂe xɛ̃ ʂəu tʂɛ li. tʂʅ kiɛ ʂɛ̃ ʂɑ̃ tsəu xa tɕi tʂʅ ji tɕhiɔ
CONV 还 守 DUR PART 这 CL 山 POST 走 下 GEN 这 一 CL

lu. jəu ji tuɛ̃ lu xutu vetɕhiɛ̃. nə tɔtɕyɛ tɔtsʅ tɕyɛ xa tɕi pɛ̃ tɕi nũ
路 有 一 CL 路 非常 危险 那 刀削 刀子 削 RES GEN 般 地 那样

tɕi ɕyɛ̃nɛ ʂɑ̃ li. khɛ xa tʂɛ ji tɕhiɔ lu tsəu tʂɛ li. tsəu
GEN 悬崖 POST PART 开 RES DUR 一 CL 路 走 DUR PART 走

tʂɛ li ʂʅ vetɕhiɛ̃ tɕi xɔ̃. jəu ɕiɛ ʂɔ̃khəu ʂɑ̃ thuə xa tɕi, ka
DUR PART 时 危险 得 很 有 些 牲口 POST 驮 RES GEN 小

ly ʂɑ̃ thuə xa tɕi tʂʅ mɔkhəu thɛ nə kiɛ ʂɛ̃ nə kiɛ nɛ piɛ̃ li
驴 POST 驮 RES GEN 这 毛口 袋 那 CL 山 那 CL 那 边 POST

tʂũtʂe khɑ̃ ke kua ʂʅ, liɛ̃ khəuthɛ tɛ ka ly tɕiəu nə kəutɕi li xa
这样 撞 CAUS CL 时 连 口袋 带 小 驴 就 那 沟底 POST 下

liɔ. kəutɕitsʅ li tɕiɛ ʂɑ̃ tʂe xa liɔ pɛ̃ sʅ liɔ mə pɛ̃fa. tʂũtʂe
PRF 沟底子 POST 跌 RES CONV 下 PRF 摔 死 PRF NEG 办法 这样

veɕiɛ̃ tɕi xɔ̃ mɛ̃ tɕiəu pɛ̃ kuə tɕi kiɛ mɛ̃, xua tʂe xa tɕi jɛ
危险 得 很 PART 就 绊 过 几 CL PART 滑 CONV 下 GEN 也

jəu li khɑ̃ tʂe xa tɕi jɛ jəu li.
有 PART 撞 CONV 下 GEN 也 有 PART

他们把大刀背上，把矛拿上，守着城。从山上走的这一条路有一段路非常危险，像刀子削了似的悬崖上，开了一条可以走人的路。走这条路很危险。有些牲口驮的、驴身上驮的口袋，这样，只要碰（撞）一下崖边，连口袋和驴一起翻滚到沟底里，掉到沟底里摔死了。没有办法，就这样，非常危险，摔死了几个。有滑下去的，也有撞下去的。

tɕiɛkuə ʂʅ tʂʅ ɕiɛ̃zɔ̃ mu ɕiɑ̃ pɛ̃fa tʂe jɔ tʂʅ lu xɔ ke xa
结果 是 这 先人 PL 想 办法 CONV 要 这 路 好 CAUS RES

li. nũʂʅ tʂhəliɑ̃ liɔ xa ʂʅ tʂʅ mɛ̃ ɕiɛ ta kiɛ tũ ʂʅ tɕiəu, tshũ tʂʅ
PART 这样 测量 PRF RES 时 这 面 ABL 打 CL 洞 时 就 从 这

mɛ ɕiɛ vɑ̃ nə mɛ̃ ta kiɛ tũ ʂʅ tɕiəu tɕiəu poɕiɛ̃ xa liɔ xɔ xa
面 ABL 往 那 面 打 CL 洞 时 就 就 保险 RES PRF 好 RES

li. mə ɕiɑ̃tɔ a tʂʅ tũ ta li ta khɛ liɔ. ta liɔ ji tɕhiɛ̃
PART NEG 想到 PART 这 洞 打 PART 打 RES PRF 打 PRF 一 天

tɕĩkiɛ ta xa tɕi tũ ɛ, mĩtsɔʂɔ̃ khə lɛ ʂʅ a jyɛ̃ niɛ̃ xa
今天 打 RES GEN 洞 TOP/ACC 明天早上 可 来 时 PART 原 严 RES
tʂə tʂɑ̃ tʂe jitɕiɛ̃ ta tɕĩtu mə jəu. tɕhiɛ̃tɕhiɛ̃ ta tɕhiɛ̃tɕhiɛ̃ niɛ̃.
CONV 长 PROG 一点 大 进度 NEG 有 天天 打 天天 严

结果，先人们想办法要把路修好。所以，进行了测量，从这面打个洞。从这面往那面打个洞就保险了，就好了。没想到呀，打呀打，打了一天，今天打的洞，明天早上人们到来时，发现又像原来那样封住了，一点进度都没有。天天打洞，天天封住。

tʂʅ ʂʅtɕhĩ kuɛ̃ tɕi tʂʅ amu tɕi kiɛ ʂʅtɕhĩ ʂa tɕhiɔtɕhi tɕi xɔ̃. tʂũʂʅ
这 事情 怪 的 这 什么 GEN CL 事情 QUES 蹊跷 得 很 这样
tatɕia ʂɑ̃liɑ̃ tʂɛ, tʂʅ amutʂe pɛ̃ ʂa li. jikua tʂuɑ̃tsɿ ʂɑ̃ tʂhuɛ̃khɛ
大家 商量 DUR 这 怎么着 办 QUES PART 全部 庄子 POST 传开
liɔ. tatɕia tʂʅtɔ liɔ. tʂʅ niəuɕĩʂɛ̃ tɕi tʂʅ tũ tsɛ ta pu khɛ. ta ke
PRF 大家 知道 PRF 这 牛形山 GEN 这 洞 再 打 NEG 开 打 CAUS
liɔ jɛme jitɕhiɛ̃ ta xa liɔ, tɕi ɛ tɕhiɛ̃ tɕhi ʂʅ ja jyɛ̃ xulũ xa
PRF 整整 一天 打 RES PRF 第 二 天 去 时 PART 原 囫囵 RES
tʂə. tʂʅ tɕi amu li tʂʅ amutʂe pɛ̃ ʂʅ xɔ. jithəu li ɕiɛ zɔ̃tɕia
DUR 这 GEN 什么 PART 这 怎么着 办 是 好 一头 OST ABL 人家
tʂuɑ̃tsɿ ʂɑ̃ tɕi thəuzɔ̃ mu khəʂʅ, xɔ̃zɔ̃ mu tɕi jita tɔ liɔ tʂe, ʂɑ̃liɑ̃
庄子 POST GEN 头人 PL 可是 能人 PL 等 一起 到 PRF PROG 商量
liɔ xa tʂʅ amuli jɔ tɕhĩtɕiɔ xa li. jithəu li ʂuə ʂʅ amu ɕiɑ̃
PRF RES 这 怎么着 要 请教 CL PART 一头 POST 说 是 1PL 想
kiɛ pɛ̃fa, ɛ tatɕia mu lɛ ɕiɑ̃ kiɛ pɛ̃fa.
CL 办法 哎 大家 PL 来 想 CL 办法

这事情奇怪，这是怎么一回事，很怪异。这样，大家再商量，这怎么办呢？消息在村庄里传开了，大家都知道了。牛形山的洞再打不开了。打了整整一天，打开了，可当第二天再去时，洞又恢复原样了，这怎么办呢？这怎么办才好？一方面，庄子里的头头儿呀、能人们聚到一起商量了一阵。（解决这事）需要到某个地方去请教一下。另一方面，说我们想个办法，大家都来想个办法。

tʂʅ amu ʂʅ tɕiəu tʂʅ tha tsɛ tʂʅ tũ takhɛ xa xa li pala. tsũtɕi
这 怎么 是 就 这 它 再 这 洞 打开 下 下 PART PART 总的
lɛʂuə tɕiəu tʂũ tɕi ji tɕy xua, jithəuli ʂʅmali tɕhi liɔ. maxɛ̃ʂɛ̃ zɔ̃ phɛ
来说 就 这么 GEN 一 CL 话 一头里 什么 去 PRF 马汉山 人 派

tʂe tɕhi liɔ, vɔ̃ ke tɕhi liɔ. maxɛ̃ʂɛ̃ jəu kiɛ ʂɛ̃ʂɔ̃ li, tʂʅ ʂɛ̃ʂɔ̃ zɔ̃
CONV 去 PRF 问 给 去 PRF 马汉山 有 CL 山神 PART 这 山神 人

lixɛ tɕi xɔ̃ ʂuə. khə jithəu tɕi zɔ̃ phɛ tʂə tɕiəuʂʅ nə tɕiəuʂʅ nĩtɕĩ
厉害 得 很 说 另 一头 GEN 人 派 CONV 就是 那 就是 宁静

pa a. xuətʂɔ̃tɕhiɛ̃ ɛtɛ tɕi xuətʂɔ̃tɕhiɛ̃ tɕiɔ tɕi nĩtɕĩ. nə tɕifɑ̃ phɛ
PART PART 和政县 现在 GEN 和政县 叫 的 宁静 那 地方 派

tʂə tɕhi ke liɔ.
CONV 去 CAUS PRF.

怎么办才能把这洞打开？总的来说，就这样一句话。一方面，派人到马汉山去请教。马汉山有个山神。听说这个山神很厉害。另一拨人派到和政县，那就是宁静。现在的和政县那时叫宁静。

sɛ̃ʂʅliphu jəu kiɛ tɔzɔ̃ li, ɕiɑ̃tɑ̃ lixɛ. fɔ̃ʂuɪ a xuɪ khɛ̃ tʂũtʂe ʂuə
三十里铺 有 CL 道人 PART 相当 厉害 风水 ACC 会 看 这样 说

tʂɛ. tɕhi xa tɕi zɔ̃ ʂuə tʂɛ, “nimu amu ma nə khənɔ̃ ʂʅ və nima
DUR 去 下 GEN 人 说 DUR 2PL 什么 PART 那 可能 是 1SG 2PL DAT

ke kiɛ tʂuji. ni tɕĩvɛ̃ɕi zɔ̃ ʂɑ̃liɑ̃ tʂhɔ̃ tɕi pɑ̃. tɕhiɛ̃tɕhiɛ̃ nə pɔ tuɛ̃thəu.
给 CL 主意 2SG 今晚夕 人 商量 成 几 CL 天天 那 别 断头

pɛzʅtʂəujɛ tɕi liɛ̃tʂe va mɛ̃, nə tɕiəu nə vakhɛ xa xa li.” ʂuə tʂə, “tuɪ,
白日昼夜 地 连着 挖 PART 那 就 那 挖开 下 下 PART 说 PROG 对

tʂʅ kiɛ pɛ̃fa xɔ tɕi xɔ̃.”
这 CL 办法 好 得 很

（把人）派那个地方。三十里铺有个道人相当厉害，会看风水，（人们）这样说。（那人对）去了的人说：“你们不管怎样，是能成的。我给你们出个主意。今晚你们商量把人分成几队。每天不停地挖，昼夜不停地连着挖，那山就能挖开。”“好，这个办法很好。”

lɛ liɔ tʂə zɔ̃ ʂɑ̃liɑ̃ xa tʂe lỹliəu tʂə va. tʂʅ ji pɑ̃ zɔ̃ va
来 PRF CONV 人 商量 CL DUR 轮流 CONV 挖 这 一 CL 人 挖

tʂə ɕiɛ xa liɔ, xuɛ̃ xa liɔ ɕiəuɕi xa liɔ, khə ji pɑ̃ zɔ̃ ʂɑ̃tɕhi liɔ
CONV 歇 CL PRF 缓 CL PRF 休息 CL PRF 又 一 CL 人 上去 PRF

khə va. liɛ̃tʂe tʂhɛ mə, liɛ̃pukɛ̃sɛ̃ tɕi va tʂe mə tũthɛ̃ tʂhɛ mə likhɛ.
又 挖 连着 再 NEG, 连续不断 地 挖 PROG NEG 动弹 再 NEG 离开

va li va li tɕi ʂʅ a liɑ̃thəu ɕiɛ va ʂʅ a, va tʂe thũ liɔ.
挖 哩 挖 哩 地 时 PART 两头 ABL 挖 时 PART 挖 CONV 通 PRF.

thũ liɔ mɛ̃ phɔ̃tʂhɔ̃ ʂuə ʂʅ jitɕhiɛ̃ li ʂʅ tũtɕĩ li ɕiɛ ji khuɛ
通 PRF PART 嘭成 说 是 一天 POST 时 洞顶 POST ABL 一 CL
ta xiʂʅ tɕiɛ tʂe xalɛ liɔ. phululu ʂʅ liɑ̃ kiɛ pɔkuə fe tʂe tʂhulɛ
大 黑石 跌 CONV 下来 PRF 噗噜噜 时 两 CL 鸽子 飞 CONV 出来
liɔ. liɑ̃ kiɛ pɔkuə fe tʂe tʂhulɛ liɔ mɛ̃ tɕiəu u tɕi vɛthəu fe tʂə
PRF 两 CL 鸽子 飞 CONV 出来 PRF PART 就 呜 地 外头 飞 CONV
tʂhulɛ liɔ ʂʅ.
出来 PRF 时

（派去的人）回来后，商量好后轮流地挖，这一帮人休息了，另一帮人又上去挖，连着挖再没（停），连续不断地不停地挖，再没有停止。挖呀挖，从两头挖，竟然挖通了。虽然洞通了，但是“嘭成”一声，某一天，从洞顶掉下来一块大黑石板，“噗噜噜”地飞出两个鸽子，飞出了两个鸽子，“呜”地飞到了外面。

nə thɑ̃vɑ̃ tɕi nə thəutɕĩ ʂɑ̃ ɕykhũ li tʂuɛ̃ ke liɔ liɑ̃ tʂuɛ̃, phulu
那 唐汪 GEN 那 头顶 POST 虚空 POST 转 给 PRF 两 圈 噗噜
phulu tɕi tɕiəu nũtʂe tɕiɔ liɔ liɑ̃ ʂɔ̃, tɕiɔ liɔ liɑ̃ ʂɔ̃, tata tɕi tʂuɛ̃ liɔ
噗噜 地 就 这样 叫 PRF 两 CL 叫 PRF 两 CL 大大 地 转 PRF
liɑ̃ kiɛ tɕhyɛ̃tɕhyɛ̃ tʂə tɕiəu tʂhɔ tɕixa tɕifɑ̃ fe tʂə xa liɔ mɛ̃, tɕiəu
两 CL 圈圈 CONV 就 朝 底下 地方 飞 CONV 下 PRF PART 就
fe liɔ. tʂʅ kiɛ lu ʂʅ ɕiəu khɛ liɔ ɕiəu thũ liɔ. tʂʅ kiɛ tũ ʂʅ ta
飞 PRF 这 CL 路 是 修 RES PRF 修 RES PRF 这 CL 洞 是 打
khɛ liɔ. tɛ̃ʂʅ tʂʅli tɕi pɔkuə, tɕĩpɔkuə fe kuə liɔ.
RES PRF 但是 这里 GEN 鸽子 金鸽子 飞 RES PRF

（它们）在唐汪的头顶上，半空里，转了两圈，“噗噜”“噗噜”地叫了两声，叫了两声，转了两个大大的圈，就朝下面方向飞去了，飞走了。这条路修开了，修通了，这个洞是打开了，但是这里的鸽子，金鸽子飞走了。

tʂũʂʅ tshũtshʅ jixəu thɑ̃vɑ̃ li ʂʅma kiɛ nɛ̃, jɛ mə tʂhu xa
这么 从此 以后 唐汪 POST 什么 CL 灾难 也 NEG 出 RES
ʂʅma kiɛ xɔ̃zɔ̃, jɛ mə tʂhu xa. thɑ̃vɑ̃ tɕi tɕĩtɕi jɛ mə fatʂɛ̃, jỹjỹ tɕi.
什么 CL 能人 也 NEG 出 RES 唐汪 GEN 经济 也 NEG 发展 匀匀 地
fɛ̃tʂɔ̃ ʂʅ mĩʂɔ̃ jɛ ta tʂɛ li. tʂhu xa tɕi tʂʅ xɔ̃ tatɕiɛxɔ̃ ʂʅ fetʂhɑ̃
反正 是 名声 也 大 DUR PART 出 RES GEN 这 杏儿 大接杏 是 非常
jəumĩ. ɛtɛ tʂũ xa tɕi tʂʅ khuɪxua jɛ jəumĩ, taxũtsɔ jɛ jəumĩ.
有名 现在 种 RES GEN 这 葵花 也 有名 大红枣 也 有名

这样，从此以后，在唐汪，没发生过什么灾难，也没出过什么有名的人物，唐汪的经济也没有发展，匀速地（发展）。（但是）（唐汪的）名声也很大，产的杏子，大接杏非常有名，现在种植的葵花籽也很有名，大红枣也有名。

thãvã xɛ̃ tʂʅ tuəniɛ̃ tʂʅ jipɛniɛ̃ jilɛ vɔ̃xua tʂũʂʅ tsũtɕiʂã ʂʅ phejã liɔ
唐汪 还 这 多年 这 一百年 以来 文化 重视 总的上 是 培养 PRF

ɕiɛ niɛ̃ʂuzə̃. phejã liɔ ɕiɛ kũtsuə zə̃jyɛ̃. tɛ̃ʂʅ tʂʅ kiɛ tʂʅ suəve kiɛ tɕĩpɔkuə
些 念书人 培养 PRF 些 工作 人员 但是 这 CL 这 所谓 CL 金鸽子

tɕi tũ, tɕĩpɔkuə tɕi tũ tɕiɔ tʂhuɛ̃ liɔ ʂuə tʂhuɛ̃ liɔ. tatɕia tʂʅtɔ ɕiɛ li
GEN 洞 金鸽子 GEN 洞 叫 传 PRF 说 传 PRF 大家 知道 些 PART

tɕiɛ̃ zə̃ təu tʂʅtɔ ɕiɛ li, lɛli ʂʅ tɕiəu tʂũ tɕi kiɛ tʂʅ ʂʅ kiɛ tʂhuɛ̃ʂuə,
每 人 都 知道 些 PART 来历 是 就 这么 GEN CL 这 是 CL 传说

veji tɕi tʂhuɛ̃ʂuə, jɛ pu ʂʅ ʂʅma ʂʅʂʅ.
唯一 GEN 传说 也 NEG 是 什么 事实

还有，唐汪在这多年来，这一百年以来，重视文化。总体上来说，培养了一些读书人，培养了一些工作人员。不过，这个所谓的金鸽子的洞，金鸽子的洞，叫多了传开了，说多了传开了。大家都知道一些，所有的人都知道一些。来历就是这样，这是个传说。这是个唯一的传说，也不是什么事实。

tɕiəuʂʅ fɛ̃tʂə̃ ʂuəmĩ liɔ kiɛ ʂʅma? thãvã tʂʅ jixəu tɕi tɕhiɛ̃thu khə̃tɕĩ xɔ
就是 反正 说明 PRF CL 什么 唐汪 这 以后 GEN 前途 肯定 好

li. tʂʅ tuəniɛ̃ lɛʂuə ʂʅ tɕĩkuə tatɕia tɕi nuli ʂʅ fatʂɛ̃ ʂʅ jəu li,
PART 这 多年 来说 是 经过 大家 GEN 努力 是 发展 是 有 PART

tʂhə̃tɕi jɛ ʂʅ jəu li, tɕiəuʂʅ xuɛ̃mɛ̃ jiɕiɛ. tʂʅ tɕĩpɔkuə tɕi kutɕĩ ma,
成绩 也 是 有 PART 就是 缓慢 一些 这 金鸽子 GEN 古今 TOP

kuəlɛkuətɕhi tɕiəu tʂũ tɕi ɕiɛ.
过来过去 就 这么 GEN 些

就是，反正，说明了个什么？唐汪未来的前途肯定是好的。这多年来说，经过大家的努力，有所发展，也有成绩，就是（发展）缓慢了一些。这金鸽子的故事，讲来讲去就这么一点。

2．葡萄山和高岭寺

ɕiɛ̃tsɛ və pa tʂʅ kiɛ phuthɔʂɛ̃ xuə kɔlĩsʅ tɕi tʂʅ kiɛ kutɕĩ ki tatɕia
现在 1SG PRE 这 CL 葡萄山 和 高岭寺 GEN 这 CL 古今 给 大家

ʂuə ji xa ma. tʂʅ jɛ ʂʅ kiɛ ʂujy ʂə̃xua kuʂʅ. ʂuə kutɕĩ ma və tʂʅ
说 一 CL PART 这 也 是 CL 属于 神话 故事 说 古今 PART 1SG 只
nə̃ tʂʅtɔ jiɕɛ xɔ̃ tɕiɛ̃tɛ̃ tɕi, kɔ̃ ʂə̃nɔ tɕi və jɛ ʂuə pu xuɪ.
能 知道 一些 很 简单 GEN，更 深奥 GEN 1SG 也 说 NEG 会

现在我把“葡萄山和高岭寺”这个故事给大家说一下。这属于神话故事。说起故事，我也只是知道一些简单的，再深奥的我也不会。

ʂuətɕhi phuthɔʂɛ̃ kɔlĩsʅ tʂʅ liɑ̃tʂhu tɕifɑ̃, tatɕia tɕĩtʂhɑ̃ khɛ̃ tʂɛ li, jɛ
说起 葡萄山 高岭寺 这 两处 地方 大家 经常 看 DUR PART 也
tʂʅtɔ. kɔlĩsʅ nə wu ɕyɛ̃ɕyɛ̃ tɕi xuətũ li, tʂũtʂə ji kiɛ xũʂa ʂʅthəu ʂɛ̃.
知道 高岭寺 那 雾 旋旋 的 河东 POST 这样 一 CL 红沙 石头 山
kɔkɔtɕi kɔtu taɕiɔ ni khɛ̃ mɛ̃ tʂʅmɛ̃ xuəɕi tʂɔ ʂɑ̃ tʂɛ, tʂʅmɛ̃ tɕi
高高的 高度 大小 2SG 看 TOP 这面 河西 罩 上 PART 这面 GEN
phuthɔʂɛ̃ ʂʅ jɛ nemɛ̃ xuətũ tɕi kɔlĩsʅ tʂɔ ʂɑ̃ tʂɛ. liɑ̃ tuɪ pali jitɕia
葡萄山 是 也 那面 河东 GEN 高岭寺 罩 上 PART 两 对 PART 一家
jitɕia tʂũtʂə xɔɕiɑ̃ khɛ̃ tɕi ɕiɑ̃ li.
一家（互相） 这么 好像 看 地 像 PART

说起葡萄山、高岭寺这两个地方，大家经常看，也知道。高岭寺，雾蒙蒙的。河东这儿有一个红沙石头山。高高的，高度大小你看啊，就这样把河西罩上了。这边的葡萄山也把那边的高岭寺罩上了。这样，两个面对面，好像是彼此相望。

phuthɔʂɛ̃ jɛ ɕuɛ̃ tɕi xɔ̃, jɛ tɕỹ tɕi xɔ̃. tʂʅmɛ̃ ɕiəu xa tʂɛ kiɛ kũpe.
葡萄山 也 悬 得 很 也 俊 得 很 这面 修 RES DUR CL 拱北
nemɛ̃ ɕiəu xa tʂɛ kiɛ xɛ̃mĩ tɕi miɔ. tʂʅ kiɛ kutɕĩ tʂʅtɔ tɕi zə̃ jɛ
那面 修 RES DUR CL 汉民 GEN 庙 这 CL 古今 知道 GEN 人 也
jəu ji tshə̃ li. ʂhuəʂhɑ̃ tɕi zə̃ jɛ pu thɛ tuə.
有 一 层 PART 说上 GEN 人 也 NEG 太 多

葡萄山很陡峭，也很美丽。这边修了拱北，那边修了一个汉族的庙。这个故事知道的人也有呢。能讲故事的人也不太多。

tɕhĩʂhuə ʂʅ liɑ̃ kiɛ jɑ̃paʂʅ xuətũ li tɕi kiɛ tɕiɔ kulɔxɛ̃, xuəɕi li
听说 是 两 CL 羊把式 河东 POST GEN CL 叫 顾老汉 河西 里
tɕi ji kiɛ jɑ̃paʂʅ tɕiɔ lɔtɕika. tʂʅ liɑ̃ kiɛ zə̃ jitɕhiɛ̃ tsuəxa ʂʅ mə
GEN 一 CL 羊把式 叫 老及噶（老头） 这 两 CL 人 一天 坐下 时 NEG

kẽthəu, tsuə tʂə mẽ phiẽkẽtẽ tʂə mẽ, jã jɛ fã tsə jã.
干头 坐 DUR TOP 聊天 DUR PART 羊 也 放 DUR 羊

听说是两个放羊人，河东的叫顾老汉，河西的叫老及噶。有一天这两个人坐下来没事可干，坐着就聊天，也放着羊。

nə ɕiẽtsɿ xuə mə jəu xəuthəu tɕi namə ta. kẽtẽphiẽ tʂɛ ʂuə li
那 时候 河 NEG 有 后来 GEN 那么 大 聊天 DUR 说 PART

ʂuə li tɕi: "ɛja, və tɕi tʂuãtsɿ ʂã tɕi zə̃mu ni tɕi nemẽ
说 PART 地 哎呀 1SG GEN 庄子 POST GEN 人PL 2SG GEN 那面

mɛ kiɛ ʂɿma ʂɿ jɛ pu fãpiẽ." nə kiɛ xua ʂɿ: "və tɕi tʂuãtsɿ ʂã
买 CL 什么 时 也 NEG 方便 那 CL 话 是 1SG GEN 庄子 POST

tɕi zə̃mu ni tɕi tʂɿmẽ ɕiɛ xuẽ kiɛ ʂɿma ʂɿ jɛ pu fãpiẽ." tɕiəu ʂɿ
GEN 人PL 2SG GEN 这面 ABL 换 CL 什么 时 也 NEG 方便 就 是

ji kiɛ xuə tu tʂhu liɔ tʂə, me pẽfa.
一 CL 河 堵 住 PRF CONV NEG 办法

那时候河没有现在那么大。聊天时一个说："哎呀！我的庄子上的人们去你那边买什么东西都不方便。"那个说："我的庄子上的人们从你们那边换个什么东西也不方便。"就是一条河堵住了，没办法。

tʂɿ ʂã tuəxuɪ ta kiɛ tɕhiɔ ʂɿ tɕiəu tsuɪ xɔ mẽ. ji! tʂɿ ta tɕhiɔ
这 POST 多会 搭 CL 桥 时 就 最 好 PART PART 这 搭 桥

ʂɿ jɛ pu jũji. jɔ tɕhiɔtũ li jɔ tɕhiɔliã li. xuətũ tɕi tʂɿ kulɔxẽ
时 也 不 容易 要 桥墩 PART 要 桥梁 PART 河东 GEN 这 顾老汉

ʂuə ʂɿ tʂɿ ʂẽʂãjɛ võ ji xa tɕhi mẽ, tha tɔtɕi amu tɕi kiɛ xuɪta ki
说 是 这 山神爷 问 一 CL 去 PART 他 到底 怎么 GEN CL 回答 给

li pala. tɕhiɔ ta ʂã xa li ta pu ʂã, ali võ tɕhi li ʂuə?
PART PART 桥 搭 上 下 PART 搭 NEG 上 哪里 问 去 PART 说

lĩthɔtɕiliɔ tɕi na tɕifã jəu kiɛ tɕiɔ maxẽʂẽ, maxẽʂẽ ʂẽ jɛ kɔ. na tɕifã jəu
临洮集料 GEN 那 地方 有 CL 叫 马汉山 马汉山 山 也 高 那 地方 有

kiɛ thutɕijɛ li. thutɕijɛ ʂɿ tʂɿ tʂəuve ʂẽjɛ ʂã tɕi jiɕiɛ ʂɿtɕhĩ tʂɿ
CL 土地爷 PART 土地爷 是 这 周围 山野 POST GEN 一些 事情 这

ʂãlɛ li võ tɕhi ʂɿ tafu ki li.
上来 PART 问 去 时 答复 给 PART.

这上面如果能搭个桥就好了。咦！这搭桥也是不容易的。要桥墩，要桥梁。河东的顾老汉说：去问一下山神爷，他到底会怎么回答。桥能不能搭上？去哪儿问啊？临洮集料有个地方叫马汉山。马汉山很高。那地方有一个土地爷。这周围山野上若有事情，就要找土地爷，去问的话会给答复。

xuəɕi tɕi thɛtsʅʂɛ̃ jəu kiɛ ʂɔ̃ɕiɛ̃ li. tʂʅ kiɛ ʂɔ̃ɕiɛ̃ kuɛ̃ tʂɛ. tʂũʂʅ tʂʅ
河西 GEN 太子山 有 CL 神仙 PART 这 CL 神仙 管 DUR 这样 这
xuəɕi tɕi tʂʅ thɛtsʅʂɛ̃ tɕi ʂɔ̃ɕiɛ̃. xuəɕi tɕi tʂʅ ka lɔxɛ̃ tɑ̃ xa jɑ̃ tɕi
河西 GEN 这 太子山 GEN 神仙 河西 GEN 这 小 老汉 放 下 羊 GEN
tʂʅ lɔtɕika vɔ̃ ji xa tɕhi. tʂũʂʅ xuətũ li tɕi tʂʅ kulɔxɛ̃ maxɛ̃ʂɛ̃ ʂɑ̃ tɕhi
这 老及噶 问 一 CL 去 这么 河东 POST GEN 这 顾老汉 马汉山 上 去
ʂʅ ji vɔ̃ ʂʅ, maxɛ̃ʂɛ̃ tɕhĩkhuɑ̃ ji ʂuə pala. vəmu na xuɪ jikua amu tʂuɑ̃tsʅ
时 一 问 时 马汉山 情况 一 说 PART 1PL 那 会 一起 1PL 庄子
ʂɑ̃ tɕi zɔ̃ mu xuəɕi tʂuɑ̃tsʅ ʂɑ̃ kɔ̃ kiɛ tɕi liɔ kɛ̃ kiɛ ʂʅma ʂʅtɕhĩ
POST GEN 人 PL 河西 庄子 POST 赶 CL 集 PRF 干 CL 什么 事情
ʂʅ, tsəu tɕi lu mə jəu. thɔxuə tɕi ʂuɪ li akiɛ akiɛ jɛ̃ ʂɑ̃ liɔ,
时 走 GEN 路 NEG 有 洮河 GEN 水 PART 哪个 哪个 淹 RES PRF
akiɛ akiɛ tɕiɛ tʂə xa liɔ. tʂʅ xɛ̃ʂʅ zɔ̃mĩ jɛ tʂhukuə, ʂʅtɕhĩ jɛ tʂhu kuə.
哪个 哪个 接 CONV 下 PRF 这 还是 人命 也 出过 事情 也 出 过
tʂũʂʅ tʂʅ veɕiɛ̃ tɕi xɔ̃, tɕiɛ̃khu tɕi xɔ̃.
这么 这 危险 得 很 艰苦 得 很

河西的太子山有一个神仙。这个神仙管着呢，这么一个河西太子山的神仙。河西的放羊老汉老及噶去（太子山）问一下。河东的顾老汉去马汉山上去问。到马汉山把情况说了一下。我们那会儿一起，我们庄子上的人们到河西庄子上去赶集，干个什么事情，没有走的路。洮河的水把谁谁淹了，谁谁又掉到河里。还出过人命，也出过事，危险得很，艰苦得很。

tɕhiɔ mə jəu tɕi la xɛ̃ʂʅ tatɕia mu tɕiɔtɕia lɛvɑ̃ ji xa ʂʅ xɛ̃ʂʅ
桥 NEG 有 GEN PART 还是 大家 PL 互相 来往 一 CL 时 还是
thɛ tʂe tʂɛ. tsəu pu xa. tʂʅ khũnɛ̃ ma ʂuə liɔ ji xa, tʂʅ jyɛ̃vɛ̃
太 窄 PART 走 NEG RES 这 困难 TOP 说 PRF 一 CL 这 冤枉
tɕi tʂʅ ʂʅtɕhĩ ma ʂuə liɔ ji xa ʂʅ. maxɛ̃ʂɛ̃ tɕi tʂʅ tɔzɔ̃ thutɕijɛ ki
GEN 这 事情 TOP 说 PRF 一 CL 时 马汉山 GEN 这 道人 土地爷 给
liɔ kiɛ xuɪxua. ʂuəʂʅ ni və tɕi… kɛ̃tũ liɔ tɕi. ɕĩ ʂɑ̃ ɕiɛ jikua
PRF CL 回话 说是 2SG 1SG 的 感动 PRF 的 心 POST ABL 一起

jyẽvɑ̃ tʂʅ kẽtũ liɔ. tʂʅ tɕifɑ̃ tɕi zɔ̃ və jɛ tsuəve kiɛ thutɕijɛ tʂə, tʂʅ
冤枉 这 感动 PRF 这 地方 GEN 人 1SG 也 作为 CL 土地爷 DUR 这
tɕifɑ̃ ʂɑ̃ ji kiɛ xɔ ʂʅ pẽ pu xa ʂʅ, və tsɛ tɑ̃ ʂʅma thutɕijɛ li.
地方 POST 一 CL 好 事 办 NEG RES 时 我 再 当 什么 土地爷 PART

还是没有桥啊。大家互相来往还是太狭窄，走不了。把这困难说了一下，这委屈和这事情说了一下。马汉山的土地爷给了个回话。土地爷从心底被他们的委屈打动了。我作为这地方的人，作为土地爷，这地方上的好事如果办不好，我还当什么土地爷啊。

tʂũʂʅ zɔ̃tɕia tɕi xua ʂʅ, ni və tɕi tsuɪ xɔ tɕi nə niẽlĩ tsuɪ ta
这么 人家 GEN 话 是 2SG 1SG GEN 最 好 GEN 那 年龄 最 大
tɕi nə thəu ji kiɛ jatʂhʅ nia pa ki, ni pa tʂə tɕhi pala.
GEN 那 头 一 CL 牙齿 2SG+DAT 拔 CAUS 2SG 拔 CONV 去 PART
kulɔxẽ ji ʂuə ʂʅ, kulɔxẽ ɛja tʂə thutɕijɛ tɕi jatʂhʅ ki liɔ mẽ, pu
顾老汉 一 说 时 顾老汉 INTER 这 土地爷 GEN 牙齿 给 了 PART NEG
pa ʂʅ pu xɔjisʅ, pa tɕhi ʂʅ thutɕijɛ thɔ̃ xuɛ li. xẽʂʅ tʂũʂʅ veliɔ thamu
拔 时 NEG 好意思 拔 去 时 土地爷 疼 坏 PART 还是 这么 为了 3PL
tʂuɑ̃tsʅ tɕi ʂɑ̃ tɕi zɔ̃. vɪliɔ tʂʅ kiɛ xuətũ xuəɕi liɑ̃ xa li tɕi
庄子 GEN POST GEN 人 为了 这 CL 河东 河西 两 下 POST GEN
lɔpɛɕĩ mu tsəu kiɛ lu tɕi fɑ̃piẽ. ta kiɛ tɕhiɔ ʂʅ xɔ tʂʅ kiɛ la ʂʅ,
老百姓 PL 走 CL 路 GEN 方便 搭 CL 桥 是 好 这 CL INST 时
tʂʅ kiɛ jyẽvɑ̃ la ʂʅ, tʂʅ kulɔxẽ tɕiəu maxẽʂẽ tɕi thutɕijɛ tɕi tʂʅ jatʂhʅ
这 CL 冤枉 INST 是 这 顾老汉 就 马汉山 GEN 土地爷 GEN 这 牙齿
pa ʂɑ̃ liɔ. pa tʂə lɛ liɔ, tʂʅ kɔ̃tɕhiẽ fɑ̃xa liɔ, pa tʂə lɛ tɕiəu
拔 RES PRF 拔 CONV 来 PRF 这 跟前 放下 PRF 拔 CONV 来 就
xuəpiẽ li tɕiəu nũ tʂə fɑ̃ xa liɔ.
后边 POST 就 这么 CONV 放 RES PRF

他还说，你把我最好的头一个牙齿拔下来吧，你尽管拔去。听这么一说，顾老汉就想：哎呀，这土地爷的牙齿给了我呀，不拔的话不好意思，去拔的话土地爷要疼坏了。还是这样吧，为了庄子上的人，为了河东河西老百姓走路方便，搭个桥是好事，因为这个憋屈，这顾老汉就把马汉山的土地爷的牙齿拔了。拔下来放在跟前，拔下来就这么放到了后面。

lətɕika jikua phɔ tʂə ʂʅma li thɛtsʅʂẽ ʂɑ̃ kuətɕhi ʂʅ, paʂẽʂəʂuɪ
老及噶 一起 跑 CONV 什么 PART 太子山 POST 过去 时 跋山涉水

tɕi jyɛ̃jyɛ̃ tɕi tɕi tɕhiɛ̃ tɕi tʂəujɛ tɕi liɛ̃jɛ tsəu tʂə kua. thɛtsʅʂɛ̃ kuətɕhi
地 远远 地 几 天 几 昼夜 地 连夜 走 CONV PART 太子山 过去
thɛtsʅʂɛ̃ tɕi tʂʅ ʂɔ̃ɕiɛ̃. thəu tha ʂuə thala jipilisʅ ʂɛthɑ̃ na tũɕi mu
太子山 GEN 这 神仙 头 他 说 界限格 伊布里斯 筛汤 那 东西 PL
khəutɕhia tʂʅ, ɕiɔɕi lɔ ʂɑ̃ liɔ tʂə. fɛ̃tʂɔ̃ tʂʅ tɕifɑ̃ ʂɑ̃ tɕi zɔ̃ xɛ̃ li mɛ̃.
已经 这 消息 唠 上 PRF DUR 反正 这 地方 上 的 人 害 哩 PART
zɔ̃tɕia ʂʅma thɛtsʅʂɛ̃ tɕi ʂɔ̃ɕiɛ̃ tʂhuəsuə tʂɛ ʂuə ʂʅ ni tʂʅ thama tʂʅ
人家 什么 太子山 GEN 神仙 挑唆 DUR 说 是 2SG 这 3PL+ACC 这
jĩkɛ̃ pɔ pɛ̃, pɛ̃ ʂʅ tʂəmu nia pu jɑ̃ xa li. tʂũ li
事情 NEG 办 办 时 这么 2SG+ACC NEG 养 RES PART 这么 PART
mɛ̃ nũ li mɛ̃, fɛ̃tʂɔ̃ nia tɕiəu pu tsũtʂũ mɛ̃. pu
PART 那么 PART PART 反正 2SG+ACC 就 NEG 尊重 PART NEG
tsũtɕĩ mɛ̃.
尊重 PART

老及噶跑到太子山，跋山涉水、远远地几天几夜地走着，去找太子山神仙。在他（去太子山神仙那里）说之前，伊布里斯（魔鬼）已经打听到了这个消息。反正它们就要害这地方的人。他们就挑唆太子山的神仙说："你别为他们办这事，办的话就不再供养你了。"这样，弄来弄去反正就是不尊重你呗。

tɑ̃ ʂɑ̃ ki tʂɛ ʂʅ thɛtsʅʂɛ̃ tɕi tʂʅ ʂɔ̃ɕiɛ̃ ʂuə liɔ, tʂʅ lɔtɕikə xa
当 上 CAUS PART 时 太子山 GEN 这 神仙 说 PRF 这 老及噶 DAT
ʂuə tʂɛ: "ni və tɕi xəuxuajyɛ̃ li tɕhiɔ, fɛ̃tʂɔ̃ ni ʂʅma khɛ̃ ʂɑ̃ ni
说 PROG 2SG 1SG GEN 后花园 POST 挑 反正 2SG 什么 看 上 2SG
ʂʅma na, tʂʅjiɔ ni ta tɕhiɔ tɕi jũ tsuəxa tɕi ʂʅma ʂʅ ni na tɕhi."
什么 拿 只要 2SG 搭 桥 GEN 用 做下 GEN 什么 时 2SG 拿 去
ɛ, tʂʅ lɔtɕika tʂʅ xəuxuajyɛ̃ li tʂuɛ̃lɛtʂuɛ̃tɕhi tʂuɛ̃lɛtʂuɛ̃tɕhi, xua jɛ tɕỹ
INTER 这 老及噶 这 后花园 POST 转来转去 转来转去 花 也 俊
tɕi xɔ̃, ʂu jɛ tʂɑ̃ xa tɕi tuə tɕi xɔ̃, jɛ vɑ̃ tɕi xɔ̃. tʂʅ a kiɛ və na li
得 很 树 也 长 下 得 多 得 很 也 旺 得 很 这 哪 CL 1SG 拿 哩
ʂa nathəu mə jəu.
QUES 拿头 NEG 有

太子山的这神仙上了当，他对老及噶说："你在我的后花园里挑，反正你看上什么就拿什么，只要是你搭桥需要的你就拿去。"这老及噶老汉就在后花园里转来转去，花也很好看，树也长得多，也旺盛，我拿哪个呢？也没什么值得拿的。

tʂuɛ̃ kuəlɛ kuətɕhi, ɕĩlɛɕĩtɕhi ʂʅ a, tʂʅ tsɔʂu xɔ pa, tʂʅ tsɔʂu jəu lɔ
转 过来 过去 寻来寻去 时 PART 这 枣树 好 吧 这 枣树 又 老

jəu nĩ mɛ̃, tʂʅ paʂɑ̃ tɕhi liɔ tɑ̃ tɕhiɔtũ li jɛ xɔ ʂʅ tɕhiɔliɑ̃ li jɛ
又 硬 PART 这 拔上 去 了 当 桥墩 PART 也 好 是 桥梁 PART 也

xɔ. fɛ̃tʂə̃ ʂʅ tʂʅ tʂũli pa. ɛ, tʂũʂʅ və tʂʅ kiɛ tsɔʂu khɛ̃ʂɑ̃ tʂɛ. nũʂʅ ni
好 反正 是 这 这么 吧 哎 这么 我 这 CL 枣树 看上 PART 那么 2SG

tsɔʂu pa ʂɑ̃ tɕhi tə. tʂũʂʅ tʂʅ ji kiɛ tsɔʂu lɔtɕika tɕiəu tsɔʂu pa ʂɑ̃ liɔ
枣树 拔 RES 去 的 这样 这 一 CL 枣树 老及噶 就 枣树 拔 RES PRF

mɛ̃, pe ʂɑ̃ tʂə xuəpiɛ̃ li thɑ̃vɑ̃ li lɛ liɔ.
PART 背 RES CONV 河边 POST 唐汪 里 来 了

转来转去，寻来寻去，这枣树好吧，这枣树又老又硬，这拔了当桥墩也好，当桥梁也好。反正是，就这么吧："哎，这么吧，我看上了这棵枣树。""那么你把枣树拔了就走吧。"于是这一棵枣树，老及噶就拔了这棵枣树，背到了河边，背到了唐汪。

thɑ̃vɑ̃ li lɛ liɔ mɛ̃ tɕiəu xuəpiɛ̃ li fɑ̃ xa liɔ. fɑ̃ xa
唐汪 POST 来 PRF PART 就 河边 POST 放 RES PRF 放 RES

ɕiatʂha tɕiəu nə tsɔʂu kiɛ tʂha vɑ̃ nə xuətũ li vɑ̃ nə kɔlĩsʅ, nə ʂʅma
下杈 就 那 枣树 CL 杈 往 那 河东 POST 往 那 高岭寺 那 什么

ʂɑ̃ kɔlĩsʅ tɕi kɔlĩtʂhʅ. maxɛ̃ʂɛ̃ tɕi tʂʅ thutɕijɛ tɕi tʂʅ jatʂhʅ ʂɑ̃
POST 高岭寺 GEN 高岭齿 马汉山 GEN 这 土地爷 GEN 这 牙齿 POST

jitʂʅ nɛ ki li, tũ tʂə nɛ ki li. tɛ pu ʂɑ̃ ʂʅ tɕhiɔ jɛ tʂhə̃
一直 挨 给 PART 扽 CONV 挨 给 PART 待 补 RES 时 桥 也 成

liɔ. ɛ, talɛtatɕhi ta pu ʂɑ̃. tũlɛtũtɕhi tũ tʂə kə̃ pu tɕiɛ̃ xa. xɔ
PRF 哎 搭来搭去 搭 NEG RES 扽来扽去 扽 CONV 跟 NEG 见 RES 好

tsɛ mə pɛ̃fa. tʂũxa phɔ tʂə khə ʂʅma li tɕhi liɔ, akiɛ və̃ tɕhi
再 NEG 办法 这样 跑 CONV 可 什么 PART 去 PRF 谁 问 去

li, tʂũʂʅ thɛtsʅʂɛ̃ tɕi tʂʅ ʂʅma pu xa mɛ̃, phɔ tʂə tɕiʂʅʂɛ̃ və̃
PART 这么 太子山 GEN 这 什么 NEG 下 PART 跑 CONV 积石山 问

tɕhi liɔ.
去 PRF

来到唐汪就把枣树放到了河边。放下枣树杈，冲着河东高岭寺的高岭齿。马汉山的这土地爷的牙齿一直往葡萄山上搭，只要补上，桥也就搭成了。哎，搭来搭去搭不上，扽来扽去够不着，就再也没有办法了。这么跑到什么地方去了，去问谁了，太子山这个不行啊，跑到积石山去问了。

tɕiʂʅʂẽ nə ɕiẽtsʅ tɕi lĩɕia xẽ xuətʂəu kuẽ tʂɛ. ɛtɛ liɔ tʂə lĩɕia
积石山 那 时候 GEN 临夏 还 河州 管 DUR 现在 PRF CONV 临夏
kuẽ tʂɛ. tɕiʂʅʂẽ phɔ tʂə vɔ̃ tɕhi ʂʅ, tɕiʂʅʂẽ tɕi ʂɔ̃ɕiẽ ʂuə tʂɛ, jisʅ
管 DUR 积石山 跑 CONV 问 去 时，积石山 GEN 神仙 说 PROG 意思
ʂʅ nia nə ɕiẽtsʅ ni thɛtsʅʂẽ tɕi tʂʅ ɕiẽzɔ̃ ma vɔ̃ lɛ ʂʅ, tʂʅ
是 2SG+DAT 那 时候 2SG 太子山 GEN 这 仙人 PL+DAT 问 来 时 这
ʂɛthã tã ʂã ki tʂɛ. jipilisʅ tʂhuəsuə tʂɛ. thãvã xũtɕy tɕi tʂʅ zɔ̃
筛汤 当 上 给 PART 伊布里斯 挑唆 PROG 唐汪 红咀 GEN 这 人
ma xɔʂʅ pu pẽ, pẽ pu tʂhɔ̃. tʂũxa tɕiəu tʂũtʂə tʂhuəsuə xa tʂɛ,
PL+DAT 好事 NEG 办 办 NEG 成 这样 就 这样 挑唆 RES PROG
ʂʅ nia ɕisa xɔ tɕi mə ki, tsʅ ki liɔ kiɛ ʂʅma mẽ, tʂʅ
时 2SG+DAT 什么都 好 GEN NEG 给 只 给 PRF CL 什么 PART 只
ki liɔ kiɛ tsɔʂu pala. ni pe tʂə tɕhi liɔ tʂə tɕhiɔ ta tɕhi ta
给 PRF CL 枣树 PART 2SG 背 CONV 去 PRF CONV 桥 搭 去 搭
tɕhi ʂuə tʂɛ. tɕhiɔ ta tʂə tsɔʂu la jɛ ta ʂã xa li mẽ. tʂũsʅ
去 说 PROG 桥 搭 CONV 枣树 INST 也 搭 上 成 PART PART 这么
tʂə ʂuə ʂʅ.
CONV 说 时

积石山……那时候由临夏、河州管着，现在还是被临夏管着呢。跑到积石山去问，积石山的神仙说话了，说的意思是：你那时候你来问太子山的仙人们时，太子山的神仙上了伊布里斯（魔鬼）的当。魔鬼挑唆说，不能给唐汪、红咀的人办好事，办不成。他就这样挑唆，没给你任何好东西。只给了什么啊，只给了枣树。他说，你背着搭桥去。用枣树搭桥，就这么说的。

lɔtɕika kulɔxẽ liã kiɛ zɔ̃ ʂãliã xa tʂɛ, ɛtɛ tɕiəu maxẽʂẽ tɕi thutɕijɛ
老及噶 顾老汉 两 CL 人 商量 下 PROG 现在 就 马汉山 GEN 土地爷
jɛ xɔ, tɕiʂʅʂẽ tɕi tʂʅ kiɛ ʂɔ̃ɕiẽ jɛ xɔ, ʂuə xa tʂɛ mẽ, thəu tɕi tɕiɔ
也 好 积石山 GEN 这 CL 神仙 也 好 说 下 PART PART 头 鸡 叫
tɕhiẽ liã ʂʅ tɕiəu tʂʅ tɕhiɔ ta tʂhɔ̃ ʂʅ tɕiəu ta tʂhɔ̃ li. tẽ ta pu
天 亮 时 就 这 桥 搭 成 时 就 搭 成 PART 但 搭 NEG

tʂhɔ̃ ʂʅ tɕiəu pa xa liɔ. tɕiɛkuə ʂʅ ja, ʂɑ̃liɑ̃ xɔ liɔ, tʂʅ liɑ̃ kiɛ zɔ̃ tʂʅ
成 时就 罢 下 PRF 结果 是呀 商量 好 PRF 这 两 CL 人 这
tsɔʂu tɕiəu ʂʅma li ta li.
枣树 就 什么 PART 搭 PART

老及噶和顾老汉商量着，现在马汉山的土地爷也好，积石山的这个神仙也好，都说在鸡叫前、天亮前这桥能搭好就好了。但如果搭不好就不行了（再也搭不上了）。结果是这两个人商量好了就用枣树搭桥。

o, tʂũʂʅ xɛ̃ ji kiɛ tɕihɔtũ ki liɔ la. thɛtsʅʂɛ̃ tɕi tʂʅ ʂɔ̃ɕiɛ̃ tɕiʂʅʂɛ̃
哦 这么 还 一 CL 桥墩 给 PRF PART 太子山 GEN 这 神仙 积石山
tɕi tʂʅ ʂɔ̃ɕiɛ̃ ʂuə xa liɔ. nə tshʅ lɛ liɔ tʂʅ lɔtɕika lɛ liɔ mɛ̃, və
GEN 这 神仙 说 RES PRF 那 次 来 PRF 这 老及噶 来 PRF PART 1SG
kɔ̃tɕhiɛ̃ ɕiɛ jɔ ʂʅma tʂɛ mɛ̃, nəmu ta kiɛ tɕhiɔ li ʂuə. və xɛ̃
跟前 ABL 要 什么 PART PART 那么 搭 CL 桥 PART 说 1SG 还
sʅmu ʂʅ tʂʅ tɕifɑ̃ tɕi zɔ̃ ʐʅkui tɕi xɔ̃, tʂʅma və tɕi xɔʂʅ pɛ̃ pu xɔ.
想 是 这 地方 GEN 人 滑头 得 很 这么 1SG GEN 好事 办 NEG 好
tʂũ liɔ tʂə tafa tʂə tsəu ki liɔ. nə na liɔ ji khuə tsɔʂu
这么 PRF CONV 打发 CONV 走 CAUS PRF 3SG 拿 PRF 一 CL 枣树
tʂə tsəu liɔ mɛ̃. atə tɕiəu və tɕi tʂʅli jəu kiɛ ʂʅma li mɛ̃,
CONV 走 PRF PART 现在 就 1SG GEN 这里 有 CL 什么 PART PART
jəu pɛ̃tɕiɛ ʂɔ̃ li mɛ̃, və tsuə kiɛ tɕhiɔtũ mɛ̃. tʂʅ pe ʂɑ̃ tʂə tɕhi
有 半截 剩 PART PART 我 做 CL 桥墩 PART 这 背 上 CONV 去
ki tɕhi liɔ tʂə tɑ̃ tɕhiɔtũ tɕhi ki.
给 去 PRF CONV 当 桥墩 去 给

对，还给了一个桥墩。太子山的神仙给积石山的神仙说了，那次这老及噶来了，从我这儿要什么，说要搭个桥。我还想着这地方的人差劲得很，这样我不能（给这样的人）办好事，就这么给他打发走了。他拿了一棵枣树走了。现在我这里有个什么……剩下来的有半截山，我做个桥墩吧。你去背上，去当桥墩用。

thamu tʂʅ tɕhiɔ ta tɕhi ki pala. və nə ɕiɛ̃tsʅ nũtʂə xɔ xuɯta mə
3PL 这 桥 搭 去 CAUS PART 1SG 那 时候 那样 好 回答 NEG
jəu, xɔ niɛ̃ mə ki tʂə. və jɛ xəuxuɯ tʂɛ. və tha tsɛtɕiɛ̃ ʂʅ və
有 好 脸 NEG 给 CONV 1SG 也 后悔 PART 1SG 3SG 再见 时 1SG

nẽtʂhã tʂə tɕiẽ pu xa mẽ. ɛtɛ və tsəu liɔ mẽ, tʂʅ xua ni
羞愧 CONV 见 NEG 下 PART 现在 1SG 走 PRF PART 这 话 2SG
tɛ ki, tʂʅ ʂʅtɕhĩ ni pẽ ki. tʂũʂʅ tʂʅ kiɛ tɕiʂʅʂẽ tɕi tʂʅ ʂɔ̃ɕiẽ tɕiəu tʂʅ
带 给 这 事情 2SG 办 给 这么 这 CL 积石山 GEN 这 神仙 就 这
lɔtɕika tɕiəu tʂʅ pẽtɕiɛ ʂʅma ki liɔ mẽ.
老及噶 就 这 半截 什么 给 PRF PART

让他们去搭桥吧。我那时候没有好好回答，没给好脸，我也很后悔。我再见他的话，我很羞愧，不能再见了。现在我走了，这话你带过去，这事情你来办。这样，这个积石山的神仙就给了老及噶半截山。

niəu la ji kiɛ xɔ niəu la tɕiəu ji kiɛ taniəu la tɕiəu tʂʅ tɕhiɔtũ
牛 INST 一 个 好 牛 INST 就 一 CL 大牛 INST 就 这 桥墩
thuə ʂã liɔ mẽ. thuə ʂã tʂə thãvã tɕi tʂʅ piẽtsʅ li lɛ liɔ. lɛ
驮 上 PRF PART 驮 上 CONV 唐汪 GEN 这 边子 POST 来 PRF 来
liɔ mẽ tʂũpi tɕĩvẽɕi thəu liã ta tɕhiɔ ta ʂã li. thəu tɕi tɕiɔ thala,
PRF PART 准备 今晚夕 头 亮 搭 桥 搭 上 PART 头 鸡 叫 界限格
tʂʅ jipilisʅ tʂʅ tsatʂũ lɛ liɔ tʂə, ʂʅma tã ʂã ki liɔ kiɛ kũtɕi tã
这 伊布里斯 这 杂种 来 PRF CONV 什么 当 上 CAUS PRF CL 公鸡 当
ʂã ki liɔ tʂə. tɕhi tɕhiẽ ɕiɛ tɕi ɕiɔ ki liɔ ʂʅtɕiẽ mə tɔ, tɕi
上 CAUS PRF CONV 去 前 ABL 鸡 叫 CAUS PRF 时间 NEG 到 鸡
tɕiɔ tɕi ʂʅtɕiẽ mə tɔ. zɔ̃tɕia kəkə tɕi xəu liɔ ji ʂɔ̃ ʂʅ kua, tɕhiẽɕia
叫 GEN 时间 NEG 到 人家 咯咯 地 吼 PRF 一 声 时 PART 天下
tɕi tʂʅ suəjəu tɕi nə kũtɕi mẽ tɕiɔ khɛ liɔ mẽ.
GEN 这 所有 GEN 那 公鸡 PL 叫 开 PRF PART

用一头好牛，一头大牛驮上了桥墩，驮上了就往唐汪这边来了。来了就准备今晚天亮前把桥搭上。鸡叫前，这个伊布里斯（魔鬼）、这个杂种来了，那什么，让公鸡上当，让它上了当，去之前，时间还没到就让鸡打鸣，鸡叫的时间还没到。人家咯咯地叫了一声，天下所有的公鸡都叫开了。

tsɛ tʂʅ tɕhiɔ ta pu tʂhɔ̃ liɔ atha. tʂʅ tɕhiɔtũ pe tʂə lɛ xa
再 这 桥 搭 NEG 成 PRF+PART 这 桥墩 背 CONV 来 下
tɕi nə tsəʂu fɑ̃xa tɕi tɕifɑ̃, kəlĩsʅ tɕi jatʂhʅ fɑ̃xa tɕi tɕifɑ̃, jyẽ tɕiəu
GEN 那 枣树 放下 GEN 地方 高岭寺 GEN 牙齿 放下 GEN 地方 原 就

nũ tʂə tɕĩtɕĩ tɕi, amutʂə lɛ fɑ̃xa tʂɛ tɕiəu nũtʂə lɛ tʂɛ̃ xa tʂɛ. tɕhiɔ
这 着 静静 地 怎么着 来 放下 PART 就 这么着 来 站 下 PART 桥

jɛ mə ta tʂhɔ̃ xa, tɕiəu tʂũʂʅ tɕiəu kɔlĩsɿ xuə phuthɔʂɛ̃ tʂʅ tuɛ̃ ta
也 NEG 搭 成 PART, 就 这么 就 高岭寺 和 葡萄山 这 CL 搭

xa tɕhiɔ tɕi kuətʂhɔ̃. ʂʅ tɕiəu ʂuy tʂʅ kiɛ kutɕĩ. tʂʅ tɕiəu vɛ̃ liɔ.
RES 桥 GEN 过程 是 就 属于 这 CL 古今 这 就 完 PRF

再就搭不成桥了。这背来的桥墩，那放枣树的地方，高岭寺放牙齿的地方，原封不动就这么静静地，怎么放到这来的，还怎么在那里立着。桥也没搭好啊。这就是高岭寺和葡萄山这段搭桥的过程。就是这个故事。这就完了。

四 讲述

唐汪当地情况

və tɕi tɕiaɕiɑ̃ thɑ̃vɑ̃tʂhuɛ̃ tsuəluə tsɛ thɔxuə ɕiajəu niuɕĩʂɛ̃ ɕia, ʂʅ
1SG 的 家乡 唐汪川 坐落 PREP 洮河 下游 牛形山 POST 是

kɛ̃suʂɔ̃ lĩɕia xuɪtsu tsɿtʂʅtʂəu tɕi ji kiɛ tʂɔ̃, thɑ̃vɑ̃tsɔ̃. thɑ̃vɑ̃tsɔ̃ jəu ʂʅ-ɛ kiɛ
甘肃省 临夏 回族 自治州 的 一 CL 镇 唐汪镇 唐汪镇 有 十二 CL

tshũ, jəu jivɛ̃ sɿtɕhiɛ̃ tuə zɔ̃khəu.
村 有 一万 四千 多 人口

我的家乡在唐汪川，位于洮河下游的牛形山下，隶属甘肃省临夏回族自治州东乡族自治县管辖。唐汪镇辖十二个行政村，总人口一万四千多。

thɑ̃vɑ̃tʂɔ̃ tsuɪ tʂujɔ tɕi ʂʅ fetʂhɑ̃ thũʂʅ tɕiɔjy ʂʅjɛ. tshũ tɕhĩtʂhɔ muəniɛ̃ tɕi
唐汪镇 最 主要 的 是 非常 重视 教育 事业 PREP 清朝 末年 的

ʂʅxəu, mĩkuə tʂhuniɛ̃ tɕi ʂʅxəu, tɕiəu jitɕĩ ɕiəu liɔ sɿ tɕiɛ̃ ɕyɛɕiɔ. tɔ ɕiɛ̃tsɛ
时候 民国 初年 的 时候 就 已经 修 PRF 四 CL 学校 PREP 现在

tɕixua jitɕĩ jəu jipɛ tuə niɛ̃ tɕi liʂʅ liɔ, ʂuəji tʂʅ kiɛ ɕyɛɕiɔ li jitɕĩ
的话 已经 有 一百 多 年 的 历史 PRF 所以 DEM CL 学校 POST 已经

phejɑ̃ tʂhu liɔ tɕhiɛ̃tɕhiɛ̃vɛ̃vɛ̃ kiɛ jəu vɔ̃xua tɕi zɔ̃. tsɛ thɑ̃vɑ̃ tɕi tʂujɔ thətɕiɛ̃
培养 出 PRF 千千万万 CL 有 文化 的 人 再 唐汪 的 主要 特点

ʂʅ jəu kiɛ thəpiɛ ʂʅ tapɛ̃ xɔ̃ʂu tɕiəuʂʅ ɕĩtsɿ ʂu tuə tɕi xɔ̃. jiniɛ̃ tʂũtɕhiɛ̃
是 有 CL 特别 是 达坂 杏树 就是 杏子 树 多 得 很 一年 春天

tɕixua ɕĩxua khɛfɑ̃, ʂʅtɕi li fetʂhɑ̃ phiɔliɑ̃ fetʂhɑ̃ xɔkhɛ̃ ɕiɑ̃tɑ̃ me li.
的话 杏花 开放 十几 里 非常 漂亮 非常 好看 相当 美 PART

唐汪历来重视文化教育，清末就有修建学校的记载，距今约有百年的历史了。学校培养出了很多有文化的人。唐汪川最有名的特产是唐汪大接杏，杏子树很多。春天，唐汪便成了花的海洋，非常吸引人。

ɕyɕytuətuə tɕi jəukhə vɔ̃ mĩ tɕhiɛ̃lɛ tɔ tʂʅ kiɛ thɑ̃vɑ̃ li lɑ̃ lɛ. na
许许多多 的 游客 闻 名 前来 到 DEM CL 唐汪 POST 玩 来 拿
tʂə tʂɔɕiɑ̃tɕi. tɕĩniɛ̃ jəu tʂʅ kiɛ sɛ̃vɛ̃ tuə zə̃tshʅ tɕi khəzə̃ lɛ li. ʂuə
DUR 照相机 今年 有 DEM CL 三万 多 人次 的 客人 来 PART 说
jəu ɕiɑ̃kɑ̃ tɕi, petɕĩ tɕi, tɕhiɛ̃tɕĩ tɕi, kətɔsʅtʂhu tɕi zə̃ mɛ̃ lɛ tʂɛ. jikua ʂakiɛ
有 香港 的 北京 的 天津 的 各道四处 的 人 满 来 DUR 都 啥个
li ɕia pu xa liɔ, mɛ̃ thɛ̃ mɛ̃ va tɕi zə̃. tʂɔɕiɑ̃ tɕi tʂɔɕiɑ̃ tʂɛ, ɕiɛ
PART 下 NEG 下 PRF 满 滩 满 洼 的 人 照相 的 照相 PROG 写
ʂʅ tɕi ɕiɛ ʂʅ tʂɛ, xua xua tɕi xua xua tʂɛ.
诗 的 写 诗 PROG 画 画 的 画 画 PROG

周边的游客和摄影家络绎不绝，今年杏花开放期间来唐汪赏杏花的游客约有3万多人次，还有从香港、北京、天津等外地慕名而来的游客。杏花开放期间，唐汪街道堵得水泄不通，在田野里，游客们拍的拍，画的画，玩的玩，还有现场作诗的。

tʂəu ʂɑ̃ ɕiɛ̃ ʂɑ̃ tʂʅ kiɛ lyjəu tʂhɛ̃niɛ a ɕiɑ̃tɑ̃ tʂũʂʅ tʂʅ. kiɛ
州 POST 县 POST DEM CL 旅游 产业 ACC 相当 重视 DEM CL
thɑ̃vɑ̃ liɛzʉ tʂə kiɛ lyjəu tʂuta tʂhɛ̃jɛ tɕi tʂʅ kiɛ lũthəu tʂhɛ̃jɛ, xua liɔ
唐汪 列入 DEM CL 旅游 主打 产业 的 DEM CL 龙头 产业 花 PRF
liɑ̃tɕhiɛ̃ tuə vɛ̃ tɕhiɛ̃ tsu xɔ liɔ thɑ̃vɑ̃ tɔ tapɛ̃ tɕi tʂʅ ji tuɛ̃ tɕi jəulu,
两千 多 万 钱 做 好 PRF 唐汪 到 达坂 的 DEM 一 CL 的 油路
jəu tʂʅ kiɛ ʂakiɛ tɕi kɛtɔ jɛ xɔxɔ tɕi ʂuɪni la jɑ̃xuɪ la nĩxua liɔ,
又 DEM CL 啥个 的 街道 也 好好 地 水泥 INST 洋灰 INST 硬化 PRF
xəuthəu tɕhĩjyɛfɔ̃ tɔ liɔ, khetʂɑ̃ liɔ kiɛ ɕĩtsʅ tɕiɛ.
后头 七月份 到 PRF 开张 PRF CL 杏子 节

州上和县上比较重视唐汪的旅游产业，把旅游业列入主导产业。今年投资两千多万元，用于唐汪基础设施的改善。到了七月份，还举办了唐汪杏子采摘节。

niɛ̃ʂʅtɕi ɕĩtsʅtɕiɛ kiɛvɛ zə̃ pu tuə. niɛ̃sʅ tɕi ɕĩtsʅ xa mə mɛ tʂə
去年的 杏子节 格外 人 NEG 多 去年 的 杏子 ACC NEG 卖 CONV

tʂhutɕy xa tuəʂɔ. jĩniɛ̃ khɛthũ liɔ tʂʅ kiɛ ʂãvu tɕiɛ̃tsʅjəutɕiɛ̃, tuə tʂũ tɕhytɔ
出去 下 多少 今年 开通 PRF DEM CL 商务 电子邮件 多 种 渠道
ʂʅ tuə thũ fãfa la tʂʅ kiɛ phĩphɛ a ta tʂhutɕhy liɔ. tɕhyɛ̃kuəkətɕi
是 多 种 方法 INST DEM CL 品牌 ACC 打 出去 PRF 全国各地
li jikua tɔtʂhu ɕyɛ̃tʂhuɛ̃ tɔ liɔ, ɕyɛtʂhuɛ̃ tɕi litu ɕiãtã ta. tʂəu ʂã jɛ
POST 都 到处 宣传 到 PRF 宣传 的 力度 相当 大 州 POST 也
xua liɔ xɔ̃ ta tɕi kũfu, vɛmiɛ̃ tɕi zɔ̃mɔ̃ mɛ̃ tʂʅtɔ liɔ, thãvã tɕi tʂʅ kiɛ
花 PRF 很 大 的 功夫 外面 的 人PL 满 知道 PRF 唐汪 的 DEM CL
mĩʂɔ̃ jɛ tʂʅtɔ liɔ. vɛmiɛ̃ tɕi khiɛzɔ̃mɔ̃ mumĩ-ɛ-lɛ tɕĩniɛ̃ xɔ̃ a jɛ mɛ tʂhutɕhy
名声 也 知道 PRF 外面 的 客人PL 慕名而来 今年 杏 ACC 也 卖 出去
xa tɕi tuə, tʂʅ kiɛ tsɔ̃tɕia liɔ thãvã zɔ̃mĩ tɕi tɕĩtɕi ʂəuzu, tɕhikɔ liɔ thãvã
下 的 多 DEM CL 增加 PRF 唐汪 人民 的 经济 收入 提高 PRF 唐汪
zɔ̃mĩ pɛɕĩ tɕi ʂɔ̃xuə ʂuɪphĩ.
人民 百姓 的 生活 水平

同时与快递企业联合，开通了唐汪杏子的电商销售平台，扩大了杏子的销量，增加了农民的收入，提高了唐汪杏子的知名度。

thãvã tɕhyɛʂʅ jəu tɕita tɕĩtɕiɛ̃ ʂʅ piɕy jɔ khɛ̃ tɕi. pifã ʂuə jəu tʂʅ kiɛ
唐汪 确实 有 几大 景点 是 必须 要 看 的 比方 说 有 DEM CL
ɕiakhəu kũpɛ, phuthɔʂɛ̃, kũpɛ xũthasʅ, thãʂʅ tsumiɔ, ɛ-lãʂɔ̃ miɔ, xɛ jəu tɕiɕiãtasʅ,
峡口 拱北 葡萄山 拱北 红塔寺 唐氏 祖庙 二郎神 庙 还 有 吉祥大寺
tʂʅɕiɛ tɕĩtɕiɛ̃ mu ʂʅ pitɕiɔ jəu mĩʂɔ̃ tɕi, ɕiəu xa tɕi ʂʅ fetʂhã tɕi ɕỹve tʂuãkuɛ̃.
这些 景点 PL 是 比较 有 名声 的 修 下 得 是 非常 地 雄伟 壮观

唐汪还有几处景点是值得一看的，如峡口拱北、葡萄山拱北、红塔寺、唐氏祖庙、二郎神庙、吉祥大寺等，修建的非常雄伟壮观。

tshũ tɕĩniɛ̃ ɕiɛ khɛʂʅ khənɔ̃ niɛ̃niɛ̃ tɕiəu tʂʅ kiɛ ɕĩtsʅtɕiɛ jɛxɔ, ɕĩxuaxuɪ
PREP 今年 ABL 开始 可能 年年 就 DEM CL 杏子节 也好 杏花会
jɛxɔ, kuɪmuə a khɔ̃tɕĩ jɔ ta li. tsɛ ji kiɛ ʂʅ tɕĩniɛ̃ pa tʂʅ kiɛ thãvã
也好 规模 TOP 肯定 要 大 PART 再 一 CL 是 今年 把 DEM CL 唐汪
xa liɛzu liɔ kiɛ ʂɔ̃ma kɛ̃suʂɔ̃ tɕi tɕhyɛ̃ʂɔ̃ tɕi ɛ-ʂʅ kiɛ tɕĩʂɔ̃vɔ̃mĩ xuətʂə ʂʅ
ACC 列入 PRF CL 什么 甘肃省 的 全省 的 二十 CL 精神文明 或者 是
meli ɕiãtshũ tɕi, tʂʅli liɛ ʂã liɔ, thãvã a jɛ tɕiãtʂuã a pɛ̃ liɔ.
美丽 乡村 的 这里 列 上 PRF 唐汪 DAT 也 奖状 ACC 颁 PRF

以后杏花会和杏子节的规模会越来越大，今年唐汪镇还被评为“全省二十大美丽乡村”。

vəmə tsuəve ji kiɛ thɑ̃vɑ̃ zə̃ tɕi xua, ʂʅ ve tʂʅ kiɛ thɑ̃vɑ̃ tɕi fatʂɛ̃
1PL 作为 一 CL 唐汪 人 的 话 是 为 DEM CL 唐汪 的 发展
thɑ̃vɑ̃ tɕi tɕĩtɕitɕiɛ̃ʂə, tuɪ thɑ̃vɑ̃ kəkiɛ fɑ̃miɛ̃ tɕi ʂʅtʂhĩ jitɕĩ jɔ kuɛ̃ɕĩ li. tatɕia
唐汪 的 经济建设 对 唐汪 各个 方面 的 事情 一定 要 关心 PART 大家
təu jɔ jəu ji fə̃ li tʂhu ji fə̃ li, kə̃tɕia ɕiɑ̃ pɛ̃fa tɕiɛ̃ʂə xɔ meli ɕiɑ̃tshũ
都 要 有 一 CL 力 出 一 CL 力 更加 想 办法 建设 好 美丽 乡村
thɑ̃vɑ̃tʂhuɛ̃.
唐汪川

作为唐汪人，就要关心和关注唐汪的经济建设和社会发展，为建设好美丽唐汪而贡献自己的力量。

vəmə tɕi thɑ̃vɑ̃ li jəu tʂɑ̃tɕia jɔʂuɪ maxɑ̃ tatʂhɛ vɑ̃tɕia thɑ̃tɕia xuəjɛ̃
1PL 的 唐汪 POST 有 张家 舀水 马巷 打柴 汪家 唐家 河沿
sɛ̃xuə tʂũ tɕi tɕi kiɛ tʂuɑ̃tsʅ, jəu ʂʅtɕi kiɛ tatuɪ.
三合 这么 的 几 CL 庄子 有 十几 CL 大队

我们唐汪有张家、舀水、马巷、打柴、汪家、唐家、河沿、三合等村，有十多个大队（社）。

jəu tʂɑ̃ɕĩ thɑ̃ɕĩ vɑ̃ɕĩ maɕĩ, tʂujɔ tʂʅ tɕi kiɛ ɕĩʂʅ tɕi zə̃. xɛ̃jəu fɛ̃tʂə̃
有 张姓 唐姓 汪姓 马姓 主要 DEM 几 CL 姓氏 的 人 还有 反正
liɕĩ ja, vɑ̃ɕĩ ja, tʂʅthuɪ vɑ̃ tɕi nɛ tʂhũ vɑ̃ tʂʅmu tɕi tɕi kiɛ ɕĩ.
李姓 PART 王姓 PART 直腿 王 的 DEM CL 王 这么 的 几 CL 姓
tʂujɔ ʂʅ thɑ̃ɕĩ vɑ̃ɕĩ tʂʅ liɑ̃ kiɛ ta ɕĩ, xɛ̃jəu tʂɑ̃ɕĩ tʂʅ sɛ̃ kiɛ ɕĩ tɕi zə̃
主要 是 唐姓 汪姓 DEM 两 CL 大 姓 还有 张姓 DEM 三 CL 姓 的 人
tsuɪ tuə. tsuɪ tuə tɕi ʂʅ xɛʂʅ thɑ̃ɕĩ tɕi zə̃.
最 多 最 多 的 是 还是 唐姓 的 人

主要有张姓、唐姓、汪姓、马姓等大姓，还有少量的李姓、王姓等。唐姓、汪姓和张姓的人数多，其中唐姓的人数最多。

tɕhĩʂuə ʂʅ tɕy zə̃mə ʂuə ʂʅ, thɑ̃ɕĩ ʂʅ tshũ sʅtʂhuɛ̃ tɕi taliəuʂuxɑ̃ lɛ tɕi.
听说 是 据 人PL 说 是 唐姓 是 PREP 四川 的 大柳树巷 来 的
ɛtɛ tɕhi xua la ʂuə ʂʅ sʅtʂhuɛ̃ʂə̃ ma akiɛ kiɛ tʂəu ma, akiɛ kiɛ ɕiɛ̃ ma,
现在 的 话 INST 说 是 四川省 TOP 哪个 CL 州 TOP 哪个 CL 县 TOP

tʂũtɕiẽ jɛ pu tʂʅtɔ tʂʅ ʂuə ʂʅ ji kiɛ taliəuʂuxɑ̃ tʂʅli ɕiɛ lɛ xa tɕi. tsɛ
这样 也 NEG 知道 只 说 是 一 CL 大柳树巷 这里 ABL 来 下 的 再

ji kiɛ a ʂuə ʂʅ tɕhiji tʂə lɛ xa tɕi, ʂuə nə vɑ̃tɕia zə̃ jəu liɑ̃ tʂũ
一 CL TOP 说 是 起义 CONV 来 下 的 说 DEM 汪家 人 有 两 CL

ʂuəfa li. vɑ̃tɕia zə̃ ʂʅ jəu ʂuə ʂʅ tshũ nə kiɛ ʂẽɕiʂə̃, tɕiəuʂʅ thɛjyẽ
说法 PART 汪家 人 是 有 说 是 PRET DEM CL 山西省 就是 太原

tɕi nə kiɛ ʂẽɕiʂə̃ tɕi xũthũɕiẽ ɕiɛ lɛ xa tɕi. ʂuə lɔkə̃tsʅ tsɛ nɛli tɕi
的 DEM CL 山西省 的 洪洞县 ABL 来 下 的 说 老根子 在 那里 的

ʂuə. jəutɕi zə̃ ʂuə ʂʅ kẽsuʂə̃ tɕi lũɕi nəli, kə̃tsʅ tsɛ lũɕi li ʂuə. tʂʅ
说 有的 人 说 是 甘肃省 的 陇西 那里 根子 在 陇西 PART 说 DEM

liɑ̃ tʂũ ʂuəfa tɔtɕi ʂʅ tsuɪxəu tʂʅ niẽtɕiẽ jɛ tuə tɕi xə̃ liɔ, liʂʅ tɕitsɛ jɛ
两 CL 说法 到底 是 最后 DEM 年间 也 多 得 很 PRF 历史 记载 也

mə jəu, tʂũʂʅ tɕiəu tʂhuẽʂuə tɕiəu tʂũmu tɕi kiɛ tɕhĩkuɑ̃.
NEG 有 这样 就 传说 就 这么 的 CL 情况

据老人们讲，唐汪的唐姓最早是从四川的大柳树巷来的。至于大柳树巷具体在哪个地方谁也说不清楚。再一种说法是起义以后来的。对于汪姓的来源有两种版本，一种是从山西洪洞县来的；另一种说法是从甘肃陇西来的。因为时间久远，而且没有历史记载，传说是这么个情况。

thɑ̃tɕia zə̃ jəu tatuətɕhĩ ʂʅ xẽmĩ, tʂʅjəu sẽpɛ tuə xu tɕi xuɪxuɪ. vɑ̃tɕia zə̃
唐家 人 有 大多情况 是 汉民 只有 三百 多 CL 的 回回 汪家 人

jəu papɛ tuə xu tɕi xuɪmĩ, təu ʂʅ ɕĩjɑ̃ jisʅlẽtɕiɔ tɕi. xẽjəu xẽmĩ ʂʅ ɕĩjɑ̃
有 八百 多 CL 的 回民 都 是 信仰 伊斯兰教 的 还有 汉民 是 信仰

tɔtɕiɔ tɕi, ɕĩjɑ̃ fətɕiɔ tɕi tʂʅ liɑ̃ tʂũ. tʂɑ̃tɕia zə̃ tʂujɔ ʂʅ ɕĩ fətɕiɔ ɕĩ tɔtɕiɔ.
道教 的 信仰 佛教 的 DEM 两 CL 张家 人 主要 是 信 佛教 信 道教

唐姓回民有三百多户。汪姓回民约有八百多户。唐汪的唐姓大部分人口是汉族，张家村的张姓都是汉族，汉族信仰佛教和道教。

jəuɕiɛ ʂʅxəu fətɕiɔ xuə tɔtɕiɔ la ʂʅ kɛniẽ pu ʂʅ nəmə tɕhĩtʂu tɕi nɛ.
有些 时候 佛教 和 道教 两 是 概念 NEG 是 那么 清楚 的 DEM

tʂũ tʂə ʂuə ʂʅ jisʅlẽtɕiɔ ʂʅ alape ɕiɛ lɛ xa tɕi, tʂʅ alape ɕiɛ phɛ
这样 着 说 是 伊斯兰教 是 阿拉伯 ABL 来 下 的 这 阿拉伯 ABL 派

tʂə lɛ ʂə̃zə̃ phɛ tʂə lɛ tʂə tʂʅ ɕipe ʂɑ̃ tʂũkuə li tʂhuẽ xa tɕiɔ
着 来 圣人 派 着 来 着 DEM 西北 POST 中国 POST 传 PRF 教

tɕi nɛ. tɔtɕiɔ la ʂuə ʂʅ tɔtɕiɔ ʂʅ vəmə tɕi tʂʅ, tʂũkuə tɕi pə̃tɕi tɕi tɕiɔ
的 DEM 道教 INST 说 是 道教 是 1SG 的 DEM 中国 的 本地 的 教
mə, fətɕiɔ ʂʅ zə̃tɕia khɛ jĩtu ɕiɛ tʂhuɛ̃ tʂə lɛ xa tɕi. fɛ̃tʂə̃ ʂʅ pukuɛ̃
PART 佛教 是 人家 CL 印度 ABL 传 着 来 下 的 反正 是 不管
tɕi fətɕiɔ jɛ xɔ tɔtɕiɔ jɛ xɔ, xɛ̃mĩ ɕĩjã li xuɪmĩ jɛ xɔ, tũɕiãtsu jɛ xɔ
的 佛教 也 好 道教 也 好 汉民 信仰 PART 回民 也 好 东乡族 也 好
pu ɕĩjã.
NEG 信仰

有时佛教和道教的区别不那么清楚。伊斯兰教是从阿拉伯来的，那里派来了圣人到中国西北传教。道教是中国本土的宗教，佛教是由印度传入中国的。佛教也好，道教也好，都是汉民信仰，回民和东乡族不信仰。

参考文献

阿·伊布拉黑麦 1985 甘肃境内唐汪话记略,《民族语文》第6期。

阿·伊布拉黑麦·陈元龙 2017 关于唐汪话的几个问题,《西北民族研究》第3期。

阿·伊布拉黑麦·陈元龙 2017 唐汪话中与东乡语有关的词，2017年法国巴黎东亚语言研究所年会语言接触工作坊的发言稿。

〔清〕阿桂等 1960《钦定兰州纪略》，台北：成文有限出版公司。

包萨仁 2006《蒙古语族东乡语与汉语的接触研究》，北京大学博士论文。

鲍怀翘 1984 普通话单元音的生理解释,《中国语文》第2期。

北京大学中国语言文学系语言学教研室 2004《汉语方音字汇》(第二版)，北京：语文出版社。

贝罗贝 2009 中国西北几个汉语系的格系统比较分析（发言稿)，第三届“汉语史中的语言接触问题”专题研讨会，北京密云。

曹志耘主编 2008《汉语方言地图集》，北京：商务印书馆。

陈　刚 1985《北京方言词典》，北京：商务印书馆。

陈刚、宋孝才、张秀珍 1997《现代北京口语词典》，北京：语文出版社。

陈乃雄 1982 五屯话初探,《民族语文》第1期。

陈乃雄 1988 五屯话音系,《民族语文》第3期。

陈乃雄 1989 五屯话的动词形态,《民族语文》第6期。

陈乃雄 1990a 保安语的演变轨迹,《民族语文》第3期。

陈乃雄 1990b 保安语的演变轨迹（续),《民族语文》第4期。

陈　萍 2005 青海乐都方言刍议,《内蒙古电大学刊》第8期。

陈其光 1999 河洲话的声调重音,《中国语言学报》第9期。

陈其光 2002 语言间的深层影响,《民族语文》第1期。

陈文祥 2007a 东乡族族源“撒尔塔”说商榷——兼论东乡族的形成,《西北第二民族学院学报》(哲学社会科学版)第2期。

陈文祥 2007b 新疆伊犁地区东乡族语言状况调查,《兰州大学学报》(社会科学版)第4期。

陈章太、李行健主编 1996《普通话基础方言基本词汇集》,北京:语文出版社。

成玉等 2008 基于地理信息系统的中国人群HLA-A、B位点的空间遗传结构,《山东大学学报》(医学版)第5期。

程祥徽 1980 青海口语语法散论,《中国语文》第2期。

道　布 1981《蒙古语简志》,北京:民族出版社。

邓文婧 2009 西北地区三声调方言分布特点透析,《兰州大学学报》(社会科学版)第3期。

邓晓华、王士元 2009《中国的语言及方言的分类》,北京:中华书局。

丁宏主编 2006《回族、东乡族、撒拉族、保安族民族关系研究》,北京:中央民族大学出版社。

丁勇、祖生利、李崇兴 2009《元代汉语》,上海:上海教育出版社。

东乡族自治县概况编写组 1986《东乡族自治县概况》,兰州:甘肃民族出版社。

都兴宙 2005《元朝秘史》中“行”的用法分析,《青海民族学院学报》(社会科学版)第1期。

杜若甫等 1998 用38个基因座的基因频率计算中国人群间遗传距离,《中国科学》第1期。

费孝通 1980 关于我国民族的识别问题,《中国社会科学》第1期。

冯春田 1991 关于复数词尾“们”,《近代汉语语法问题研究》,济南:山东教育出版社。

冯玉雷 1994 野麋川,《飞天》第1卷。

甘肃省民族事务委员会,西北民族学院西北民族研究所 1988《东乡语论集》,兰州:甘肃民族出版社。

甘肃师大中文系方言调查室 1960《甘肃方言概况》,油印本。

龚煌城 2004《汉藏语研究论文集》,北京:北京大学出版社。

海　峰 2003《中亚东干语言研究》,乌鲁木齐:新疆大学出版社。

何茂活 2007《山丹方言志》,兰州:甘肃人民出版社。

贺登崧 2003 石汝杰、岩田礼译《汉语方言地理学》，上海：上海教育出版社。

黄伯荣主编 1996《汉语方言语法类编》，青岛：青岛出版社。

黄大祥 2009 甘肃张掖方言同音字汇，《方言》第4期。

黄 行 2005 语言接触与语言区域性特征，《民族语文》第3期。

黄 行 2010 中国民族语言格标记的类型学差异（发言稿），法国巴黎东亚语言研究所发言。

贾晞儒 1990 对河湟汉语几个语法现象的分析，《青海民族学院学报》（社会科学版）第4期。

贾晞儒 1991a 青海汉语的"着"与青海蒙古语的-ʤ，《西北民族研究》第1期。

贾晞儒 1991b 青海汉话与少数民族语言，《民族语文》第5期。

贾晞儒 1994 从青海汉语的几个方言词看语言间的接触影响，《民族语文》第4期。

江蓝生 2002 时间词"时"和"后"的语法化，《中国语文》第2期。

金力、褚嘉祐主编 2006《中华民族遗传多样性研究》，上海：上海科学技术出版社。

金宜久 1995 伊斯兰教在中国的地方化和民族化，《世界宗教研究》第1期。

精确扎布 1983《元朝秘史》语言的数范畴，《民族语文》第4期。

久玉林 1998 论西汉时期汉匈民族的人群流动与双向同化，《西北史地》第3期。

兰州大学中文系临夏方言调查研究组，甘肃省临夏州文联 1996《临夏方言》，兰州：兰州大学出版社。

黎彦才等 1993 中国33个少数民族（部族）体质特征的比较研究，《人类学学报》第1期。

李厚钧、李力、余伍忠 1996 我国西北地区49例Hb G Coushatta的分布——东北亚古代游牧民族的遗传标志，《人类学学报》第3期。

李 辉 2008 人类语言基本元音体系的多样性分析，《现代人类学通报》第2期。

李吉和 2003 论中国古代西北少数民族迁徙的主要特征，《西北民族大学学报》（哲学社会科学版）第5期。

李克郁 1987 青海汉语中的某些阿尔泰语言成分，《民族语文》第3期。

李明伟 1994 古丝绸之路与西北民族的凝聚，《西北民族研究》第2期。

李荣主编 2002《现代汉语方言大词典》，南京：江苏教育出版社。

李泰洙 2003《老乞大四种版本语言研究》，北京：语文出版社。

李 炜 1993 甘肃临夏一带方言的后置词"哈""拉"，《中国语文》第6期。

李行健主编 1995《河北方言词汇编》，北京：商务印书馆。

联合国教科文组织濒危语言问题特别专家组 2006 语言活力与语言濒危，范俊军、宫齐、胡鸿雁译，《民族语文》第3期。

梁　敏 1995 对语言类型变化的一些看法，《民族语文》第6期。

林圣龙 1989 上新世以来的中国自然地理环境和中国古人类的进化，《人类学学报》第3期。

林　涛 2009 中亚回族陕西话与甘肃话语音的比较，《咸阳师范学院学报》第3期。

刘丹青 1995《南京方言词典》，南京：江苏教育出版社。

刘丹青 2012 汉语差比句和话题结构的同构性：显赫范畴的扩张力一例，《语言研究》第4期。

刘公望 1986 兰州方言里的"给给"，《中国语文》第3期。

刘俐李 1989《回民乌鲁木齐语言志》，乌鲁木齐：新疆大学出版社。

刘　伶 1988《敦煌方言志》，兰州：兰州大学出版社。

刘　宁 2010《句末复合语助词"罢了"考析》，天津师范大学硕士学位论文。

刘浦江 1998 说"汉人"——辽金时代民族融合的一个侧面，《民族研究》第6期。

刘武等 1991 现代中国人颅骨测量特征及其地区性差异的初步研究，《人类学学报》第2期。

刘迎胜 2003 回族语言800年发展史简要回顾——从波斯语到"回族汉语"，《中国文化研究》第4期。

刘照雄 1981《东乡语简志》，北京：民族出版社。

罗　端 2013 唐汪话里语气词"说"，"说着"的语法化过程，吴福祥、邢向东主编《语法化与语法研究》，北京：商务印书馆。

雒　鹏 2004 河州话语法——语言接触的结果，《西北师大学报》（社会科学版）第4期。

马国良、刘照雄 1986 东乡语研究，《西北民族研究》第1期。

马国忠、陈元龙 2001《东乡语汉语词典》，兰州：甘肃民族出版社。

马虎成 1992 撒尔塔：一个曾经被忽略的民族名称（上），《西北民族研究》第2期。

马虎成 1993 撒尔塔：一个曾经被忽略的民族名称（下），《西北民族研究》第1期。

马企平 1984 临夏方言语法初探，《兰州学刊》第1期。

马树钧 1982 临夏话中的"名+哈"结构，《中国语文》第1期。

马树钧 1984 汉语河州话与阿尔泰语言，《民族语文》第2期。

马树钧 1988 河州话代词说略，《中央民族学院学报》第1期。

马兆熙 1999 东乡唐汪人的民族心态探析，《甘肃民族研究》第2期。

马兆熙 2003 东乡哈木则宗族形成与发展的考察研究，《西北民族研究》第3期。

马兆熙、唐世明 2000 东乡唐汪川唐氏家族，《甘肃民族研究》第3期。

马志勇 1983“撒尔塔”与东乡族族源，《西北民族学院学报》（哲学社会科学版）第1期。

马志勇 2009《甘肃东乡族史话》，兰州：甘肃文化出版社。

马自祥、马兆熙 2000《东乡族文化形态与古籍文存》，兰州：甘肃人民出版社。

梅祖麟 1988 汉语方言里虚词“著”字三种用法的来源，《中国语言学报》第3期。

芈一之 1981 撒拉族的来源和迁徙探实，《青海民族学院学报》第3期。

敏生智 1989 汉语青海方言与藏语安多方言，《青海民族学院学报》（社会科学版）第3期。

莫 超 2004《白龙江流域汉语方言语法研究》，北京：中国社会科学出版社。

莫超、张建军 2015 从语法特点看唐汪话的语言性质，《西北师大学报》（社会科学版）第2期。

齐德舜 2010《唃斯啰家族世系史》，兰州大学博士论文。

钱伯泉 1995 从血红蛋白病基因看西北民族的渊源及迁徙，《西北民族研究》第1期。

钱曾怡 2000 官话方言调查研究对汉语史研究的意义，钱曾怡、李行杰主编《首届官话方言国际学术讨论会论文集》，青岛：青岛出版社。

桥本万太郎（王希哲译）1986 汉语声调系统的阿尔泰化，《晋中师范高等专科学校学报》第2期。

切 排 2009《河西走廊多民族和平杂居与发展态势研究》，北京：民族出版社。

秦永章 2005a《甘宁青地区多民族格局形成史研究》，北京：民族出版社。

秦永章 2005b 元代甘宁青地区的民族杂居与民族融合，《中央民族大学学报》（哲学社会科学版）第3期。

冉启斌 2002 汉语送气声母的弱势倾向与“异动”，《语言研究》第1期。

冉启斌 2005《基于普通话的汉语阻塞辅音实验研究》，南开大学文学院博士学位论文。

冉启斌 2008 现代四川方音与中古音对应中的例外现象，《金秋集——刘叔新先生南开执教五十周年纪念文集》，天津：南开大学出版社。

仁增旺姆 1991 汉语河州话与藏语的句子结构比较，《民族语文》第1期。

任碧生 2004 西宁方言的前置宾语句，《方言》第4期。

沈 明 1994《太原方言词典》，南京：江苏教育出版社。

石定栩 1995 洋泾浜语及克里奥语研究的历史和现状,《国外语言学》第4期。

石毓智 2006《语法化的动因与机制》,北京:北京大学出版社。

斯钦朝克图 1999《康家语》,上海:上海远东出版社。

宋金兰 1991 汉语助词“了”“着”与阿尔泰诸语言的关系,《民族语文》第6期。

孙宏开 1983 六江流域的民族语言及其系属分类——兼述嘉陵江上游、雅鲁藏布江流域的民族语言,《民族学报》第3期。

孙宏开 1988 藏缅语量词用法比较,《中国语言学报》第3期。

孙宏开、胡增益、黄行主编 2007《中国的语言》,北京:商务印书馆。

孙竹等 1990《蒙古语族语言词典》,西宁:青海人民出版社。

太田辰夫 1987《中国语历史文法》(中文版),北京:北京大学出版社。

谭其骧主编 1982《中国历史地图集》,第7册(元明时期),上海:地图出版社。

谭其骧主编 1991《简明中国历史地图集》,北京:中国地图出版社。

唐钰明 2002 古汉语动量表示法探源,《著名中年语言学家自选集——唐钰明》,合肥:安徽教育出版社。

唐作藩 1991《音韵学教程》,北京:北京大学出版社。

唐作藩 2000《普通话语音史话》,北京:语文出版社。

王　东 2008 河南罗山方言的“给给”,《语文研究》第2期。

王培基、吴新华 1981 关于青海口语语法的几个问题,《中国语文》第1期。

王平、马力明 2009 临夏回族方言“八坊话”解读,《青海民族学院学报》(社会科学版)第1期。

王　森 1993a 甘肃临夏方言的两种语序,《方言》第3期。

王　森 1993b 甘肃临夏话作补语的“下”,《中国语文》第5期。

王　森 2001 东干话的语序,《中国语文》第3期。

王双成 2009 西宁方言的差比句,《中国语文》第3期。

王欣、周伟洲 2006 十世纪前中国西北边疆发展的几个特点,《中国边疆史地研究》第2期。

王志洁 1997 英汉音节鼻韵尾的不同性质,《现代外语》第4期。

温克刚、董安祥主编 2005《中国气象灾害大典——甘肃卷》,北京:气象出版社。

吴安其 2004 语言接触对语言演变的影响,《民族语文》第1期。

吴承义 1994 青海汉族溯源,《西北史地》第3期。

吴福祥 2007 关于语言接触引发的演变,《民族语文》第2期。

吴开华 2009 甘肃民勤方言音系,《方言》第1期。

吴宗济 1988 普通话辅音不送气/送气区别的实验研究,《中国语言学报》第3期。

谢小冬、陕雪梅 2002 回族起源的DNA证据,《回族研究》第3期。

谢小冬、王希隆、周瑞霞、马克君 2006 回族学研究新视角,《回族研究》第4期。

谢小冬、王勋陵、安黎哲 2002 从群体遗传的DNA线索看东乡族族源问题,《民族研究》第1期。

谢晓安、华侃、张淑敏 1996 甘肃临夏汉语方言语法中的安多藏语现象,《中国语文》第4期。

谢晓安、张淑敏 1990 甘肃临夏方言的疑问句,《兰州大学学报》(社会科学版)第3期。

邢向东 2004 论西北方言和晋语重轻式语音词的调位中和模式,《南开语言学刊》第3期。

徐　丹 1992a 汉语里的“在”与“着(著)”,《中国语文》第6期。

徐　丹 1992b 北京话中的语法标记词“给”,《方言》第1期。

徐　丹 2003“使字句”的演变——兼谈“使”字的语法化,《语法化与汉语语法研究》,北京:商务印书馆。

徐　丹 2005 某些具有+给与意义动词的语法化,《汉语语法论集》(二),商务印书馆。

徐　丹 2008a 从认知角度看汉语的空间词,《中国语文》第6期。

徐　丹 2008b 唐汪话格标记概况,2008年11月23日于巴黎召开的“语言接触研讨会”的发言稿。

徐　丹 2009 下游史兴语的某些特点,《民族语文》第1期。

徐　丹 2010 从语言类型看汉语复数形式的发展,《量与复数的研究——中国境内语言的跨时空考察》,北京:商务印书馆。

徐　丹 2011a 唐汪话的格标记,《中国语文》第2期。

徐　丹 2011b 关于河州话及周边地区里非指人名词的复数标记“们”,《民族语文》第6期。

徐　丹 2014《唐汪话研究》,北京:民族出版社。

徐　丹 2016 甘肃永登薛家湾邵句调查,《民族语文》第2期。

徐　丹 2018 中国境内的混合语及语言混合的机制,《语言战略研究》第2期。

徐丹、贝罗贝 2018 中国境内甘肃青海一带的语言区域,《汉语学报》第3期。

徐丹、傅京起 2011 量词及其类型学考察，《语言科学》第6期。

徐丹、谢小冬、文绍卿 2012 东乡语和东乡人，《民族语文》第3期。

徐黎丽 2010《走西口——汉族移民西北边疆及文化变迁研究》，北京：民族出版社。

许慧娟 2006 再论汉语的声调与重音，*Language and Linguistics*. 第7卷，第1期。

延俊荣 2006 山西平定方言“给给”的使用条件，《语文研究》第3期。

岩田礼 2004 汉语方言词声调的形成和发展，石锋、沈钟伟主编《王士元教授七十华诞庆祝文集》，天津：南开大学出版社。

岩田礼主编 2009《汉语方言解释地图》，东京：白帝社。

岩田礼主编 2012《汉语方言解释地图》（续集），东京：好文出版社。

杨建新 2006 民族迁徙是解读我国民族关系格局的重要因素，《烟台大学学报》（哲学社会科学版）第1期。

杨建新 2009《中国西北少数民族史》，北京：民族出版社。

杨耐思 1997《近代汉语音论》，北京：商务印书馆。

杨亚军、安黎哲、谢小冬 2004 谈生命科学与人类学研究的交叉和融合，《西北民族研究》第4期。

意西微萨·阿错 2004《倒话研究》，北京：民族出版社。

意西微萨·阿错 2005 语言深度接触机制与藏汉语言类型差异问题，*Journal of Chinese Linguistics*. 第33卷，第1期。

余迺永 1993《新校互注宋本广韵》，香港：香港中文大学出版社。

余伍忠等 1998a 中国西北三省区β地中海贫血的基因突变类型及其分布特点，《中华医学遗传学杂志》第4期。

余伍忠等 1998b 陕、甘、新地区β地中海贫血的突变基因分析，《解放军医学杂志》第5期。

余伍忠等 2001 中国“丝绸之路”地区血红蛋白病的遗传流行病学特点，《人类学学报》第1期。

余志鸿 1992 元代汉语的后置词系统，《民族语文》第3期。

余志鸿 1994 从《蒙古秘史》语言看东乡语，《民族语文》第1期。

袁义达、杜若甫 1983 中国十七个民族间的遗传距离的初步研究，《遗传学报》第5期。

袁义达、邱家儒 2007《中国姓氏·三百大姓：群体遗传和人口分布》，上海：华东师范大学出版社。

张安生 2007 西宁回民话的引语标记“说着”“说”,《中国语文》第4期。

张成材 1992 试论青海汉语方言的形成,《青海社会科学》第1期。

张成材 2006《中古音与青海方音字汇》,西宁:青海人民出版社。

张成材编纂 1994《西宁方言词典》,南京:江苏教育出版社。

张承志 1995《心灵史》,广州:花城出版社。

《张家村志》编修组 2004《张家村志》,甘肃:甘肃鑫统印务有限责任公司。

张建军 2007 河州方言语法特点说略,《甘肃广播电视大学学报》第2期。

张建军 2009《河州方言语音研究》,陕西师范大学博士学位论文。

张盛裕 1993 河西走廊的汉语方言,《方言》第4期。

张盛裕、张成材 1986 陕甘宁青四省汉语方言的区分(稿),《方言》第2期。

张文轩、莫超 2009《兰州方言词典》,北京:中国社会科学出版社。

张有财、闫占平 2011 东乡红塔寺石窟壁画,《中国文化遗产》第2期。

张振标 1988 现代中国人体质特征及其类型的分析,《人类学学报》第4期。

张志敏 2008 北京官话,《方言》第1期。

赵桐茂 1987《人类血型遗传学》,北京:科学出版社。

赵桐茂等 1991 中国人免疫蛋白同种异型的研究:中华民族起源的一个假说,《遗传学报》第2期。

照那斯图 1981a《土语简志》,北京:民族出版社。

照那斯图 1981b《东部裕固语简志》,北京:民族出版社。

郑连斌等 2000 亚洲21个人群体部特征的比较研究,《人类学学报》第1期。

郑连斌、陆舜华 1997 我国23个群体体质的聚类分析与主成分分析,《人类学学报》第2期。

中岛干起 1992 甘肃汉语方言的特点——关于夏河(拉卜楞)话的语言接触,《中国境内语言暨语言学。

中国伊斯兰百科全书编辑委员会 2007《中国伊斯兰百科全书》,成都:四川辞书出版社。

钟进文 1997 甘青地区突厥蒙古诸语言的区域特征,《民族语文》第4期。

钟进文 2007《甘青地区特有民族语言文化的区域特征》,北京:中央民族大学出版社。

周德清 2005《中原音韵》,台北:艺文印书馆。

周国光、王葆华 2001《儿童句式发展研究和语言习得理论》,北京:北京语言文化大学出版社。

周　磊 1995《乌鲁木齐方言词典》，南京：江苏教育出版社。

周　磊 2005 兰银官话的区分（稿），《方言》第3期。

周瑞霞等 2006 甘肃3个特有少数民族回族和汉族DYS287、DY S19的遗传多态性研究，《兰州大学学报》（自然科学版）第2期。

周伟洲 2003 古代西北少数民族多元文化的发展与变异，《中国历史地理论丛》第3期。

周伟洲 2004 西北少数民族多元文化的历史与现状，《西北民族论丛》第3期。

竹岳孝《老乞大四种版本对照本》（电子版）。

祖生利 2002 元代白话碑文中词尾“每”的特殊用法，《语言研究》第4期。

祖生利 2005 近代汉语“们”缀研究综述，《古汉语研究》第4期。

Aikhenvald, Alexandra Y. 2002 *Language Contact in Amazonia*, New York: Oxford University Press.

Aikhenvald, Alexandra Y. and Dixon, R. M. W. (eds.). 2001 *Areal Diffusion and Genetic Inheritance*, Oxford: Oxford University Press.

Amani, Mehdi. 2005 Quelques aspects démographiques relatifs aux langues locales en Iran. In Azadarmaki, T., Balaÿ, C. & Bozdémir, M. (eds.) *Contact des Langues dans L'espace arabo-turo-persan*, Téhéran: Institut français de recherches en Iran.

Atkinson, Quentin D. 2011 Phonemic Diversity Supports a Serial Founder Effect Model of Language Expansion from Africa, *Science*.

Auroux, Sylvain. 2006 Les embarras de l'origine des langues, *Marges Linguistiques*, 11.

Bahăr, Mehri. 2005 Interférences linguistiques et culturelles en Iran. In T. Azadarmaki, C. Balaÿ, and M. Bozdémir (éds.) *Contact des Langues dans L'espace Arabo-Turco-Persan*, Téhéran: Institut français de recherches en Iran.

Bisang, Walter 2010 Areal language typology. In Peter Auer and Jürgen Erich Schmidt (eds.) *Language and Space: theories and methods: an international handbook of linguistic variation*, Berlin: Mouton de Gruyter.

Cavalli-Sforza, L. L. et al. 1992 Coevolution of Genes and Languages Revisited, *PNAS*, Vol. 89.

Cavalli-Sforza, L. L., et al. 1994 *History and Geography of Human Genes*, Princeton: Princeton University Press.

Cavalli-Sforza, L. L. 1997 Genes, Peoples, and Languages, *Proc. Natl. Acad. Sci. USA*. 94.

Cavalli-Sforza, L. L. 2000 *Genes, Peoples and Languages*, London: Penguin Group.

Cavalli-Sforza, L. L. et al. 1988 Reconstruction of Human Evolution: Bringing Together Genetic, Archeological and Linguistic Data, *PNAS*, Vol. 85.

Coblin, W. South 2003 A Sample of Eighteenth Century Spoken Mandarin from North China, *Cahiers de Linguistique Asie Orientale*, 32: 2.

D'Errico, Francesco and Hombert, Jean-Marie (eds.) 2009 *Becoming Eloquent: Advances in the Emergence of Language, Human Cognition, and Modern Cultures*, Amsterdam: John Benjamins Publishing Company.

Dede, Keith. 2003 The Chinese Language in Qinghai, *Studia Orientalia*, 95, 321–346.

Dede, Keith. 2007 The Origin of the Anti-ergative [xa] in Huangshui Chinese, *Language and Linguistics*, 8.4.

Dediu, Dan. 2007 *Non-Spurious Correlations between Genetic and Linguistic Diversities in the Context of Human Evolution*. (Ph. D dissertation, University of Edinburgh).

Dediu, Dan. 2011 Are Languages Really Independent from Genes? If Not, What Would a Genetic Bias Affecting Languages Diversity Look Like?, *Human Biology*, 83: 2.

Djamouri, Redouane. 2015 Object positioning in Tangwang. In Cao Guangshu, Redouane Djamouri and Alain Peyraube (eds.) 2015. *Language in Contact in North China-Historical and Synchronic Studies*. Paris: EHESS-CRLAO.

Dryer, Matthew S. 1992 The Greenbergian word order correlations, *Language*, Vol 68: 1.

Dwyer, Arienne M. 1992 Altaic Elements in the Linxia dialect: Contact-induced change on the Yellow River plateau, *Journal of Chinese Linguistics*, 20（1）.

Enfield N. J. 2005 Areal Linguistics and Mainland Southeast Asia, *Annual Review of Anthropology*, 34.

Fillmore, Charles J. 1968 The Case for Case, In Bach and Harms (ed.), *Universals in Linguistic Theory.* New York: Holt, Rinehart, and Winston.

Givón, Talmy. 1971 Historical Syntax and Synchronic Morphology: An Archaeologist's Field Trip, *Chicago Linguistic Society*, 7.

Greenberg, J. H. 1963 Some Universals of Grammar with Particular Reference to the Order of Meaningful Elements. In Greenberg J. H. (ed.), *Universals of Languages*. MIT Press, Cambridge, Mass.

Hagège, Claude. 1975 *Le problème linguistique des prépositions et la solution chinoise*, Louvain: Peeters.

Hagège, Claude. 2010 *Adpositions*, Oxford: Oxford University Press.

Hashimoto, Mantaro J. 1986 The Altaicization of Northern Chinese. *Contributions to Sino-Tibetan studies* (eds.) John McCoy & Timoty Light, Leiden: Brill.

Haspelmath M., Dryer, M. S., Gil, D., and Comrie, B. 2005 (eds.) *The World Atlas of Language Structures,* Oxford: Oxford University Press.

Heine, Bernd and Tania Kuteva. 2005 *Language Contact and Grammatical Change*, Cambridge: Cambridge University Press.

Henton, C., Ladefoged, P., and Maddieson, I. 1992 Stops in the world's languages, *Phonetica*, 49（2）.

Janhunen, Juha. 2006 Sinitic and Non-Sinitic Phonology in the Languages of Amdo Qinghai. *Studies in Chinese language and culture*, Oslo: Hermes Academic Publishing.

Janhunen, Juha, Peltomaa, Marja, Sandman, Erika and Dongzhou, Xiawu. 2008 *Wutun*, Muenchen: Lincom Europa.

Janhunen, Juna. 2004 [Abstract.] On the hierarchy of structural convergence in the Amdo Sprachbund. *The Typology of Argument Structure and Grammatical Relations*, LENCA 2. Proceedings, 70–72. Kazan'.

Joos, Martin. 1948 Acoustic Phonetics. *Language*, Vol. 24, No. 2, Language Monograph No. 23.

Li, Charles N. 1983 Languages in contact in western China. *Papers in East Asian Languages* 1.

Li, Charles N. 1985 Contact-induced semantic change and innovation. In Jacek Fisiak (ed.). *Historical Semantics, Historical Word-formation*. Berlin, New York, Amsterdam: Mouton.

Meillet, Antoine. 1921 *Linguistique historique et linguistique générale*, Paris: Champion.

Moravcsik, Edith A. 1978 Language contact. In *Universals of Human Language* (eds. Greenberg et al.) Vol. 1 *Method & Theory*, Stanford: Stanford University Press.

Nugteren, Hans. 2011 *Mongolic Phonology and the Qinghai-Gansu Languages*, Utrecht: LOT Trans 10.

Omoto, Keiichi et al. 1981 Population Genetic Studies of the Philippine Negritos. III. Identification of the Carbonic Anhydrase-1 Variant, *American Society of Human Genetics*. 33.

Omoto, Keiichi. 1981 The Genetic Origins of the Philippine Negritos, *Current Anthropology*, Vol. 22, No. 4.

Pagel, Mark. 2009 Human Language as a culturally transmitted replicator, *Genetics*, 10.

Peyraube, Alain. 2015 A comparative analysis of the case system in some Northwestern Sinitic languages. (Paper first presented at Workshop on language contact. Beijing, September 2009）. In Cao et al. (eds.). *Languages in Contact in Northwestern China.* Paris: Monograph series of the CRLAO.

Peyraube, Alain. 2017 The case system in three Sinitic languages of the Qinghai-Gansu linguistic area. In Dan Xu and Li Hui (eds.). *Languages and Genes in Northwestern China and Adjacent Regions*. Singapore: Springer Nature.

Poppe, Nicholas. 1977 On some Altaic case forms, *Central Asiatic Journal*, 21.

Pulleyblank, Edwin G. 1991 *Lexicon of Reconstructed Pronunciation in Early Middle Chinese, Late Middle Chinese, and Early Mandarin*, Vancouver: UBC Press.

Qin, Pengfei et al. 2014 A panel of ancestry informative markers to estimate and correct potential effects of population stratification in Han Chinese, *European Journal of Human Genetics*, 22.

Qu, Hui-Qi et al. 2012 Ancestry Informative Marker Set for Han Chinese Population. *Genes, Genomes, Genetics*. 2（3）.

Ruhlen, Merritt. 1994 *The Origin of Languages. Tracing the Evolution of the Mother Tongue*, New York: John Wiley and Sons.

Shou, Weihua et al. 2010 Y-chromosome distributions among populations in Northwest China identify significant contribution from Central Asian pastoralists and lesser influence of Western Eurasians. *Journal of Human Genetics*, 55（5）.

Slater, Keith W. 2003 *A Grammar of Mangghuer: A Mongolic Language of China's Qinghai-Gansu Sprachbund*, New York: Routledge Curzon.

Thomason, Sarah G. 2001 *Language Contact—An Introduction*, Washington: Georgetown University Press.

Thomason, Sarah G. 2007 Language contact and deliberate change, *Journal of Language Contact*, 1.

Thomason, Sarah G. and Terrence, Kaufman. 1988 *Language Contact, Creolization, and Genetic Linguistics*, Berkeley, Los Angeles: University of California Press.

Tohti, Litip. 2010 On the similarities of the usage of Manchu se- “to say” and Uyghur dä- “to say”, *In Studies in Honor of Jerry Norman*, Hong Kong: The Ng Tor-tai Chinese Language Research Centre Institute of Chinese Studues. The Chinese University of

Hong Kong.

Tournadre, Nicolas. 2011 Le tibétain. In Bonvini, Busuttil and Peyraube (eds.) *Dictionnaire des langues*, Paris: PUF.

Tserenpil, D. and Kullmann, R. 2008 *Mongolian Grammar*, Ulaanbaatar, Mongolia.

Wang, Jianping. 2001 *Glossary of Chinese Islamic Terms*, Richmond: Curzon Press.

Wang, Chuanchao et al. 2013 Late Neolithic expansion of ancient Chinese revealed by Y chromosome haplogroup O3a1c-002611, *Journal of Systematics and Evolution*m, 51（3）.

Wang, J.Z. 1993a. Measuring the degree of nasality for initial and final nasals in Beijing Mandarin, Paper presented at the Fifth North American Conference on Chinese Linguistics. Newark, Delaware.

Wang, W.S.-Y. 2000 Linguistic diversity and language relationships. In C.-T. James Huang and Yen-hui Audrey Li (eds.), *New Horizons in Chinese Linguistics*. Dordrecht: Kluwer Academic Publishers.

Weinreich, Uriel. 1968 [1953: originally published as Number 1 in the series "Publications of the Linguistic Circle of New York] *Languages in Contact: Findings and Problems*, The Hague: Mouton de Gruyter.

Xu, Dan and Wen, Shaoqing. 2017 Formation of a "mixed language" in Northwest China–The case of Tangwang. In Xu Dan and Li Hui (eds.) *Languages and Genes in Northwestern China and Adjacent Regions.* Singapore: Springer Nature.

Xu, Dan 2006 *Typological Change in Chinese Syntax,* Oxford: Oxford University Press.

Xu, Dan, Wen, Shaoqing and Xie, Xiaodong. 2013 The Dongxiang language and people, *Journal of Cambridge studies*, 8（2）.

Xu, Dan. 2015 Sinitic languages of Northwest China: Where did their case marking come from? In Cao et al. (eds.). *Languages in Contact in Northwestern China.* Paris: Monograph series of the EHESS-CRLAO.

Xu, Dan, 2017 *The Tangwang Language: An Interdisciplinary Case Study in Northwest China*, Cham: Springer Nature.

Xu, Dan and Li, Hui (eds.) 2017 *Languages and Genes in Northwestern China and Adjacent Regions,* Singapore: Springer Nature.

Yang, Yajun et al. 2005a Allele Frequency Distribution at Seven Y–Chromosomal STR loci Among Five Ethnic Groups from Northwest China, *Journal of Forensic Sciences*, 3.

Yang, Yajun et al. 2005b Human Y–specific STR haplotypes in Dongxiang ethnic group from Northwest China,《兰州大学学报》(自然科学版) 4.

Yao, Yonggang et al. 2004 Different Matrilineal Contributions to Genetic Structure of Ethnic Groups in the Silk Road Region in China, *Molecular Biology and Evolution*, Vol.21, No12.

Zhang, Zhe et al. 2014 The Contribution of Genetic Diversity to Subdivide Populations Living in the Silk Road of China. 9 (8). *PLOS ONE* online.

Zhu, Yongzhong, Üjiyediin Chuluu, Keith Slater, and Kevin Stuart. 1997 Gangou Chinese Dialect—A comparative study of a strongly altaicized Chinese dialect and its Mongolic neighbor, *Anthropos*, 92.

调查手记

滚滚的洮河下游谷地，牛形山巍峨耸峙，被称为“陇上杏花第一村”的唐汪镇就坐落于此。2016年9月3日，项目组成员徐丹、冉启斌、孙凯三人分别从天津、北京出发到达唐汪镇。冉启斌、孙凯是第一次到唐汪；徐丹则是从法国赶回北京，这已经是她第五次来到唐汪了。

由于徐丹之前就来此地调查过，冉启斌事先也与当地的汪华老师取得联系，到达唐汪以后得到汪华老师的热情接待和帮助，当天晚上就展开了工作。调查工作也得到最早研究唐汪话的陈元龙先生的关照，唐汪镇政府也提供了很多便利。

徐丹长期研究唐汪话，掌握了大量的第一手材料，唐汪话的音系、词汇、语法等面貌

调查工作现场　甘肃东乡唐汪镇汪华老师家 /2016.9.3/ 孙凯 摄

此前在徐丹的《唐汪话研究》(民族出版社，2014)中已有详细的描述，此次来唐汪主要是结合语保濒危语言项目寻找合适的发音人。冉启斌、孙凯都有一些西北民族语言或汉语方言的调查经验，因此调查工作很顺利。

由于9月初高校也快要开学，在唐汪的日程安排得很紧凑。9月3日到达的当天晚上已经考察了2名发音人，4日、5日两天行走在唐汪的大街小巷，广泛接触不同的唐汪母语者7、8名以上，通过模拟摄像希望物色到合适的发音人。唐汪人民淳朴善良，热情好客。走在路上时不时有男女老少的当地人与徐丹热情地打招呼，并聊各家的情况。不过由于语保项目对发音人的要求很高，物色发音人的情况一直不太理想。在一边物色发音人的同时，项目组成员也拍摄了大量当地地理、文化景观、民居等照片。从唐家大寺、汪家大寺、红塔寺，到香道堂、祖神庙、石峡口等，都有拍摄。冉启斌等在镇政府工作人员的帮助下，奔走在牛形山上的不同位置选取能够俯瞰唐汪镇的最佳拍摄角度。

9月5日晚，情况终于出现了转机。汪华老师介绍我们认识了黑石山小学的汪文虎老师。汪文虎老师为唐汪本地人，他一直有志于研究唐汪的文化并自己整理过不少唐汪的故事、谚语等，他还写作过一些文学作品。汪老师经历坎坷，但生性乐观。经过和他交谈并进行模拟摄像，发现他非常适合于作为此次语保项目的发音人。他具有一定文化程度，反应敏捷；而且他会很多当地的口头文化，如讲故事、唱当地歌谣(花儿，宴席曲等)，他还

摄录工作场景　天津市南开大学电视台演播厅 /2016.9.13/ 冉启斌 摄

曾自己作曲作词过一些歌曲。通过和北京的摄录团队确认，确定将汪文虎老师作为语保项目唐汪话的主要发音人；同时请汪华老师作为口头文化、长篇语料的补充发音人。两位汪老师对语保项目的拍摄工作都十分热心和负责任；汪文虎老师有抽烟的习惯，他当即表示拍摄期间他将不抽烟或少抽烟。发音人确定下来后，我们终于松了一口气。

由于徐丹前期的研究已经整理好唐汪话的音系，此次主要按照徐丹原来的音系进行记音，因此进展很快。语保工程要求的3000词大多数在徐丹此前的《唐汪话研究》中也存在，只需要对照补充不足的部分。语法部分徐丹此前也有完备的研究，因此后期工作开展得十分顺利。由于孙凯同时还在玉树做藏语的田野调查，因此没有一同从唐汪返回，后期词汇和语法例句的记音方面周晨磊做了大量工作。

唐汪话语保工程的摄录工作由专业摄录团队进行，摄录场地选择在冉启斌所在的南开大学，工作起来很方便。南开大学电视台演播厅摄录条件良好，保障了摄录工作的顺利开展和完成。

唐汪是一片热土。唐汪名胜古迹繁多，令人流连忘返；物产也很丰富，大接杏远近闻名；美食有馓子、油果、烧洋芋等。唐汪以唐姓和汪姓为主的人民世代生活于此，关系和睦融洽。唐汪人民热爱自己的家乡，也热爱自己的语言。唐汪话在一定时期将仍然充满活力。

附：发音人感言

世上最亲近的语言是自己的母语

——对唐汪话摄录工作的感想

被选定为唐汪话发言人，我感到十分激动，也感到十分荣幸。此项工作时间紧，任务重，质量要求高，为了能保质保量地在有限的时间内完成摄录任务，摄录组充分讨论，精心策划，周密安排，各方紧密配合，同心协力，充分发扬了团队合作精神。

作为唐汪话的主要发音人，我深知自己责任重大，我在摄录工作中的表现，将直接影响到这次语言调查工作的质量。因此，我下定决心要不负重望，不辱使命，在摄录过程中努力使自己发挥到最好，以不辜负家乡人民的重托和专家们的信任。

虽然我对发音工作有热情，有信心，但困难也是客观存在的。自己一辈子从未出过远门，没见过什么世面，文化水平又低，没有在正规场合讲故事的经历，更别说面对摄像镜头了。这次的经历对我来说是一个全新的挑战。

我对唐汪话有着深厚的感情。世上最亲近的语言是自己的母语。作为土生土长的唐汪人，唐汪话就是我的母语。自从母亲生我养我到教我叫出第一声“阿娜”起，唐汪话就成为我生命中不可分割的一部分了。在过去的几十年里，唐汪话是我听着最熟悉、说着最顺口、交谈最方便、用着最习惯的语言。在以后的岁月里，我也离不开唐汪话。由于我文化水平有限，又没受过专业的录音训练，更不善于演讲，所以在摄录工作中难免会出现一些疏漏和缺点。但是，凭着自己对母语的深厚感情和对唐汪话摄录工作的高度热情，在整个摄录组专家同仁的帮助下，我还是圆满地完成了唐汪话的摄录任务。

作为非物质文化遗产和濒危语言，唐汪话将受到国家教育部等有关部门的保护。从此，在山沟沟里封闭了近千年的唐汪话，将走出群山峻岭，受到更多语言学家和相关专家的关注。这对唐汪话，以及我的家乡唐汪川来说，都是一个千载难逢的发展契机。今后，希望有更多的专家来研究唐汪话，也欢迎更多的人来我们唐汪川做客。

在此感谢有关专家和关心、帮助过我的同仁们。

唐汪话发音人：汪文虎

2017年5月13日

后　记

2016年4月，中国语言资源保护中心拟将甘肃省临夏回族自治州东乡族自治县境内的唐汪话立项为濒危语言项目。此前徐丹曾经对唐汪话做过多年的调查研究，并有《唐汪话研究》一书出版。因为项目经费不能拨款到国外，经过多方面的沟通联系，并在黄行先生的大力支持下，项目最后落户于南开大学，由徐丹、冉启斌共同主持。项目组成员为南开大学文学院博士生周晨磊（已毕业，现为中央民族大学博士后研究人员）、孙凯。

项目立项以来，在各方人士的帮助下，经过项目组成员的共同努力，项目的前期部分成果已经按时于2016年年底完成上交。徐丹、冉启斌、孙凯参加了前期的田野调查；徐丹、冉启斌、周晨磊参加了语保项目的摄录工作。中央民族大学朱德康老师的摄录团队负责项目的摄录工作，为保质保量地按时完成语保项目提供了重要保障。后期“唐汪语言志”的撰写从2017年年初开始，前后持续了一年半左右时间。书稿各部分的主要执笔撰写情况如下：

第一章《导论》徐丹（后期冉启斌按语保中心要求做了删改）

第二章《语音系统》冉启斌

第三章《词汇》徐丹 冉启斌（第四节民俗文化词）

第四章《分类词表》冉启斌及其研究生（下文详叙）

第五章《语法》徐丹 周晨磊（第二节短语和第四节句子）

第六章《语料》综合项目内外成员共同完成（下文详叙）

第四章《分类词表》主要由冉启斌安排南开大学汉语言文化学院硕士研究生（后文研究生所在单位均同此）王昱等根据前期有关语料进行整理完成。后期由硕士研究生梁煜珠、孙越进行格式调整完善。最复杂的是第六章语料部分，前期语保项目部分的语料由硕士生李坤怡、林宴同、罗树莉、马晓筱、乔于格、弯华丽、王昱、于爽、岳月、张露雨、赵馨怡（以上排名按音序）分头转写了词语和语法例句等语料，由冉启斌、顾倩、王昱整理完成初稿，最后由徐丹做了复核校对。后期语料部分的初步汉字转写由出身于唐汪本地的母语者汪华老师、汪小姗老师、汪笑雨同学完成；由硕士生王昱将所有文本加注国际音标；由李坤怡、林宴同、弯华丽、王昱、杨盼盼、杨喆、岳月7位同学将加注音标的文本分为3行或4行（这是按当时的体例要求，按最终的体例要求只保留2行或3行），并在语素分析的一列将实词标注出来；由周晨磊、孙凯进行语素分析；由徐丹最后进行校对复核。由于出版社、语保中心对书稿的格式体例要求十分严格，时间又很紧张，硕士生梁煜珠、孙越同学在格式体例调整上做了大量工作。

书稿完成后，按照语保中心对书稿形式方面的多次审核意见，对有关内容进行了压缩或修改。冉启斌对第一章《导论》的有关内容做了很大程度的压缩，唐汪的社会背景、移民情况、人群的基因研究等，详见徐丹的著作（2014，2017）。原稿所有的“讲述”语料也予以了删除。最后又由梁煜珠、孙越同学做了格式规范方面的调整完善。

书稿经过多次审稿，在一审阶段黄行老师多次提出了修改意见，二审阶段李大勤老师提出了大量细致的修改意见，濒危语言志总主编曹志耘教授、语保中心的其他专家也在最后阶段提出了大量细致的修改意见，使本书更加符合濒危语言志的整体体例。研究生于爽同学按照濒危语言志编委会的意见对全书体例、格式进行了多次修改，周晨磊博士也付出了很多劳动。我们在此向上述专家及团队工作人员付出的辛勤劳动表示衷心感谢！

诚挚地感谢这次语料的主要发音人东乡县黑石山小学的汪文虎老师，以及在项目协助和语料转写上给予大量协助的该校汪华老师。感谢临夏中学汪小姗老师在语料转写、复核上所给予的大力支持和热情帮助。感谢汪笑雨同学在语料转写上所做的工作。

项目在唐汪调查期间和后期书稿写作过程中都得到陈元龙先生多方面的帮助和指教，在此深表谢忱。

由于时间有限，项目又由多人合作，书稿成于众手，疏漏在所难免，请读者不吝指正。

徐丹、冉启斌

2019年3月